“十二五”职业教育国家规划教材
经全国职业教育教材审定委员会审定

供高职高专药学类、药品类、临床医学类、护理类、
医学技术类、卫生管理类等专业使用

医药工作应用文

（第三版）

主　编　阮田保　于晓泉
副主编　饶洪生　任艳洁　李明黎
编　委　（按姓氏汉语拼音排序）
程　伟（上海健康职业技术学院）
曹伏明（长沙卫生职业学院）
李明黎（河南省宛西制药股份有限公司）
罗晓明（长沙卫生职业学院）
饶洪生（遵义医药高等专科学校）
任艳洁（山西药科职业学院）
阮田保（中国药科大学）
苏文娟（运城护理职业学院）
于晓泉（贵阳护理职业学院）

科学出版社
北　京

内 容 简 介

本书系"十二五"职业教育国家规划教材。本次修订既保留了原有教材的通用性、行业性、专业性和岗位性特色,又进一步加强了实际应用和训练,内容更加全面实用,并配套 ppt 课件。

本书可供医药类各专业高等院校使用,还可以作为医药业务岗位培训和医药职工自学参考教材。

图书在版编目(CIP)数据

医药工作应用文 / 阮田保,于晓泉主编 .—3 版 .—北京:科学出版社,2015. 1

"十二五"职业教育国家规划教材

ISBN 978-7-03-042385-6

Ⅰ. 医… Ⅱ. ①阮… ②于… Ⅲ. 医药学-应用文-写作-高等职业教育 Ⅳ. H152. 3

中国版本图书馆 CIP 数据核字(2014)第 257049 号

责任编辑:许贵强 / 责任校对:蒋 萍
责任印制:肖 兴 / 封面设计:范璧合

科学出版社 出版
北京东黄城根北街 16 号
邮政编码:100717
http://www.sciencep.com
新科印刷有限公司 印刷
科学出版社发行 各地新华书店经销
*
2004 年 9 月第 一 版 开本:787×1092 1/16
2015 年 1 月第 三 版 印张:13 1/4
2015 年 1 月第七次印刷 字数:305 000

定价:38.00 元

(如有印装质量问题,我社负责调换)

前　言

本书系普通高等教育“十一五”国家级规划教材、全国高职高专药学类专业规划教材，现作为教育部“十二五”职业教育国家规划教材进行第三版的修订。本次修订特别邀请了医药生产企业拥有丰富工作经验的专家参与，使教材更加切合医药工作实际。修订后的教材既保留了原有教材的通用性、行业性、专业性和岗位性特色，又进一步加强了实际应用和训练，每节都有学习目标和目标检测，内容更加全面实用，并配套PPT课件。

本书由阮田保提出总体修订计划和大纲，并最终统稿，李明黎结合医药工作实际提出修订意见。具体章节的修订分工为：饶洪生，第一章、第二章；阮田保，第三章、第七章；于晓泉，第四章、第五章；任艳洁，第六章的第一、二、三节；程伟，第六章的第四、五、六节；苏文娟，第八章。

本书可供高等院校医药类各专业使用，还可以作为医药业务岗位培训和医药职工自学参考教材。

本书参考了部分书籍和网络文献，采用了有关单位和个人提供的资料，尤其得到了贵州省蕙丰医药有限责任公司董事长张秋萍女士、河南省宛西制药股份有限公司常务副总经理李明黎先生的大力支持，在此一并致谢。

编　者

2014年2月8日

目　　录

第 1 章　医药工作应用文概述

第 1 节　应用文的性质和历史沿革

学习目标

1. 了解应用文的性质。
2. 了解应用文的历史沿革。

一、应用文的性质

应用文是党政机关、社会团体、企事业单位和个人，在处理事务、沟通关系、解决实际问题时所广泛使用的、具有一定规范格式的一类文体的总称。应用文是文章的一大类别，其中又因使用范围、作用、内容及形式的不同，而形成多种各自不同的文种。

应用文着重于应用，它在内容和形式上都不同于其他各类文体。应用文与其他文体相比使用范围最广，几乎涉及各个领域、各个部门、各个阶层。就内容而言，应用文是党政机关、企事业单位及个人之间相互联系、处理公务、指导工作、沟通关系、交流情况、传播信息、服务社会的最直接、最有效的纽带；就形式而言，应用文具有比较固定的、法定的、惯用的格式。古往今来，人们都按照应用文的惯用格式，并遵守约定俗成的习惯进行写作。今天，在社会主义市场经济建设中，应用文更是工作、学习、生活中不可或缺的工具。

二、应用文的历史沿革

应用文在我国已有几千年的历史，它的产生远远早于其他任何一种文体，并且直接参与社会事务与生活。当文字代替结绳记事，便开始了人类社会文明的发端。殷墟甲骨卜辞、商周钟鼎文、《周易》卦、爻辞，都有当时重大政治、军事、生活等活动的记录，形成了应用文的雏形。春秋时代已经流行“典”、“谟”、“训”、“诰”、“誓”、“命”等公文，可以说是初级的应用文。秦汉时期应用文有了很大的发展。秦代已明确“命曰制、令曰诏、陈事曰表、谢恩曰章、勤俭政事曰奏、推覆平论曰驳”。可见，在秦代应用文特别是公文的发展已经非常规范了。三国时期，曹丕在他的《典论》里就认识到“文章乃经国之大业，不朽之盛事”，并正式提出了文体问题，把作为应用文的奏议，列为一类。到了南朝，刘勰在《文心雕龙》里详细论述的应用文已有 35 种之多。唐宋时期，典章文物，蔚为大观，应用文无论在质量上还是数量上都达到了一个新的高度。又经元、明、清各代增删修补，形成了一套比较完备的应用文体系。

“五四运动”对文言文和应用文进行了一场革命，尤其是文言文的废除、白话文的确立，为应用文的改革与使用开辟了广阔的天地。

应用文的发展从来都是与社会经济的发展紧密联系的。党的十一届三中全会以前，一般人对于应用文的认识还比较陌生，范围也仅局限于书信、计划、总结、通知之类。随着社会经济的发展，特别是社会主义市场经济的建立和发展，应用文越来越受到人们的重视，应用文的种类也随之增加了。应用文中的一些文种都由党政机关制定标准文本和规范格式，尤其是公文。新中国成立以后，党和政府对于应用文中的公文给予了高度重视，充分发挥它的作用，并且不断进行了一系列的改革和完善，以便更好地适应我国社会发展的需要。1951年、1953年、1958年、1981年、1987年、1993年、2000年，国务院对国家行政公文的有关规定先后进行了修订。特别是2012年4月16日，中共中央办公厅和国务院办公厅联合印发了《党政机关公文处理工作条例》（中办发〔2012〕14号）文件，又一次对行政公文进行了改革和完善。随着社会主义现代化建设的进一步深入以及我国社会的迅速发展，应用文的体系还将有新的发展和完善，使之能够更高效、更全面地为国家管理、经济发展和社会生活服务。

知识链接

宋代张侃正式提出了应用文这一名称："骈四俪六，特应用文耳。前辈直谓世间一种苛礼，过为谨细。"清代学者刘熙载在他的《艺概》一书中更是具体指出："辞命体，推之即可为一切应用。应用文有上行、有平行、有下行。重其辞乃所以重其实也。"

目标检测

1. 什么是应用文？
2. 应用文的历史演变经历了哪些阶段？

第2节 应用文的特点和作用

学习目标

1. 了解应用文的特点。
2. 熟悉应用文的作用。

一、应用文的特点

应用文与一般文章比较，既有共性，又有个性。应用文与其他文体的文章一样，都是对客观事物的反映，都必须有一个明确的主题，也都要选择安排材料、布局谋篇、用词造句等，这就是它们的共性。但是，应用文在目的、对象、范围及写作格式等方面又与其他文体的文章有着很大的差异，从而表现出自己的个性特点。

（一）使用范围的广泛性

应用文的使用范围非常广泛，几乎涉及各个领域、各个部门、各个阶层，这是任何其他文体所不能及的。这就是应用文为什么能够成为人类社会赖以处理事务、沟通关系的书面工具的原因。它大到国与国之间的交往，小到人与人之间的联系，无论社会还是家庭，无论公事还是私事，都离不开应用文。因此可以说，应用文使用的广泛性远远超过其他文体。

（二）解决问题的实用性

应用文之所以使用范围非常广泛，就在于它的实用性，在于它能够解决实际问题。它不像小说是为了供人欣赏，不像诗歌是为了抒发感情，也不像议论文是为了研讨理论，它是直接服务于人们的生活、工作、学习。它需要解决的问题是现实的，它需要处理的事务是具体的。这是应用文区别于其他文体的显著标志。一张条据、一件公函，都是为了传递信息、解决问题；一份协议、一份合同都规定了利益双方或多方的权利和义务；一份市场调查，既可以了解当前的市场情况，又可以预测未来的市场情况，等等。如果没有了这些实用性，应用文也就失去了存在的价值。

（三）具体内容的真实性

应用文不能像文学作品那样可以虚构，它所写的内容必须真实具体，确有实据。叙述的事情既不能夸大，也不能缩小。言过其实不行，臆造虚构更不行。一定要实事求是，反映事物的本来面貌。应用文中的人物、事件、时间、地点，甚至数字、情节都不能虚构，否则就解决不了实际问题。合同若不能反映当事人的真实意愿，就不能保护当事人的合法权益；药品市场调查若不能反映药品市场的内在规律和市场发展的方向，投资人就不能根据所写的药品市场调查来投资；药品广告内容若是虚假，其结果不仅会损害消费者的利益，更会危及消费者的健康与生命。因此，在应用文写作中，材料一定要真实，事实与数据一定要反复核实，一定要经得起检验。

（四）读者对象的特定性

应用文的写作有其特定的阅读对象。文学作品的阅读对象广泛，不受范围限制，而应用文因不同的行文目的或不同的事务，就有了特定的读者对象和范围。例如，药品广告的阅读对象是公开而广泛的，人人可以阅读；书信因有明确的发送对象，所以不是人人可以看的；中央文件通知，有的因保密性只下发到县级，县级以下就不能阅读。这些无不说明，不同的应用文往往有不同的读者对象。

（五）写作格式的固定性

写作格式的固定性是应用文的特征之一，也是区别于其他文体的外部特征。虽说文章都有格式，然而应用文书写格式的要求却特别严格。各类应用文都有各自的惯用格式，这种惯用格式业经约定俗成，人们在实际使用中就不能违背，否则，写出的应用文就不像应用文，就会影响传递信息，更会影响办事结果。例如，书写信封，若把收信人与寄信人的地址写颠倒了，信就寄不出去。至于公文格式的要求就更加严格，行文一定要按照约定俗成的习惯来写，而不能随意发挥或杜撰。

（六）发挥作用的时效性

应用文不同于一般文章，可以随意有感而发，它总是为某项具体事务而写作的，而事物总是在不断地发展变化之中。若要使应用文充分发挥作用，促进办事目的的实现，就必须在一定的时间内处理好，必须适时地提出解决问题的意见、办法，以保证工作的顺利开展。这就决定了应用文的写作具有时效性的特点。有的应用文本身要标明生效和执行的具体时间；有的应用文虽不一定写明具体时间，但同样也有很强的时间性，过期就会失效或降低其作用。所以，应用文写作要有时间观念，做到写文适时，办文及时，这对提高工作效率和办文质量有着重要意义。

二、应用文的作用

应用文因实用的需要而产生并发展，而且已经成为人们在工作、学习、生活中处理公务和私事必不可少的工具和手段，在现代经济和生活中发挥着越来越重要的作用。具体地说，应用文的作用主要有以下几方面。

（一）宣传教育作用

应用文是党和政府向各级机关、社会团体、企事业单位和人民群众宣传路线、方针、政策和法律法规，并号召大家贯彻执行的工具。各种文件、政策法规，都是党和政府通过应用文中的命令、指示、通告、规定等直接下达的，能够明确告知读者应该做什么，不应该做什么，具有宣传教育作用。而总结、报告、市场调查与预测等，既能够反映实际情况，又能够为党和政府的各级机关部门制定政策、实施科学管理提供参考。

(二) 传递信息作用

在现代社会,各地区、各部门、各类人员之间的交往日益频繁。这就需要加强联系,互通情况,增进了解;需要平等协商,统一意见,共同遵守。在这种情况下,应用文就成了传递信息的重要工具。应用文不仅能够上情下达、下情上达,纵向传递信息,而且还能够在没有隶属关系的行政机关、社会团体、企事业单位和社会成员之间,起着联系、沟通、协调的作用。

(三) 规范管理作用

社会主义市场经济应该是一个健康有序、协调发展的经济,需要科学管理。有了科学管理,才能提高生产力,才能提高工作效率,才能实现最大效益。应用文在市场经济中发挥着加强管理、促进工作、发展生产、提高效益的作用。生产工作计划的制定、规章制度的订立、经济合同的签订、市场预测的书写等,都离不开应用文。可以这样说,应用文伴随着工作、生产、经营的各个环节,并在其中起着指导、监督和保证作用。因此,应用文具有规范管理作用。

(四) 凭证资料作用

在许多公务私事的活动过程中,应用文能够起到凭证的作用。例如,法律文件、规章制度、合同协议、会议纪要等,实际上就是很好的凭证文书。同时,应用文还因为反映了各行各业、各个部门、各个单位及个人的种种活动,记载着不同历史时期的政治、经济、军事、文化、宗教、民俗等方面的不同情况,这就为国家、地区或单位积累了历史资料,可供查证。所以,应用文不仅作为现实的文字依据而存在,而且还会为将来积累历史资料和凭证历史事实发挥作用。

目标检测

1. 应用文有哪些特点?
2. 请假条是在中学学过的应用文,现在再试着写一份自己因感冒发热,不能到校上课的请假条。
3. 分析一下你所写的请假条,有哪些写作特点。

第 3 节　医药工作应用文的种类

学习目标

了解医药工作应用文的种类。

应用文使用的范围很广,名目繁多。刘勰在《文心雕龙》的文体论中,探讨了三十多种文体,其中三分之二是属于应用文的。其实自殷商有文字记载以来,文体的种类不乏几百种,上千种,究竟有多少种,谁也说不清。但是可以肯定应用文种类之多,是其他文体种类所不及的,而且是随着社会发展变化的。一些旧的不符合时代发展要求的应用文已经被社会所淘汰,如田契、卖身契等。一些新的符合时代发展要求的应用文新形式又应运而生,如市场调查。现在对应用文的分类虽然尚无定见,但就医药应用文而言,大体可分为以下几类。

(一) 医药公务公文

公文是机关、团体、企事业单位处理公务的文书,主要用于行政事务方面。按照2012年4月16日,中共中央办公厅、国务院办公厅以中办发〔2012〕14号印发《党政机关公文处理工作条例》,公文共有15种。医药工作常用的公务文书主要是公文中的决定、通知、通报、报告、请示、批复、意见、函和纪要等。

(二) 医药公关文书

它是单位和个人在日常工作与生活中所应用的文书。如日常书信、欢迎(送)词、祝

（贺）词等。

（三）医药事务文书

它是机关、团体、企事业单位及个人处理事务时应用的文书，主要用于内部事务，如计划、总结、规章制度、述职报告等。

（四）医药经济文书

它是主要应用于医药生产、经营、管理等方面的经济活动文书，包括广告、市场调查与预测、经济活动分析、合同等。

（五）医药科技文书

它主要是指药品说明书、医药动态、实验报告、毕业论文等。

（六）医药法律文书

它主要是指在经济活动中，发生法律问题，需要进行诉讼时所使用的文书，例如，授权委托书、经济仲裁书和诉状等。

目标检测

根据下列材料，写一封感谢信。

你由家乡来校途中，身体不适，晕车呕吐，车到学校所在地以后，行李又不慎被外校学生拿错，幸得同车的××学校学生张明在车上照顾你，又为你找回被拿错的行李。为此，你十分感激他，试写一封感谢信。

第 4 节　医药工作应用文学习的基本要求

学习目标

1. 了解医药工作应用文的学习要求。
2. 提高医药工作应用文写作能力。

应用文是随着社会的发展而发展的，它是为一定的社会政治和生产关系服务的。当前，我国正进一步深化政治与经济体制的改革，医药经济与产业出现了前所未有的发展态势。由于医药工作是一项政策性、专业性和规范性很强的工作，每个医药工作者不仅要学习和掌握应用文的一般知识，而且还要练好医药应用文写作的基本功，为做好医药工作做好充分准备。

（一）提高政策理论水平

一般来说，应用文的政策性、思想性很强。要写好医药应用文首先要提高政策理论水平，以正确的观点作统帅。我们要做好医药工作，就要加强对药政法规的学习，提高政策水平，了解国内外医药形势的发展变化，把握改革开放和经济发展的总目标。这样才能站得高，看得远。只有在掌握政策的基础上，联系实际，才能写出好的应用文。如果不能正确地掌握政策，有时往往会因一字之差，影响工作的顺利开展，或造成不良后果，甚至还有可能犯政策性错误。

（二）提高专业知识水平

要写好医药应用文，加强专业学习是十分必要的。有人认为写应用文只要有一定的写作能力，懂得格式，就能一挥而就，这是一种偏见。事实上，要写好一篇医药应用文，从内容到文字，都不能只讲通用话，更不能说外行话，而需要说内行话，这样才容易被读者接受。这是因为应用文同专业岗位有密切的联系，不懂药政法规不行，不懂医药专业知识更不行。

（三）掌握应用文的格式

应用文的写作有它的特殊要求，格式固定，写应用文就必须遵守它的格式。有时格式上的要求，即使属礼貌用语，也应人人遵守。应用文写作不能追求形式主义，却可追求格式框架中的创新，使格式为内容服务。对学生来说，更应遵守约定俗成的格式，掌握好应用文的格式，才能写出合乎规范的应用文。

（四）加强应用文的写作训练

应用文写作与其他写作一样，要具备一定的语文素质和能力。写应用文既要讲究语法、逻辑、修辞等方面的知识，也要讲究中心、构思、选材、布局等方面的技能。有人认为应用文一看就会，根据专业需要，只要学几种医药应用文的文种就行了，不必再花精力去提高语文水平，这是舍本逐末。鲁迅说，文章是由于多看和练习，此外并无心得或方法，这的确是他的经验之谈。因此，若要学好应用文写作，一定要多看、多练、多思，才能熟能生巧，写出合乎要求的应用文。

（五）提高调查研究的能力

医药工作应用文往往与医药工作实际情况紧密结合，是在对实际情况的概括和提炼中形成的。因此，写医药工作应用文必须到实际工作中去了解，掌握新情况，研究新问题，提出新举措。要做到这一点，除了留心自己周围的各种动态以外，还必须经常深入基层，去调查研究，以便掌握更具体、更生动、更值得研究的医药工作实际情况。所以，要真正写好医药工作应用文，就要提高调查研究的能力。只有平时多积累，才能用时少费心。只有通过调查，多占有材料，才能行文时胸有成竹，写出高质量的医药工作应用文。

知识链接

鲁迅："文章应该怎么做，我说不出来，因为自己的作文，是由于多看和练习，此外并无心得或方法。"

目标检测

1. 怎样学好医药工作应用文？
2. 按照医药工作应用文的写作要求，写一篇自我介绍。

第2章　医药工作应用文的文章构成

第1节　医药工作应用文的主题

学习目标

1. 了解医药工作应用文主题的概念和作用。
2. 理解医药工作应用文主题的形成。
3. 掌握医药工作应用文主题的基本要求。

一、医药工作应用文主题的概念和作用

任何文章都应该有它的主题，作为医药工作应用文也不例外。医药工作应用文的主题就是作者在说明问题、发表主张、提出要求时所表达出来的基本观点或主要内容。

医药工作应用文是从医药工作实际需要出发，为医药工作具体服务的实用文体，它直接处理具体事务，解决实际问题。因此，任何一篇医药应用文都必须有十分明确的主题，清楚地表达出作者赞成什么、反对什么，或做什么、为什么要做、怎么做等基本观点和主要内容。

主题是文章的灵魂，在文章构成中起着主导和决定作用。医药工作应用文质量的高低、价值的大小、作用的强弱都取决于它的主题。即便是材料的选择、结构的布局、语言的运用，都需要根据主题来确定。主题是纲，其他是目，纲举才能目张。

二、医药工作应用文主题的形成

任何文章都来自于生活。但是在主题的形成过程中，医药工作应用文与其他文章有明确的区别。医药工作应用文主要有三种写作起因：一是因医药工作的具体实践而写；二是因别人的需要而写；三是因自己的需要而写。因而，医药应用文的主题的形成主要有以下几种情况。

（一）在医药工作的实践中逐步形成

在医药工作的具体实践活动中，对某些问题进行观察、体验、分析、研究，逐步形成自己对工作的某些认识、意见或主张。当这些认识、意见和主张，一旦能够对医药工作产生现实的指导作用，并且激发写作的冲动，主题也就能够自然而然形成了。这是主题形成的最直接、最基本的途径。医药工作中的计划、总结等就是这样形成的。

（二）在调查研究中逐步形成

在医药工作的具体实践中，通过深入地调查研究，掌握市场经济条件下，医药工作的实际和变化，就会得出正确的认识和结论。只有通过药品市场的调查，才能作出正确的分析和预测；我们只有采用科学的方法，才能对经济活动进行全面而系统的分析，从而作出正确的评价。

（三）从上级的指示精神中形成

医药工作应用文中很多文书，尤其是公文的主题，往往是直接根据中央和上级的指示精神形成的。医药工作的指导思想、决策依据都必须按照中央和国家食品药品监督管理总局的指示

精神，结合本地区、本单位、本部门的实际情况形成。所以，认真学习、深刻领会和全面掌握中央及上级机关的指示精神，对于医药工作应用文主题的确立十分重要。

（四）在主观和客观的有机结合中形成

客观事物是变化发展的，现实生活是丰富多彩的，人们的认识既受自身内在种种主观因素的制约，又受客观现实的外在因素的影响。因而，医药工作应用文的主题必须在主观与客观的有机结合中形成。如述职报告、求职信、演讲稿等主题的形成既要从实际出发，又要发挥自己的主观能动性。将主、客观有机结合起来，才能真正产生现实作用和实际效果。

三、医药应用文主题的基本要求

医药应用文主题的基本要求是正确、鲜明、集中。

（一）主题正确

医药工作应用文的主题正确，就是说，医药工作应用文的主题必须符合党和国家的方针政策和法律法规，符合医药工作的实际情况，符合社会发展和医药工作自身的本质和规律。能否确立正确的主题，根本问题还是作者思想水平和认识理解客观现实的能力问题。在社会主义市场经济条件下，医药工作会不断出现新情况、新问题，必须用正确的立场、观点和方法去认识和理解，作出科学的分析，得出恰当的结论，才能形成正确的主题，更好地为医药工作服务。

（二）主题鲜明

主题鲜明，是医药工作应用文的务实要求。医药工作应用文的写作是为了解决工作中的实际问题，不能含糊其辞。一篇医药工作应用文的思想观点和解决问题的基本意见要鲜明突出，赞成什么，反对什么，采取什么措施，达到什么目的等要非常明确，使人一看就能够准确地领会作者的意图。主题鲜明是由医药工作应用文的特点和作用决定的，如果主题难懂，或有歧义，不但会失去使用价值，而且会贻误工作，造成损失。例如，很多的医药合同会出现纠纷，就是因为主题不清楚、不明确，没有起到约束双方的作用，进而引发经济纠纷。

（三）主题集中

主题集中，就是说主题的表现要单一，不能有多个主题。古人说得好，“意多乱文”。写文章要“立主脑，减头绪”，使主题表达高度集中。写作医药工作应用文应该是一文一事一主题，围绕一个中心说清一个问题，不能搞多主题、多中心。只有主题集中单一了，才能使医药应用文的观点鲜明突出，才能更快、更好地解决实际问题。

目标检测

1. 怎样形成医药工作应用文的主题？
2. 医药工作应用文对主题的要求是什么？

第 2 节　医药工作应用文的材料

学习目标

1. 了解医药工作应用文材料的概念和作用。
2. 熟悉医药工作应用文材料的积累。
3. 掌握医药工作应用文材料的选择和使用。

一、医药工作应用文材料的概念和作用

材料分为素材和题材。素材是指在生活中积累起来的未经加工处理的原始材料;题材是以素材为基础,经过加工处理后写入文章的材料。

医药工作应用文的材料是作者把实际工作和生活中积累的素材,经过选择、加工、提炼,并写入医药应用文的材料。

医药工作应用文的材料主要有三种:一是药政法规和文献材料;二是药学理论材料;三是医药工作与实际生活的事实材料。

材料是医药工作应用文文章的构成要素之一。主题要有材料来表现,离开了材料,主题也就成了空洞的抽象物,文章也就无从构成。所以材料在医药工作应用文中具有重要作用。

材料是形成主题的基础。医药工作应用文的主题不是凭空产生的,而是从具体的医药工作实际材料中产生的。材料越全面、越典型、越本质,主题才能越正确、越鲜明,越能指导医药实际工作。

材料是表现主题的支柱。医药工作应用文的主题需要由医药工作的具体情况、确凿的事实、精确的数据来表现。如果没有这些材料,就无法制订计划,难以总结经验,市场调查与预测就不能得出正确的结论,医药应用文就会“言之无物”,成为没有血肉的“躯体”。

同时,材料还制约着结构的安排。

二、医药工作应用文材料的积累

材料对于医药工作应用文是如此重要,那么我们就应该在平时注意材料的积累。

(一) 在医药工作的亲身实践中积累材料

不管什么样的材料,归根到底都是来自社会实践。医药工作应用文是医药工作实践活动的产物,医药工作应用文的材料直接来自作者自己的工作与实践。要想获得丰富翔实的材料,就必须深入生活与实践,观察、体验现实生活中的人、事、物,发现工作实践中的新情况、新问题,掌握事物发展过程中存在的内在本质和规律。这样的材料是直接来自生活与实践的第一手材料,是最新鲜、最具活力、最有个性、最能产生说服力的材料。所以要多看、多听、多观察、多体验、多调查研究,有目的、有计划地搜集和积累材料,并做好笔记。

(二) 在大量的阅读中积累材料

第一手材料在医药工作应用文写作中有着举足轻重的作用,但是它不是写作材料的全部。一个人的活动能力和范围都有一定的限制,不可能事事都亲自实践。这就要求我们还必须通过大量的阅读,搜集和积累间接的第二手材料,以弥补自己生活阅历和认识经验的不足。我们可以从书籍、报纸、杂志、文件、档案、资料和电子网络信息的广泛阅读中搜集和积累材料,特别要有目的、有计划、系统地阅读和研究药学领域的知识与信息。通过大量的阅读,不仅可以积累写作材料,还能帮助我们提高分析、研究问题的水平,提高语言的灵敏度和表达能力。

三、医药工作应用文材料的选择

在医药工作应用文写作的时候,我们会面对大量的材料。然而,不是什么材料都能用,必须要根据一定的原则,选择最有表现力、最有说服力的材料。具体的原则有以下几个方面。

(一) 围绕主题选择材料

围绕主题选择材料是选择材料的总原则。它要求围绕主题,根据主题的需要来决定材料的

取舍。选取与主题密切相关、有说服力、能够突出主题的材料;舍弃与主题无关、无说服力、不能突出主题的材料。刘熙载在《艺概》中指出,选择材料“要字字句句受命于主脑”,做到“当无者尽无,当有者尽有”。如果不围绕主题,即便是生动难得的材料,只会冲淡主题,甚至离题万里。

(二) 选择真实的材料

真实是医药工作应用文的生命。选择真实的材料,就是指选择的材料必须准确可靠,所涉及的事件、时间、地点、人物、数据、引文、细节都必须客观真实,符合事物的本来面目。不能张冠李戴、添枝加叶、夸大缩小,更不能主观想象、任意虚构。只有材料真实,文章才能有说服力和号召力。

(三) 选择典型的材料

典型材料是指那些最有代表性,最能够说明事物的本质,最能表现写作意图的材料。这样的材料能够以一当十,充分表现主题。医药工作应用文的典型材料可以是各种各样的,包括典型事例、典型细节、典型数据和典型语言。选择典型材料,并不是取决于材料数量和材料大小,而是取决于材料的质量。所以,要从本质上认识材料的意义,并且注意材料的代表性,选择典型材料。

(四) 选择新颖的材料

不管什么样的文章材料,人们在阅读的时候,总是存在喜新的心理。材料新鲜、独特、有个性,往往给人以清新的感觉,增加说服力,有助于唤起读者阅读和思考的兴趣。医药工作应用文中的总结、简报、调查报告、演讲词稿等,就需要在围绕主题的基础上,在真实前提下,选择新颖的材料,来反映医药工作中出现的新人、新事、新经验、新问题、新发明、新创造。

四、医药工作应用文材料的使用

围绕主题选择真实、典型、新颖的材料,并不是把材料简单地罗列在应用文中。精心选择的材料,还必须恰当、合理地使用。

(一) 合理组合

组合就是对所选择的材料,根据其相互关系,按照一定的方式,进行组织和搭配,也就是从整体上审视材料,并进行合理的组织搭配。例如,正面材料与反面材料的组合,概括材料与具体材料的组合,主体材料与支持材料的组合,现实材料与历史材料的组合等。合理的组合,往往能够从整体上发挥材料的作用,更好地表现主题。

(二) 先后有序

材料的使用应根据一定的顺序。或者是时间顺序,或者是空间顺序,或者是材料之间的逻辑联系。例如,药品说明书的说明顺序为主要成分、功能与主治、用法与用量、注意与禁忌等,就是按照内容的逻辑关系来安排的。

(三) 详略得当

材料的使用不是平均的,而应根据主题的需要,注意材料本身的主次与轻重,有详有略,详略得当。一般来说,对最能表现主题的材料应详写,读者比较生疏的材料应详写,次要材料、辅助性材料可以略写。当然,材料的详略也应根据不同应用文体所采用的具体表达方式来定。议论性强的文体,其特点是以理服人,所以其说理部分往往详写,而引述事例部分略写;叙述性强的文体,其特点叙事显理,所以叙事部分往往详写,议论部分略写。总之,使用材料讲究详略得当,这样既有利于主题的全面表现,又能够节省笔墨,突出重点,有利于主题的深化。

知识链接

毛泽东在《实践论》中指出："要完整地反映整个的事物，反映事物的本质，反映事物的内部规律性，就必须经过思考作用，将丰富的感觉材料加以去粗取精、去伪存真、由此及彼、由表及里的改造制作功夫，造成概念和理论的系统，就必须从感性认识跃进到理性认识。"

目标检测

1. 什么是素材？什么是材料？主题与材料具有什么关系？
2. 医药应用文选择材料有哪些原则？
3. 医药应用文怎样使用所选择的材料？

第 3 节　医药工作应用文的结构

学习目标

1. 了解医药工作应用文结构的概念和作用。
2. 熟悉医药工作应用文结构的特点。
3. 正确掌握医药工作应用文的结构。

一、医药工作应用文结构的概念和作用

医药工作应用文的结构是指为具体应用文内容所作材料的组织与安排。它是一种排列组合，是作者的写作思路在具体应用文中的体现。作者根据医药工作应用文主题的需要，按照事物发展顺序和内在规律合理地组织和安排所选用的材料。

作者思路清晰，医药工作应用文的结构必然有条不紊，这样才能很好地支起具体应用文的骨架，形成形式上的和谐统一，而且能够表现出具体应用文整体与部分、部分与部分、部分本身的联系和变化。所以，一旦确立了主题、选取了材料之后，就应该理清思路，进行总体的设计。

二、医药工作应用文结构的特点

(一) 程式化

程式化是所有应用文的一个显著特点。医药工作应用文的结构形式，一方面可按照约定俗成，另一方面需按照有关部门的统一规定。医药应用文有了程式化的结构形式，就可以使条目清楚，内容明确，层次分明，使人一目了然，便于理解掌握和使用。

(二) 条理化

一篇医药工作应用文叙述一事一理往往分成若干部分，几个方面，条分缕析，纲目分明地加以逐一表述。例如，药品说明、药品购销合同、总结、公文、规章等，或分别用条款叙述，或用数字标明段落和项目，体现出清晰的条理。

(三) 多样性

医药工作应用文具有程式化的特点，但不是每一种具体的应用文都是一个样子，一个模式。不同的应用文有不同的格式，即使是同一种应用文，也会因为内容的千差万别而具有自身的特点和个性，表现出多样化特点。

三、医药工作应用文结构的内容

（一）开头

开头是行文的起点，又称“起笔”。好的开头，既能够顺理成章，又能够吸引读者。医药应用文的开头，最常用的就是开门见山，直奔主题。方式主要有这样几种。

1. 概述式 是概括地叙述基本情况和基本过程，给读者一个总的概念和印象的开头方式。

2. 结论式 是先把有关事情的结论放在前面，然后再叙述和分析，说明产生结论的依据的开头方式。例如，叙述中的倒叙。

3. 引用式 是直接引用上级的指示精神、下级的来文，以及有关的药政法规和文献作为应用文写作的依据的开头方式。这样写作，能够有根有据，顺理成章。

4. 根据式 是根据上级的指示要求，或配合某项具体的工作所做的决定和意见的开头方式。这样写作，有利于读者对内容的理解，提高办事效率。常用“根据”、“依据”、“按照”等词语。

5. 目的式 是写明基本背景，阐明意义，说明行文目的的开头方式。常用“为了”、“为”等词语。

6. 原因式 是阐明工作的条件和意义，做到事出有因，加重行文的分量，以引起读者的重视的开头方式。常用“由于”、“因为”、“鉴于”等词语。

（二）主体

主体是所有医药应用文的核心，应根据主题的表现和材料的逻辑关系来安排主体的结构。主体结构主要有这样几种安排。

1. 总分式 或是先总述后分述，或是先分述后总述，或是总述——分述——总述。例如，总结、计划、调查报告、通报往往采用这种方式。

2. 纵贯式 就是按照时间、空间或事物发展的前后顺序来安排结构。例如，大范围、长时间、多方面的总结、调查报告和大规模的经济活动分析，往往采用这种方式。

3. 并列式 就是按照空间顺序或事物的性质安排结构，例如，药品说明书就采用这种方式。

4. 递进式 就是以事理之间的逻辑联系为顺序安排结构，由提出问题、分析问题到解决问题，环环相扣，步步深入。

5. 综合式 就是把几种安排结构的方式综合起来使用。一般用于内容广泛、材料很多、结构复杂的应用文写作。

（三）结尾

结尾是全篇内容发展的自然结果，是全篇的总的收束，因而又叫“收笔”。好的结尾既可以使文章结构完美，深化主题，又可以发人深省，产生效果。

医药工作应用文的结尾通常有这样几种形式。

1. 总结式 这种方式往往会在结尾总结全文，点明主题，并且与开头相呼应，给读者以完整的印象。例如，总结、会议报告、市场调查等多用这样的结尾。

2. 祈请式 这种方式往往会在结尾就某个问题以祈请的口气，请求上级和有关部门给予指示、答复或帮助解决。主要用于上行文和平行文。

3. 指示式 这种方式往往会在结尾向下级有关单位或部门发出指示、传达精神、布置工作、提出要求，主要用于下行文。

4. 号召式 这种方式往往会在结尾指出今后的工作方向，提出希望，号召行动，具有鼓动性。例如，工作总结、会议报告、各种演说等。

5. 祝愿式　这种方式往往会在结尾表示某种良好祝愿，主要用于祝词、贺词（信、电）、欢迎（送）词、开（闭）幕词、答谢与慰问信。

6. 说明式　这种方式往往会在结尾交代不容忽视的事项，产生凭据性作用。例如，药政法规的生效时间、解释与修改的权属；合同、协议的份数及由何人所执等。

7. 自然式　这种方式往往会在结尾不拖泥带水，不画蛇添足，意尽而言止。也有一些应用文根据内容需要，不单独使用结尾段，而是随正文结束而结束。例如，计划、规章制度、药品说明书等。

四、医药工作应用文结构的要求

（一）要服从主题表达的需要

主题是应用文的灵魂和统帅，结构应该服从于主题。不管什么样的应用文，不管采用什么样的结构，其根本目的就是为了更好地表现主题。所以在安排结构时，应紧紧抓住主题这个纲，纲举才能目张。

（二）要符合客观事物及其发展的规律

医药应用文是客观事物的反映，而客观事物有其内在的联系和发展规律。医药应用文的结构就是按照一定的方式方法，把材料有机地组织起来，以期反映客观事物的内在联系和发展规律，使应用文的结构符合客观事物的条理性、规律性，符合人们认识的规律。

（三）要适应不同文种的要求

医药工作应用文种类繁多，各种不同的类别又有其特定的结构和体式。例如，计划与总结，前者是围绕未做之事，后者是围绕已做之事，二者结构不同。前者以为什么做、做什么、怎么做为结构层次，后者以做了什么、怎么做的、有什么经验教训为结构层次。因此安排应用文结构，要适应不同文种的需要和要求。

（四）结构要完整严谨

医药应用文的结构要完整严谨，即有头有尾，突出主体，有过渡、有照应，层次清楚，主次分明，先后有序，形成有机整体。

知识链接

高尔基："开头第一句是最困难的，好像在音乐里定调一样，往往要费很长的时间才能找到它。"

目标检测

1. 医药应用文的结构有什么特点？
2. 怎样理解医药应用文的结构要求？

第 4 节　医药工作应用文的语言

学习目标

1. 了解医药工作应用文的语言特点。
2. 掌握医药工作应用文的语言要求。

一、语言是应用文的第一要素

语言是一切文章的第一要素。作为医药工作应用文,必须借助语言来反映医药工作的现实,表达一定的思想观点。因此一篇医药工作应用文,在确立了主题,选择了材料,并有了完美的构思以后,最终就必须通过语言来表现。

同时,语言也是决定文章风格的重要因素。医药工作应用文由于文种的不同,语言的运用也有所不同,因而呈现出不同的风格和特点。例如,公文的语言风格和公关文书的语言风格就表现出很大的不同。

但是,“语言这东西,不是随便可以学好的,非下苦功不可”(毛泽东)。学习应用文写作,就必须过好语言这一关。正所谓“工欲善其事,必先利其器”。

二、医药工作应用文的语言特点

(一) 意义直接

医药工作应用文所使用的词语大都为词的本义,语言表现的意义是直接和单义的。一般不用引申义和比喻义,也不用语气词、感叹词、儿化词。

(二) 词语规范

医药工作应用文采用的是事务语体,属于书面语体。因而必须使用规范化的书面语言,不滥用简称和略语,一般不能用口语词语和方言词语,否则会影响应用文的表达效果。

(三) 句型单一

医药工作应用文的句型单一,句式结构多是偏正语句结构和主谓语句结构。多用陈述句、祈使句,少用疑问句、感叹句。句子往往因为修饰限制成分较多而比较长。

(四) 语气恰切

医药工作应用文的种类很多,语气的运用既要切合不同的文种和受文对象,又要切合主题和情景的需要。

三、医药工作应用文的语言要求

(一) 准确

医药工作应用文是实用的,是为了解决医药工作中的各种实际问题的,因此,语言的准确成了它最基本的要求。这里的准确,一方面是指文字、标点、行款等全部书面形式准确无误,哪怕是一个标点符号,切不可自视“小节”而忽视,造成“节外生枝”,甚至是重大损失;另一方面语义言意要仔细推敲和辨析,尤其涉及时间长短、范围大小、程度深浅、分量轻重、感情褒贬等,要注意其中的细微区别,如“处理”、“处分”与“处罚”,“事情”、“事迹”与“事故”,“据说”、“据统计”与“据不完全统计”,等等。同时还要正确使用与医药工作有关的专业术语。

(二) 简要

简要就是简明扼要,就是用较少的语言表达丰富的内容,正所谓“文约而事丰”。在迅速发展的时代潮流中,在短平快的工作与生活节奏中,医药工作应用文的语言就需要简明扼要,言简意赅,以便人们理解掌握与贯彻执行,以便提高工作实效。这是工作的需要,也是时代的需要。

当然,医药工作应用文不是为简而简,为短而短,而是一切当以说明问题和明白能懂为前提,能简则简,能短则短,“竭力将可有可无的字、词、句删去,毫不可惜”(鲁迅)。

(三) 质朴

医药工作应用文旨在应用和解决实际问题,这就要求内容必须真实可靠,语言必须朴素平实。在陈述事件、说明问题、讲清道理的过程中,不需要溢美不实之词,不需要文学描写和艺术表现;而是真话实话和直来直去,是一清二楚和明明白白。

当然,医药工作应用文语言的质朴,不是一味地直和白,在一些公关文书和事务文书中,也可以用语重心长、情真意切、感人至深的语言。

(四) 得体

医药工作应用文有特定的运用范围和读者对象,语言的运用受到特定的目的、内容、对象、条件和范围的限制。例如,公文中的上行文、下行文和平行文的用词、用语往往不同;公开发表的公文和内部传达的公文,它们的语言、语气又往往不同。因此,得体是医药工作应用文语言的又一个要求。

知识链接

毛泽东在《反对党八股》一文中说:“为什么语言要学,并且要用很大的气力去学呢?因为语言这东西,不是随便可以学好的,非下苦功不可。”

目标检测

1. 怎样理解语言是一切文章的第一要素?
2. 怎样才能使医药应用文的语言准确、简要、质朴、得体?

第 5 节　医药工作应用文的表达方式

学习目标

1. 了解叙述、议论、说明的概念和作用。
2. 掌握叙述、议论、说明的方法。

医药工作应用文常用的语言表达方式主要是叙述、议论和说明这样三种表达方式。

一、叙　述

(一) 叙述的性质

叙述就是把人物的经历、事件的发展过程表述出来的一种语言表达方式。

医药工作应用文的叙述与记叙文一样,是最基本、最常用的一种表达方式。它所要表述的是“怎么样”,应该有时间、地点、人物、事件、起因与结果这六个要素。

叙述在医药工作应用文中的主要作用是:介绍人物的经历和事迹,介绍事物的基本情况,介绍事迹的发展变化过程,介绍问题的来龙去脉。

医药工作应用文中主要采用第一人称和第三人称的方式叙述。

(二) 叙述的方式

医药工作应用文的叙述方式主要有顺叙、倒叙、插叙。

1. 顺叙　就是按照人物的经历、事件的发展过程等先后顺序来叙述。这样的叙述方式有头有尾,而且层次清楚,顺序井然,形成一个独立而完整的事实,符合人们认识事物的规律和阅读习惯。

2. 倒叙 就是先叙述事情的高潮或结局，然后再按照事情发展的过程来叙述。这样的叙述往往产生悬念，能够诱发读者的阅读兴趣。在医药工作应用文中，倒叙一般用在新闻通讯、调查报告这类应用文体中。倒叙这样的叙述，特别要处理好倒叙部分与顺叙部分的衔接，要自然过渡，否则容易造成上下脱节、内容混乱。

3. 插叙 就是把其他事情插入正在叙述的事情中的叙述方式。插叙可以是对过去情节的追忆，也可以是对文章内容的补充和解释。插叙能使文章内容更加充实，使所叙事情更加完整，所以插入的事情一定要与正在叙述的事情有密切的关联关系。同时插叙不宜过长，否则会喧宾夺主，影响中心主题的表达。

（三）医药工作应用文中运用叙述的基本要求

1. 基本要素要真实清楚 医药工作应用文中的每个事情与事实叙述都要有明确的基本要素，而且有确凿的事实与根据。所以要实事求是，按照事物的本来面目去叙述。不能像文学作品中的叙述，通过夸张、虚构来感染。

2. 叙述事情要相对完整 医药工作应用文的叙述，虽然是概括性、轮廓性的叙述，所叙述的事情可以是全面的、局部的或者片段的，但都必须相对完整。

二、议　　论

（一）议论的性质

议论就是议事论理，就是通过事实材料及逻辑推理来辩论是非，阐发道理，陈述主张的一种语言表达方式。

议论是医药工作应用文普遍使用的一种语言表达方式，它所要表述的是“为什么”，由论点、论据、论证三要素构成。

议论在医药工作应用文中主要是用来分析情况，明辨是非，讲明道理，阐述观点，提出主张。

（二）议论的方式

在医药工作应用文中，常常采用以下几种议论方式。

1. 例证法 就是以事实为论据，用典型的事例来论证观点的一种论证方法。

2. 归纳法 就是以事实为论据，通过许多个别的事例归纳出它们的共有属性，从而得出一般性的结论的论证方法。

3. 演绎法 就是由一般到个别的论证方法，它是由一般的原理推导出关于个别情况的结论的论证方法。三段论是最主要的演绎法。

4. 比较法 就是把同类事物或不同事物进行比较，从而得出结论的一种论证方法。

5. 引证法 就是引用名人名言、科学定义、公理、原理、国家的法律法规等来证明论点的一种论证方法。

6. 反证法 就是通过对反面论点的否定来证明自己论点正确的一种论证方法。

7. 因果法 就是直接从事物本身的因果关系中进行推论的一论证方法，可以由原因推论出结果，也可以由结果推论出原因。

（三）医药工作应用文中运用议论的基本要求

1. 立论要准确，论据要充分，论证要严密 立论要准确，就是要能够揭示事物内在的客观规律，要符合国家的药政法规。论据充分而典型，才能揭示事物的本质，并能够举一反三。论证实际上是运用概念、判断、推理来证明论点的过程，所以要合乎事理和逻辑，周到严密，无懈可击。

2. 议论要为叙述和说明服务　在医药工作应用文中，议论是相对于叙述和说明而言，是处于从属地位的。议论以叙述和说明为基础，是为叙述和说明服务的。所以，一般不进行长篇大论和繁复推理。

三、说　　明

（一）说明的性质

说明就是对客观事物进行介绍或解说的一种语言表达方式。

医药工作应用文往往通过言简意赅的语言文字，真实地说明事物的形状、性质、特点、成因、功用等。它所要表述的是"是什么"。

（二）说明的方式

医药工作应用文常用的说明方式主要有这样几种。

1. 定义说明　就是下定义，它是运用准确而简洁的语言，把事物的本质特征或包含的意义说明清楚的一种说明方法。

2. 解释说明　就是对所要说明事物的性质、特征、功用等作出解释的一种说明方法。它与定义说明不同，不必揭示事物的本质和特征，只要揭示事物的一般特点即可。

3. 举例说明　就是举出实例来说明事物或事理的一种说明方法。它主要用来说明抽象、深奥、复杂的事物或事理。

4. 分类说明　就是把所要说明的对象，按照一定的标准分成不同的类别，进行分门别类地说明的一种说明方法。

5. 比较说明　就是对两个或两个以上的可比事物，通过比较来说明事物的本质特征的一种说明方法。不可比事物不能进行比较说明。

6. 引用说明　就是对所要说明的事物或对象，通过文献资料的引用来说明的一种说明方法。

7. 数字说明　就是用具体而精确的数据来说明事物特征的一种说明方法。

8. 比喻说明　就是通过打比方的方式，把复杂的事物或抽象的事理说得具体形象、通俗易懂的一种说明方法。

9. 图表说明　就是运用简图、表格的形式来说明事物特征的一种说明方法。

（三）医药工作应用文中运用说明的基本要求

1. 要抓住事物的本质特征进行说明　事物的本质特征是一事物区别于它事物的根本标志。不能抓住事物的特征，实际上也就不能很好地突出所要说明对象的特点，不能区别一事物与它事物的不同，也就达不到说明的目的。因此，必须抓住事物的本质特征进行说明。

2. 要科学地说明客观事物　说明在医药工作应用文中，往往是给人以知，授人以用的。所以在介绍事物、阐释事理、传播知识、宣传药政法规的时候，一定要符合客观实际，揭示本质特征，做到概念正确，判断准确，推理严密，表述清晰。尤其是医药生产过程的具体操作和药品使用，一定要科学地说明。

3. 说明要有条理性　在说明事物或事理的时候，既要符合事物发展的客观规律，又要符合人们对于事物的认识规律。只有言之有序，条理清楚，才能达到信息传递的目的。

目标检测

1. 一般文章常用的语言表达方式有哪几种？应用文常用的语言表达方式主要有哪几种？
2. 描写与叙述有什么区别？

3. 议论的三要素是什么？

4. 常用的论证方法有哪几种？

5. 分析下列句子是否符合应用文写作的语言要求，简述理由。

（1）分析下列语段在语言表达上与文体不适应的地方

1）一则公文这样表述：2012 年我乡报经县政府及县教育局同意，于今年开春在乡中学修建新校舍总计 3000 平方米，此校舍目前已经开始施工，列入今年乡财政预算的基本建设费也已基本到位。但由于突然遭遇连日暴雨，山洪暴发，把已修好的一侧围墙和相邻的室外建筑冲垮，放置建筑材料的临时仓库也被冲毁了一座，已经造成近 20 万元的经济损失，预计的款项已不够了。这次山洪还冲倒了我乡辖区内几十户居民住房，救灾负担沉重，目前乡政府捉襟见肘，雪上加霜。

2）一份产品说明书中这样写道：我公司生产女装，品种繁多，有艳比玫瑰的旗袍裙衫；有花团锦簇、五彩缤纷的绣衣；有美如垂柳的长裙和睡衣。

3）某工业局的工作总结中这样写道：我局所属公司去年借助了外部东风，生产像穿云燕子，飞向百尺竿头。今春以来，又像冰山开花，一泻千里。

（2）修改下列病句

1）年终，某公司对上级规定的任务已基本上全部完成。

2）为提前做好会议的准备工作，希望各乡党委书记携带有关资料，于 7 月 6 日前来县委招待所报到。

3）村干部深入群众，了解情况，遇事能够武断提出处理意见。

4）今年我们要狠抓质量，减少消耗，使产品成本比去年降低一倍。

5）为提高办公效率，计划年内添置笔记本电脑五台。

6）江阳市矿泉水主要的消费对象是前来旅游的华侨、港澳台侨胞和外国人。

7）农历初一至初七放假，初八报到并打扫科室卫生。

8）本月的销售任务再过三四天即可全部完成。

（3）以下请假条有何不妥之处，请指出并改写成规范请假条

敬爱的××老师：

我惭愧地提起笔，写信给您。

昨天，当我放学回家的时候，本来烈日当空，不料走到中途，突然下了一场大雨，我不能及时避雨，雨水把我淋得浑身湿透。回家以后，浑身发冷，发起高烧。我知道这一次的病是由于抵抗力太弱引来的，今后我一定好好锻炼身体。

现在妈妈叫我向学校请假两天，希望你能够批准。

学生××谨上
×月×日

6. 恰当使用应用文专用词语，改写下面文字

（1）才接到你们公司 15 日打来的加急电报，电报要求我们工厂将本月生产出的产品火速发运到北京去。我们厂对于这个要求有以下一些困难，实在难以按照你们的要求办理。

（2）我们以上所报告的各类事情和处理意见，如果没有什么不妥当之处，就请求领导批示后，转发给各个市、州、县人民政府，按照报告中所提出的处理意见执行。

第3章　医药公务文书

第1节　公文概述

学习目标

1. 了解公文的性质和特点。
2. 掌握公文的行文结构和要求。

一、公文的概念

公文是党政机关、社会团体、企事业单位在社会管理和公务活动中经常使用的具有特定效力和规范体式的文书。它是用来发布法规、贯彻政策法令、请示答复问题、指导商洽工作、沟通汇报情况及记载各种活动的重要工具。

二、公文的特点

公文写作是应用文写作中的一个重要部分。由于公文的特殊性，在写作上明显地区别于其他文体而具有自己的特点。

（一）具有较强的政治性和政策性

公文的政治性是由党政机关的政治性决定的。公文具有传达贯彻党和国家的方针政策，处理机关公务的重要职能。它的内容与党和国家的政治路线和方针政策密切相关。

（二）具有法定的权威性和行政的约束力

公文是法定机关制定的，它代表机关发言，具有法定的权威性和约束力。这就是说，凡在机关职权范围内所行使的公文，就可以发挥权威性和约束力。因此撰写公文是一件十分严肃的事，发文不能含糊其辞，办理和执行公文也不能敷衍了事。公文的这一特点是其他任何文字材料所不具备的。

（三）具有法定的作者

公文的法定作者是指依法成立并能以自己的名义行使权利和承担义务的组织或个人。党政机关、社会团体、企事业单位都是依法成立的，它们都是公文的法定作者。一些领导人如国家主席、国务院总理等，他们不是以个人身份行使职权，而是以该组织的领导人身份行使职权，因而也是公文的法定作者。公文就是由这些法定作者根据自己的职能和权限制发的，它的这一特点，与报刊上发表个人署名文章的作者的概念是不同的。

（四）具有规范的体式

应用文一般都有固定的格式，而公文在格式方面的要求更加严格、规范。它从用纸的规格到发文编号、秘密等级、缓急程度，到标题、主送机关、抄送机关、附件等都有严格的标准要求，这就为维护公文的权威，为公文的正确处理提供了有力的保障。

三、公文的种类

中共中央办公厅、国务院办公厅2012年颁布的《党政机关公文处理工作条例》规定的公文有15种。

(一) 决议

这是一种法规性公文。适用于会议讨论通过的重大决策事项。

(二) 决定

这是一种法规性公文。适用于对重要事项作出决策和部署,奖惩有关单位及人员,变更或者撤销下级机关不适当的决定事项。如《中共中央关于经济体制改革的决定》。

(三) 命令(令)

这是一种法规性公文。适用于公布行政法规和规章;宣布施行重大强制性行政措施;嘉奖有关单位及人员。如《中华人民共和国主席令》、《国家食品药品监督管理总局令》。

(四) 公报

公报是一种告知性的公文。适用于公布重要决定或者重大事项。如《中国共产党第十八届三中全会公报》。

(五) 公告

公告具有告知性。适用于向国内外宣布重要事项或者法定事项。如《国家食品药品监督管理总局发布无菌药品实施新修订药品GMP有关事宜公告》、《国家食品药品监督管理总局药品GMP认证公告》。

(六) 通告

通告既具有告知性,又具有规定性。适用于在一定范围内公布应当遵守或者周知的事项。如《国家食品药品监督管理总局关于医疗器械重新注册有关事项的通告》。

(七) 意见

意见具有指示性、建议性和参考性。适用于对重要问题提出见解和处理办法。如《国家药品监督管理局关于规范体外诊断试剂管理的意见》。

(八) 通知

通知具有指示性和告知性。适用于发布、传达要求下级单位执行和有关单位周知或者执行的事项,批转、转发公文。如《国家食品药品监督管理总局办公厅关于执行新修订药品生产质量管理规范有关事项的通知》。

(九)通报

通报具有告知性和指导性。适用于表彰先进,批评错误,传达重要精神和告知重要情况。如《××省食品药品监督管理局关于2003年药品质量检查情况的通报》。

(十) 报告

报告具有呈报性。适用于向上级机关汇报工作,反映情况,答复上级机关的询问。如《关于药品安全生产情况的报告》。

(十一) 请示

请示具有祈请性。适用于向上级机关请求指示、批准。如《××省药业有限公司关于企业进行 GMP 改造的请示》。

(十二) 批复

批复具有指示性。适用于答复下级机关的请示事项。《关于××省药业有限公司关于企业进行 GMP 改造问题的批复》。

(十三) 议案

议案具有建议性和法定性。适用于各级单位按照法律程序向同级代表大会或代表大会常设机构提请审议事项。如《××省人民政府提请审议〈加强医药支柱产业建设的议案〉》。

(十四) 函

函既具有告知性，又具有商洽性。适用于不相隶属机关之间商洽工作，询问和答复问题，请求批准和答复审批事项。如《国家药典委员会关于勘误"十全大补酒"质量标准有关内容的函》。

(十五) 纪要

纪要既具有告知性，又具有指导性。适用于记载会议主要情况和议定事项。

这 15 种公文，可以根据行文关系分为上行文、平行文、下行文三类。

1. 上行文　是下级机关向上级机关报送的公文，包括请示、报告文种。

2. 平行文　是同级机关或没有隶属关系的机关之间来往联系的公文，主要是函，也包括一些通知、通报、纪要。

3. 下行文　是上级机关向下级机关下达的公文，包括命令、决议、意见、通知、通报、批复等。

作为医药工作来说，通常使用的公文有通知、通报、意见、决定、报告、请示、批复、函、纪要等。

四、公文的格式

公文一般由份号、密级和保密期限、紧急程度、发文机关标志、发文字号、签发人、标题、主送机关、正文、附件说明、发文机关署名、成文日期、印章、附注、附件、抄送机关、印发机关和印发日期、页码等组成。

(一) 份号

公文印制份数的顺序号。涉密公文应当标注份号。

(二) 密级和保密期限

公文的秘密等级和保密期限。涉密公文应当根据涉密程度分别标注"绝密"、"机密"、"秘密"和保密期限。

(三) 紧急程度

公文送达和办理的时限要求。根据紧急程度，紧急公文应当标注"特急"、"加急"，电报应当分别标注"特提"、"特急"、"加急"、"平急"。

(四) 发文机关标志

由发文机关全称或者规范化简称加"文件"二字组成，也可以使用发文机关全称或者规范化简称，如中共中央文件、××省食品药品监督管理局文件。联合行文时，发文机关标志可以并用联合发文机关名称，也可单独用主办机关名称。

（五）发文字号

由发文机关代字、年份、发文顺序号组成。如国办发〔2013〕5号，其中，国办是国务院办公厅的代字，2013是指年份，5号是指发文的序号。一件公文只有一个发文字号。联合行文时，使用主办机关的发文字号。

（六）签发人

上行文应当标注签发人姓名。

（七）标题

由发文机关名称、事由和文种组成。如《××市食品药品监督管理局关于药品生产质量检查情况的通报》。

（八）主送机关

公文的主要受理机关，应当使用机关全称、规范化简称或者同类型机关统称。一般情况下，下行文可以主送两个以上的机关，上行文只能主送一个机关。

（九）正文

公文的主体，用来表述公文的内容。

（十）附件说明

公文附件的顺序号和名称。

（十一）发文机关署名

署发文机关全称或者规范化简称。

（十二）成文日期

署会议通过或者发文机关负责人签发的日期。联合行文时署最后签发机关负责人签发的日期。

（十三）印章

公文中有发文机关署名的，应当加盖发文机关印章，并与署名机关相符。有特定发文机关标志的普发性公文和电报可以不加盖印章。

（十四）附注

公文印发传达范围等需要说明的事项。

（十五）附件

公文正文的说明、补充或者参考资料。

（十六）抄送机关

除主送机关外需要执行或者知晓公文内容的其他机关。

（十七）印发机关和印发日期

公文的送印机关和送印日期。

正式的文件格式如下：

000001
机密★1 年
特急

××文件

××〔2012〕18 号

××关于××通知

××：

××。

×××××××××××××××××××××××××××××××××××。

×××
××。

抄送：××、××、××。

××
2012 年×月×日

××　　2012 年×月×日印发

五、公文的行文规则

公文的行文必须遵守一定的行文关系和行文方向。《党政机关公文处理工作条例》明确规定了公文的行文规则，必须严格遵守。行文规则主要如下。

(1) 行文应当确有必要，讲求效用，注重针对性和可操作性。

(2) 行文关系根据隶属关系和职权范围确定，一般不得越级行文，特殊情况需要越级行文的，应当同时抄送被越过的机关。

(3) 向上级机关行文应当遵守以下规则

1) 原则上主送一个上级机关，根据需要同时抄送相关上级机关和同级机关，不抄送下级机关。

2) 党委、政府的部门向上级主管部门请示、报告重大事项，应当经本级党委、政府同意或者授权；属于部门职权范围内的事项应当直接报送上级主管部门。

3) 下级机关的请示事项，如需以本机关名义向上级机关请示，应当提出倾向性意见后上报，不得原文转报上级机关。

4) 请示应当一文一事。不得在报告等非请示性公文中夹带请示事项。

5) 除上级机关负责人直接交办事项外，不得以本机关名义向上级机关负责人报送公文，不得以本机关负责人的名义向上级机关报送公文。

6）受双重领导的机关向一个上级机关行文，必要时抄送另一个上级机关。

（4）向下级机关行文应当遵守以下规则

1）主要受理机关，根据需要抄送相关机关。重要行文应当同时抄送发文机关的直接上级机关。

2）党委、政府的办公厅（室）根据本级党委、政府授权，可以向下级党委、政府行文，其他部门和单位不得向下级党委、政府发布指令性公文或者在公文中向下级党委、政府提出指令性要求。需要政府审批的具体事项，经政府同意后可以由政府职能部门行文，文中须注明已经政府同意。

3）党委、政府的部门在各自职权范围内可以向下级党委、政府的相关部门行文。

4）涉及多个部门职权范围内的事务，部门之间未协商一致的，不得向下行文；擅自行文的，上级机关应当责令其纠正或者撤销。

5）上级机关向受双重领导的下级机关行文，必要时抄送该下级机关的另一个上级机关。

（5）同级党政机关、党政机关与其他同级机关必要时可以联合行文。属于党委、政府各自职权范围内的工作，不得联合行文。党委、政府的部门依据职权可以相互行文。部门内设机构除办公厅（室）外不得对外正式行文。

六、公文的拟制

公文的拟制主要是指机关、团体、企事业单位发出的公文，从拟稿、核稿、会签到签发的办理过程。

一般来说，公文大体有两类：一类是承办来文后的复文，另一类是根据需要发出的公文。在这里有个办理公文的过程，这个过程有许多环节，通常按照公文格式印成公文稿纸，办文时就使用这种稿纸来拟写、办理。

公文拟制的各个环节如下。

（一）拟稿

拟稿就是起草公文，也是对公文的承办。一般谁主管的事谁拟稿。拟稿时要准确地确定公文的文种，并且按格式要求逐项拟写清楚，如标题、主送机关、抄送机关、附件等。文稿写成后要写上拟稿人的姓名、拟稿的日期。有附件的要同时附上，以便领导了解签发。

（二）核稿

核稿就是由专门的职能部门如办公室等对文稿从内容到文字进行审核，签署意见并签上姓名、日期。

（三）会签

会签是指公文涉及其他职能部门的职责范围，需要这些部门会同对公文的拟稿进行审阅，并在会签栏上签上自己的姓名和日期，以示负责。

（四）签发

签发就是由单位负责人审核，最后定稿，并签署发出意见。

（五）缮校封对

公文经签发后，就由如办公室等专门的职能部门将文稿进行编号，确定打印份数，然后打印成正式公文。打印必须按照有关的规格和格式并进行仔细地校对；印成正式公文后要加盖公章，交职能部门封发。公文的拟办过程到此完成。

公文制发后，承办人员应将公文的草稿、正本和有关材料整理后立卷归档。

××市药业有限公司公文稿纸

字〔 〕号

签发：	核稿：
会签：	拟办单位及拟稿人
事由：	附件：
主送单位：	抄送：
校对： 份数：	发文日期： 年 月 日

七、公文的写作要求

公文具有很强的政策性，应当以高度的严肃性和责任感来对待这项工作。在公文写作过程中要做到以下几点。

（一）要符合党和国家的方针政策及有关的法律法规，保证公文的政治质量

各级机关、社会团体、企事业单位的工作是围绕党和国家的方针政策和中心工作展开的，公

文实际上就是贯彻执行党和国家的方针政策。因此撰写公文不能背离党和国家的方针政策，这是社会主义文书工作的基本原则。

（二）要吃透领导的意图，弄清公文的行文目的

撰写公文，实际是代表机关单位或领导人立言，把机关单位的有关指示精神准确系统地记录下来，传达开去。因此必须切实吃透领导的制文意图，弄清公文的行文意图。只有在符合方针政策，符合撰写意图的前提下，才能把公文写得更准确、更深刻。

（三）要熟悉专业和业务知识，掌握新情况、新问题，确保公文切合实际

撰写公文，尤其是撰写指导业务工作的公文，必须要熟悉专业和业务知识，懂得专业工作的基本特点和规律，同时要从实际出发，及时掌握新情况、新问题，使公文切合实际。

（四）要注意公文的连续性和一致性

由于公文的政策性、指导性很强，撰写公文要注意政策的连续性和一致性，不能前后矛盾，相互抵触。

（五）要讲求简朴晓畅的文风

公文作为联系公务和传递信息的工具，只有具备简朴晓畅的特点，才能适应机关单位工作的要求。所谓简，指篇幅简短；所谓朴，指文笔朴实；所谓晓，指内容明白，观点明确，阐述透彻；所谓畅，指行文通畅。

（六）要用规范的体式

公文的内容确定以后，要选择恰当的文种。只有文种选择恰当，才能更好地表述公文的内容。使公文起到应有的作用。选择文种要根据行文的目的和受文的对象来确定，文种的体式要规范。公文用字、用纸和公文各部分的排列等，应当执行国家机关公文格式的规定标准。起草要用公文拟稿专用稿纸。

（七）要正确使用公文专用语言

公文用语反映公文的行文关系和工作程序。它在公文中经常使用，但并未形成固定的语言程式。这些专用语言主要有以下几种。

1. 称谓用语　本（局），我（部），你（公司），该（处）。
2. 经办用语　经，业经，兹经。
3. 引叙用语　前接，近接，悉。
4. 期请用语　希即遵照，请，拟请，希。
5. 表态用语　同意，不同意，可行，不可，照办。
6. 征询用语　当否，可否，是否可行，是否同意。
7. 请复用语　请指示，请批示，请核批，请回复。
8. 目的原因用语　为，为了，由于。
9. 对象范围用语　对，对于，关于，将，除了。
10. 根据方式用语　根据，依据，按照，遵照，通过，在，随着。
11. 综述过渡用语　为此，对此。
12. 结尾用语　为要，为荷，为盼，特此通知（通告、通报函复、函达）。

知识链接

公文的行文方式

1. 逐级行文　即直接向自己所属的上级或下级机关，以及按层次一级级行文。逐级行文是对上行文的最基本的方式。对下行文，便于下级机关结合自身实际情况更好地贯彻执行文件精神。

2. 多级行文　即同时向自己以上或以下的若干机关行文。如果没有特殊情况，对上不采用这种行文方式。对下行文，便于下属几级机关同时了解和掌握文件内容，避免由于逐级转发而拖延时间，贻误工作。

3. 直达行文　即上级领导机关直接把文件发到基层的行文。它可以通过报刊、广播、电视或公开张贴发布文件。这种行文方式，能够使基层机关和人民群众及时地、原原本本地了解文件的内容，使文件迅速产生宣传教育群众或组织发动群众的作用。

目标检测

1. 判断题

(1) 所有公文都必须有主送机关。(　　)

(2) 通告在有具体明确的收文对象时，要写明主送机关，泛指时可省略。(　　)

(3) 发文字号由年份、序号和机关代字组成。(　　)

(4) 通知的成文时间也可写在标题之下。(　　)

(5) 上、下行文都应在首页注明签发人姓名。(　　)

(6) 公文的附件是附属的参考材料，不属于公文组成部分。(　　)

(7) 公告是公开宣布的公文，依靠新闻媒介发布，不使用公文格式。(　　)

(8) “通告”适用于批转下级机关的公文。(　　)

(9) 发文机关应当写单位全称或规范化的简称。(　　)

(10) 行文的主要对象叫主送机关。(　　)

(11) “请示”的主送机关应是“批复”的发文机关。(　　)

(12) 成文日期即文件起草日期。(　　)

(13) “报告”中可以夹带请示事项，这样可以提高办事效率。(　　)

2. 根据下面提示材料，拟写公文标题

(1) ××省教育厅拟将《高等学校教学设备管理办法》发给各高等学校。

(2) ××研究所筹建生物工程实验室，但资金尚缺 100 万元，拟向上级机关请求拨款，请代拟写这份公文的标题。

(3) ××省人事厅向财政厅申请公务员培训经费，请代××省人事厅拟写这份公文的标题。

(4) 为了培养医药类经济人才，××大学准备在 2013 年 9 月起增设医药会计专业，为此，向上级主管部门行文请求批准。

(5) 2013 年度医药经济高级论坛将于 2013 年 10 月 20 日在××省会展中心召开，主办单位××省人民政府拟发一个通知。要求各医药企业派 3 名代表参加，请代写该通知的标题。

(6) ××厂无法解决本厂技术人员进修英语问题，向不相隶属的××大学请求协助解决这一问题。

(7) ××学院经费困难，向省财政厅申请补助。

(8) ××市公安局需要购置 40 辆摩托车，需向市财政局申请批准财政拨款购买。

(9) ××医药公司因业务量大增，人员多了，事务多了，效益很好，打算购置一台九座面包车，需向其上级北海总公司请求批准。

第2节　通　　知

学习目标

1. 熟悉通知的种类。
2. 掌握通知的写作方法。

一、通知的性质

通知是党政机关、社会团体、企事业单位向下级机关或有关单位和人员传达需要周知并且执行和办理事项的一种公文。

在党政机关、社会团体、企事业单位的公务活动中,通知起着承接上下、联系内外的多方面作用。可以传达上级机关的指示,可以要求下级机关办理某一事项,可以告知下级机关需要知道的事项,也可以批转下级机关的公文,也可以转发上级机关、同级机关和不相隶属机关的公文,等等。

二、通知的特点

(一) 使用的广泛性

通知是公文中应用范围最广、使用频率最高的一种文体。其使用的广泛性表现在:一是使用通知的机关单位广泛,不受发文机关级别与组织性质的限制和影响;二是通知传达的内容广泛,大到中央的方针政策,上级领导机关的重要决策,小到日常的行政事务工作,都可以使用通知行文。

(二) 传递的方向性

通知属于下行文,是由上级机关单位向下级机关单位发文。不管什么样的机关或单位,一般不能向上级机关单位、平行机关单位和无隶属关系的机关单位发通知。当然在实际工作中,有的地方机关单位也给平行机关单位或没有隶属关系的机关单位发送通知,这是因为属地服从的原则。不管驻地机关单位的级别有多高,在有些事情上,应服从当地政府部门的领导,视同发文机关单位的“下属”单位。

(三) 内容的严肃性

通知担负着传达信息、布置工作、处理日常事务的重要任务,有的指示本身就是用通知这一公文形式发送的,所以必须严肃对待;即便是一则会议通知或入学通知,也都有时间、地点、内容的规定性,受文单位或个人也应照办。

(四) 写作的灵活性

通知的种类较多,写法也就灵活多样。大事小事,长篇短篇,写法式样灵活多样,不拘一格。如批转性通知,可以三言两语;指示性通知则深入阐述,详细交代;告知性通知,因事而异,可简可繁。

三、通知的种类

通知使用的范围比较广泛,常用的种类有五种。

（一）发布性通知

发布性通知是上级机关向下级机关发布法规、制度、条例、办法等公文时所使用的通知。常用“颁发”、“发布”、“印发”、“下发”等词语。如《关于加强药品广告审查监督管理工作的通知》、《关于印发国家执业药师资格制度 2001～2005 年工作规划的通知》就是发布行政法规的通知。

（二）批示性通知

批示性通知包括批转和转发两种形式的通知。批转用于上级机关单位对于下级机关单位上报的具有普遍意义的报告或其他文件加上批语，用通知的形式下发所属各机关单位，作为工作借鉴、参考或执行。转发是对于上级机关单位、同级机关单位或不相隶属机关单位发来的，对本机关单位所属的下级机关单位具有指示、指导或参考作用的公文，加上按语，用通知的形式转发给下级机关单位。如《国务院办公厅转发国务院体改办等部门关于城镇医药卫生体制改革指导意见的通知》就是批示性通知。

（三）指示性通知

这是上级机关就某项工作对下级机关有所指示和安排而发出的公文。这种通知要明确下级机关单位处理什么事情，解决什么问题，为什么要解决这些问题，采取什么措施等。如《关于加强进口药材管理有关事宜的通知》就是指示性通知。

（四）告知性通知

上级机关就有关事项需要下级机关知道或办理时用的一种公文，如人事任免、机构变动、催报材料等。如《关于成立国家药品监督管理局药品广告审查监督办公室及有关事项的通知》。

（五）会议通知

这是告诉有关机关单位或个人出席会议的通知。这样的通知应该写清会议的名称、主持单位、会议内容、起止时间、参加对象、会议地点、携带材料等。

四、通知的写法和格式

通知一般包括以下五部分内容。

（一）标题

通知的标题主要有以下几种形式。

1. 只有文种　如《通知》，这种标题的通知一般在非正规场合使用。

2. 事由加文种　如《关于建立违法药品广告公告制度的通知》。

3. 发文机关加文种　如《国家食品药品监督管理总局紧急通知》。

4. 发文机关加事由加文种　如《国家食品药品监督管理总局办公厅关于注销××制药有限公司药品批准文号的通知》。

（二）主送机关

通知传递的方向性，决定了它自己的受文者，也就是发文机关的下级机关，这就是主送机关。如果主送机关较多，可依惯用次序排列。告知性通知则可以不写主送机关。

（三）正文

通知的正文部分，通常由通知的缘由和目的、通知的内容和具体事项、通知的要求和希望三部分组成。

由于通知的种类较多，内容不一，不同种类的通知，在内容和行文结构上又有所不同，因此，并非所有通知的正文都要按照这样三部分来写，而是要根据每一种通知的特点来写。通知如有附件，应在正文后注明附件的名称和件数，附件全文附在通知后面。

（四）落款

落款写明制发机关和发文时间。

五、通知的写作要求

（一）内容具体明确

通知什么内容，安排什么工作，要求做什么事情，都要真实明确，切实可行，尤其涉及时间、地点、处理意见等要详尽具体。

（二）行文关系清楚

行文关系清楚包括两个方面，一方面，通知的事项之间要注意排列的内在逻辑关系，做到条理清楚，严密周全；另一方面，要清楚"转发"、"批转"和"印发"这三种通知标题的应用。将上级机关、同级机关和不相隶属机关的来文发给下级机关，用"转发"；将下级机关的来文，加上批语后发给所有下级机关，用"批转"；将本机关的有关规定要求和领导的讲话等发给下级机关，用印发。

（三）语言简明朴实

通知的语言要简明扼要，朴实易懂，不可含糊其辞或堆砌辞藻。

例文一

中共中央办公厅　国务院办公厅

关于印发《党政机关公文处理工作条例》的通知

各省、自治区、直辖市党委和人民政府，中央和国家机关各部委，解放军各总部、各大单位，各人民团体：

《党政机关公文处理工作条例》已经党中央、国务院同意，现印发给你们，请遵照执行。

中共中央办公厅
国务院办公厅
2012年4月16日

例文二

国家食品药品监督管理总局

关于开展在药店试点销售婴幼儿配方乳粉工作的通知

食药监食监二〔2013〕252号

各省、自治区、直辖市食品药品监督管理局，新疆生产建设兵团食品药品监督管理局：

根据《国务院办公厅转发食品药品监管总局等部门关于进一步加强婴幼儿配方乳粉质量安全工作意见的通知》（国办发〔2013〕57号）精神，现就开展在药店试点销售婴幼儿配方乳粉工作的有关事项通知如下：

一、实行自愿申请原则

对药店申请试点销售婴幼儿配方乳粉的，各地食品安全监管部门应当按照企业自愿原则，并根据法律法规规定的许可条件要求和程序，实施许可。药店申请成为试点单位应当符合食品流通许可规定的条件，并同时满足以下要求：一是无因经营假冒伪劣药品等商品被有关监管部门予以处罚的记录；二是具备专区专柜销售婴幼儿配方乳粉的经营环境、条件和设施；三是具有提供食品安全消费专业指导的人员和能力。

二、实施药店销售婴幼儿配方乳粉专项许可

各地食品安全监管部门要按照现行食品流通许可管理规定的许可条件、范围、要求和程序等，对药店申请婴幼儿配方乳粉销售实施专项审核许可，并纳入日常监管，许可项目注明为“乳制品(含婴幼儿配方乳粉)”。食品流通许可管理机关应当对申请人实施经营条件现场核查，严格审核许可申请人的经营条件，不具备经营条件要求的一律不得核准许可。

三、实行药店婴幼儿配方乳粉专柜销售

各地食品安全监管部门要监督已取得婴幼儿配方乳粉流通许可的药店实行专柜销售婴幼儿配方乳粉。药店应当在销售场所划定专门的柜台、货架摆放、销售婴幼儿配方乳粉，并在销售柜台、货架处显著位置设立销售专柜提示牌，提示牌大小可根据设立的专柜空间大小而定，但应采取“绿底+白字(黑体)”式样。药店应当设立专门区域单独存放库存的婴幼儿配方乳粉，符合标签标注的储存条件，并与库存的药品隔离，禁止混放。

四、实行参照药品经营质量管理规范对婴幼儿配方乳粉销售进行管理

各地食品安全监管部门要严格监督药店按照国办发〔2013〕57号文件和《国家食品药品监督管理总局关于进一步加强婴幼儿配方乳粉销售监督管理工作的通知》(食药监食监二〔2013〕251号)要求，严格监督婴幼儿配方乳粉经营单位落实责任和义务，并参照《药品经营质量管理规范》的要求建立健全各项管理制度，规范婴幼儿配方乳粉购进、储存、销售行为。药店要加强婴幼儿配方乳粉质量安全管理，强化进货源头把关和经营过程控制，确保持续符合食品经营条件，保障经营的婴幼儿配方乳粉的质量安全。药店专业人员经过婴幼儿配方乳粉相关管理法律法规以及婴幼儿科学喂养知识培训后，可就所销售的婴幼儿配方乳粉对消费者进行专业的指导和帮助。专业人员对消费者提供指导和帮助时不得对婴幼儿配方乳粉进行夸大和虚假宣传、误导消费者。

各省级食品药品监管局要按照国办发〔2013〕57号文件和本通知要求，确定试点的范围、期限，并制定试点工作方案，统一安排部署，加强组织领导。试点工作过程中，各地食品安全监管部门要深入调查研究，加强督促检查和跟进指导，及时总结试点工作经验。各省级食品药品监管局要注意了解掌握试点工作情况，及时研究试点工作中出现的新问题、新情况，不断完善相关制度和措施，扎实推进试点工作。国家食品药品监管总局将适时对各地开展试点工作情况进行检查指导。

各省级食品药品监管局要强化信息沟通和情况报送工作，将本行政区域内试点工作中采取的管理办法、措施，以及相关监管经验和问题，及时报送国家食品药品监管总局。同时，于每年11月底前将本年度内试点工作情况进行梳理汇总，并书面报送国家食品药品监管总局食品安全监管二司。

国家食品药品监督管理总局

2013年12月18日

例文三

关于进一步加强医疗机构药品质量监督管理工作的通知

各区(市)县食品药品监督管理局、卫生局、市食品药品监督管理局高新区药品监管处:

为加强医疗机构药品监督管理,强化医疗机构药品质量安全意识,保障人民群众用药安全,根据《药品管理法》、《药品流通监督管理办法》和《医疗机构药品监督管理办法(试行)》的规定,结合我市去年对医疗机构的检查中发现存在的问题,决定对进一步加强全市各医疗机构药品质量管理工作和开展专项监督检查提出如下要求,请遵照执行。

一、进一步明确医疗机构药品质量监管工作职责

(一)由市食药监部门牵头,卫生行政部门配合负责对各区(市)县开展医疗机构药品质量监督管理工作的督查和指导。

(二)各区(市)县食药监部门和卫生行政部门负责对本辖区医疗机构药品质量监督管理的组织实施;负责组织本辖区医疗卫生机构相关人员药品质量管理法律法规的宣传培训。

二、督促全市各医疗机构加强药品质量管理工作

各区(市)县食药监部门和卫生行政部门要督促辖区内各医疗机构按照《医疗机构药品监督管理办法(试行)》的要求,加强药品质量管理工作,保证药品质量安全。

(一)医疗机构要建立健全药品质量管理体系,完善药品购进(含中药饮片采购)、验收、储存、养护(含有效期管理)、调配(含最小包装拆零调配管理)、使用(含不良反应监测、药品质量跟踪)的质量管理制度。

(二)医疗机构要在每年12月31日前向所在地药品监督管理部门提交药品质量管理年度自查报告,自查报告包括:药品质量管理制度的执行情况;医疗机构制剂配制的变化情况;接受药品监督管理部门的监督检查及整改落实情况;对药品监督管理部门的意见和建议。

(三)医疗机构规范购进渠道,从具有药品生产、经营资格的企业购进药品。医疗机构购进药品时要索取相关证明文件,索取、留存供货单位的合法票据,并建立购进记录、验收记录,做到票、账、货相符。基层医疗机构全部购进基本药物,并实施零差率销售。

(四)医疗机构的保管和养护要采取必要的控温、防潮、避光、通风、防火、防虫、防鼠、防污染等措施,对特殊药品具有相应的安全保障措施。

三、组织开展医疗机构药品质量专项监督检查工作

(一)检查内容

全市所有医疗机构贯彻执行《医疗机构药品监督管理办法(试行)》的情况;药品使用的质量管理和药学技术人员的配备情况;药品使用管理制度的制定和执行情况;药品购进、验收、储存、养护、调配及使用等情况。

(二) 检查重点

1. 是否配备依法经过资格认定的药学技术人员,是否建立药品使用的质量管理制度。

2. 是否从非法渠道购进药品。

3. 购进药品时是否索取并留存供货企业的证照材料及合法票据。

4. 是否存在使用假劣药品和违规使用医院制剂的行为。

5. 基层医疗卫生机构所使用的基本药物是否从合法的基本药物配送企业购进。

6. 有特殊储存要求的药品是否按储存条件存放。

7. 疫苗购进、验收、储存、养护、调配及使用的管理是否规范,是否按规定保证其冷链的完整。

8. 是否凭医师处方调剂使用药品。

9. 是否存在医疗机构内设科室私自购进、销售药品,私设药柜的行为。

10. 是否按规定上报药品不良反应事件。

11. 是否按国家相关规定管理特殊药品及含麻黄碱类复方制剂。

12. 基层医疗卫生机构药品(疫苗)是否按规定实施电子监管。

(三) 检查范围

对全市乡镇卫生医院和社区卫生服务中心基本药物质量实施100%全覆盖监督检查;对偏远地区和城乡结合地区的基层医疗卫生机构(村卫生站、社区卫生服务站、个体诊所等)药品质量管理进行重点抽查;对等级医院药品质量管理进行监督抽查。

(四) 时间安排

1. 区(市)县监督检查阶段。自本通知下达之日起,至2013年9月15日,由各区(市)县食药监局和市食药监局高新区药品监管处确定检查名单,并邀请卫生行政部门共同进行现场检查。

2. 市局督查阶段。2013年9月16日至2013年10月15日,市食药监局、市卫生局将组织对各区(市)县全年监督情况进行督察,并对医疗卫生机构进行抽查。

3. 总结阶段。2013年10月15日前,各区(市)县食药监局、市食药监局高新区药品监管处和各区(市)县卫生局应分别将《××市基层医疗机构药品质量监督检查记录》(市局联)、《××市2013年医疗卫生机构药品质量监督检查汇总表》(附件1)和专项监督检查工作总结报送市食药监局(市场监督处,联系人:杨家惠)和市卫生局(基药处)。

四、工作要求

(一) 提高责任意识,加强组织领导

各区(市)县要高度重视医疗卫生机构药品质量的监管工作,牢固树立药品质量安全监管的责任意识,切实加强组织领导,确保责任落实,结合本地基本药物制度实施的实际情况,制定监管方案,确保基本药物质量监管工作取得实效。

(二) 科学合理安排,严格行政执法

各区(市)县要对医疗卫生机构药品质量的监管工作科学计划、合理安排,逐步建立科学监管的长效机制。同时,监督检查要突出重点、务求实效、不走过场,对监督检查中发现的违法违规行为,要坚决依法予以查处。

(三) 加强信息沟通,形成监管合力

各区(市)县食药监部门和卫生行政部门要增强工作的主动性和敏锐性,加强沟通协作,加强情况信息的收集和上报工作,及时上报监督检查的开展情况,重大情况随时上报。对有违基本药物制度实施、影响基本药物质量的情况,要及时报告当地医改领导小组,切实保证国家基本药物制度的贯彻实施、确保公众用药安全。对监管中发现的严重违法违规、药品质量管理混乱的社保定点医疗卫生机构,由食药监部门抄送人社部门,并建议人社部门暂停或取消其社保定点资格。因药品质量管理混乱,造成严重后果的医疗卫生机构由卫生行政部门依法停止其执业活动。

附件1:××市2013年医疗卫生机构药品质量监督检查汇总表

××食品药品监督管理局

××市卫生局

2013年4月17日

例文提示

例文一是发布性通知，发布《党政机关公文处理工作条例》，简洁明了，既发布条例，又提出要求。例文二是既有发布性，又有指示性的通知，用条文式将开展在药店试点销售婴幼儿配方乳粉工作作了具体要求，体现了很强的政策性。例文三是由卫生局和食品药品监督管理局联合下发《关于进一步加强医疗机构药品质量监督管理和开展专项检查工作的通知》，通知明确了监管职责和要求，部署专项检查有内容、有重点、有范围、有时间，最后提出总的工作要求。

目标检测

根据下列材料各拟写一份通知

1. ××药业有限公司定于今年5月20日下午2点在公司会议室组织职工进行中药鉴定比赛，每个车间选派2人参加。比赛共设一等奖1名、二等奖2名、三等奖3名。

2. ××食品药品监督管理局根据目前全市药品生产质量状况，决定召开一次由全市各医药生产企业经理、食品药品监督局局长参加的药品生产质量管理座谈会，学习贯彻省食品药品监督管理局加强药品生产质量管理的有关文件精神，研讨整顿工作措施，布置整顿工作任务。会期2天，提前报到，统一安排食宿。地点在××食品药品监督管理局2楼会议室。

第3节　通　　报

学习目标

1. 了解通报的性质和特点。
2. 掌握通报的写作方法。

一、通报的性质

通报是一种告知性公文，是上级机关把工作情况、经验教训、正反典型、重要精神和重要情况，通报给下级机关时使用的一种公文。

通报的人、事、问题往往带有典型性、普遍性和重要性，上级机关和单位通过通报的形式，表达其意图和精神，对下级机关和单位具有指导、借鉴作用，所以，对上级、同级和不相隶属关系的机关单位不能用通报。

二、通报的特点

（一）真实性

通报的情况或事件必须真实，不能有丝毫差错，更不能弄虚作假，一定要实事求是，否则就失去了通报的价值，还会贻误工作，造成损失。

（二）典型性

作为通报，它所通报的情况或事件必须具有典型性，也就是在一定的范围和时间内，具有指导现实、推动工作、纠正错误的作用。通报具有了典型性，才具有指导意义和教育意义。

（三）时效性

通报既然具有指导和教育作用，那么它就有很强的时间性。只有及时抓住典型情况或典型事件进行通报，才能对现实起到指导作用。

三、通报的种类

通报根据其性质、内容和目的，主要分为表扬性通报、批评性通报和情况通报三种。

(一) 表扬性通报

这种通报主要是表扬先进人物、介绍先进经验等。先写事情经过情况，再写它的意义，最后写作出的决定，如予以表扬、嘉奖，以资鼓励。

(二) 批评性通报

这是一种批评严重错误的通报，包括对重大责任事故的处理、对违纪案件的处分等。一般要交代事件发生情况，分析事件发生的原因，对事件责任的处理，提出防止今后发生类似事件的办法。

(三) 情况通报

这种通报首先介绍情况，交代所通报的事情，然后介绍具体做法和经验，最后指出其普遍意义，表明通报的目的。

四、通报的写法和格式

(一) 标题

通报的标题主要有三种情况。

1. 一般由发文单位、事由和文种构成　如《××市食品药品监督管理局关于××药业有限公司药品生产存在严重质量问题的通报》。

2. 由事由和文种构成　如《关于药品生产质量检查情况的通报》。

3. 由发文单位和文种构成　如《××市食品药品监督管理局通报》。

(二) 主送机关

主送机关也就是发文对象。

(三) 正文

这一部分一般先写明通报的基本情况或事实，然后进行分析和评论，最后提出要求。表扬性通报要把时间、地点、人物、事件背景交代清楚；批评性通报要分析事件或问题发生的原因、性质，并在此基础上提出处理意见和告诫性要求。

(四) 落款

写明发文单位和发文日期。如在标题中已经出现发文单位名称，落款可以省略。

五、通报的写作要求

1. 要注重调查研究，强调实事求是。
2. 要注意政策界限，表明态度要求。
3. 语言要简明准确。

例文一

关于对××医药有限公司
开展 GSP 专项检查存在问题处理情况的通报

根据不久前××市食品药品监督管理局对××医药有限公司进行 GSP 专项的检查结论，鉴于该公司存在质量负责人和质量管理机构负责人均不在职、不在岗的严重缺陷等问题，依照《药品经营质量管理规范认证管理办法》等有关规定，现将处理情况通报如下：

一、收回××医药有限公司的 GSP 认证证书，责成××市食品药品监督管理局代为收回，上交省局。

二、针对在 GSP 专项检查中发现的问题，责成××市食品药品监督管理局监督××医药有限公司立即停业整顿，整顿期间不得从事任何药品经营业务。

希望各级食品药品监管部门，切实加强对辖区内药品经营企业的日常监管，发现问题及时处理，确保群众用药安全。

特此通报。

××省食品药品监督管理局
2013 年 11 月 29 日

例文二

国家食品药品监督管理总局　国家卫生和计划生育委员会
关于乙肝疫苗问题调查结果的通报

2014 年 1 月 3 日，国家食品药品监管总局、国家卫生计生委联合召开关于乙肝疫苗调查进展媒体通气会，通报了对深圳康泰生物制品股份有限公司的现场检查情况、从湖南抽样的 2 批产品的抽验结果，以及 18 个病例的初步调查诊断意见，会后两部门继续推进产品检验和病例调查诊断等相关工作。现工作已完成，情况通报如下。

一、企业产品检验情况

截止到 2014 年 1 月 14 日，中国食品药品检定研究院对国家食品药品监督管理总局组织抽取的深圳康泰生物制品股份有限公司生产的 6 个批次的乙肝疫苗样品进行了检验。该 6 个批次样品分别来自广东省梅州市五华县中医医院（批号 C201207076）、深圳市龙岗区南湾人民医院（批号 C201207086）和深圳康泰生物制品股份有限公司（批号 C201205049、C201205051、C201207091、C201206065），合计 1315 支。中国食品药品检定研究院对上述 6 个批次样品进行了全部项目的检验，包括鉴别试验、外观、装量、pH、铝含量、体外相对效力测定、无菌检查、异常毒性检查、细菌内毒素检查。检验结果显示，该 6 个批次样品的全部检验项目均符合企业注册标准和国家药典标准。经与批签发数据对比，该 6 个批次样品检验结果与同批次产品批签发结果一致，说明产品质量稳定。

二、病例调查诊断情况

各地报告的 18 例深圳康泰生物制品股份有限公司乙肝疫苗疑似预防接种异常反应病例已全部完成调查诊断工作。1 例重症已康复出院，该病例不排除疫苗引起的异常反应（过敏性休克可能性大）；17 例死亡病例已明确与接种疫苗无关，其中重症肺炎 3 例、窒息 2 例、婴儿捂热综合征 2 例、急性出血性肺水肿并间质性肺炎 1 例、羊水吸入性肺炎并急性呼吸衰竭 1 例、新生儿肺炎并新生儿呼吸窘迫症（胎粪吸入综合征）1 例、先天性肺小动脉高压症并羊水吸入致呼吸功能衰竭 1 例、重症双肾积水并肾衰竭 1 例、重型小儿腹泻并重度脱水 1 例、新生儿坏死性小肠结肠炎并消化道穿孔 1 例、新生儿窒息并新生儿败血症 1 例、先天性心脏病 1 例、婴儿猝死 1 例。

综合现场检查、产品抽验结果、质量回顾分析及病例调查诊断情况，未发现深圳康泰生物制品股份有限公司生产的乙肝疫苗存在质量问题。

2014 年 1 月 17 日

例文提示

例文一是批评性通报，就××医药有限公司存在质量负责人和质量管理机构负责人均不在职、不在岗的严重缺陷等问题作出处理的通报，并提出要求。例文二是情况通报，就深圳康泰生物制品股份有限公司生产乙肝疫苗问题调查，从企业产品检验情况、病例调查诊断情况、未发现存在质量问题的结论进行通报。

目标检测

根据下列素材，代××市公安局拟写通报，可以在准确理解素材的基础上合理发挥。

××市"十佳女民警"、市公安局监管处强制戒毒所副所长肖×，长期积劳成疾，最终累倒在工作岗位上，2004 年 7 月 14 日，年仅 34 岁的她再也没有醒来。

××市公安局作出决定，对肖×追记个人二等功。肖×今年 6 月 1 日突发高热，刚开始，她每天在医院打完点滴后继续工作，一干就是几天几夜不合眼。6 月 13 日，她终于累倒在工作岗位上，此后病情急剧恶化。

大学毕业的肖×，1991 年参警，曾荣立三等功两次，1999 年被评为××市"十佳女民警"。熟悉她的人都知道，十多年来，她长期高负荷运转，工作总是抢在最前面，再累再苦也从不吱声。

1994 年×城发生一起火车与汽车相撞的重大恶性交通事故，时任派出所民警的肖×，最先赶到现场，奋不顾身抢救伤员，救出了多名群众。

1998 年 2 月 24 日凌晨，时任第一看守所管教民警的肖×，在对一名女嫌犯进行入监检查时，通过察言观色，慧眼识破其夹带剧毒物品欲行自杀的图谋，消除了一起重大隐患。

殉职前，她还在攻读中国人民公安大学在职研究生。

第 4 节　意　　见

学习目标

1. 了解意见的性质和特点。
2. 掌握意见的写作方法。

一、意见的性质

意见是就重要问题提出见解和处理办法的一种公文。

意见的使用范围比较广泛，无论是上行文、下行文还是平行文都可以使用。从意见的行文关系角度来看，意见是一种比较特殊的文种。

二、意见的特点

（一）指导性

作为下行文，意见具有指导和指示的功能，应当向下级机关提出明确的要求，以便下级机关遵照执行。即便没有明确要求，下级机关也可参照执行。

（二）请示性

作为上行文，意见具有请示功能，可以报请上级机关就所提意见或建议给予处理或答复。

（三）参考性

作为平行文，提出的意见可供对方参考。

三、意见的种类

根据行文关系，可以把意见分为指导性意见、请示性意见和参考性意见。

（一）指导性意见

作为下行文，上级机关通过意见向下级机关提出明确的要求，以便下级机关遵照执行。如没有明确要求，下级机关可参照执行。

（二）请示性意见

作为上行文，下级机关对于重要问题可列举理由和依据，提出建设性意见，报请上级机关处理或答复。

（三）参考性意见

平行机关之间就重要问题可提出意见供对方参考。

四、意见的写法和格式

（一）标题

意见的标题一般为两种，一种是由发文机关、事由、文种组成，如《国务院办公厅关于推行行政执法责任制的若干意见》，另一种是由事由和文种组成，如《关于全面推行行政执法责任制工作的意见》。

（二）题注或落款

在会议上通过的意见，应在标题之下以题注的方式标明通过意见的会议名称或通过意见的具体日期。不是在会议上通过的意见，则按照公文落款的方式，在正文右下方写明发文机关名称和成文日期。

（三）正文

意见的正文一般都比较长，可分为开头、主体和结尾三部分。

1. 开头　简要交代制发意见的缘由、政策依据及其发文意义，有时也说明发文的背景。

2. 主体　这是意见的核心，一般采用分条列项的方式，表明对有关问题的态度和处理意见。也可用小标题的形式，统领各部分内容。

3. 结尾　一般强调提出实施要求或重要性，提出希望等。

五、意见的写作要求

（一）找准行文角度

因为意见的行文方向具有多样性，因此，找准行文的角度很重要，如果是请求上级审批的意见，应按照请示的要求来写；如果是下行文，就要提出符合实际、具体可行的政策与措施要求，切实发挥意见的指导作用；如果是平行文，则应以协商的态度，阐明本机关的意见和主张。

（二）讲究语言得体

不同的行文方向，需要不同的语言表达方式。请示性意见的语言和语气要有请示的色彩。指挥性意见，语言和语气要有指示性特色，态度坚决而肯定。

（三）注重条理清晰

意见的篇幅一般都比较长，为了达到良好的表达效果，使之结构严谨、言之有物、层次清楚，一般采用分条列项或设置小标题的方式,阐述发文机关的意见和主张。

(四) 注意主题集中

不管什么样的意见,都应围绕一个主题,将一项工作或一个问题的性质、特点、利弊、政策主张与解决办法讲深讲透,切忌漫无边际、没有主题或主题分散。

(五) 强调政策性

意见是发文机关政策见解的体现,因此制发意见必须以党和国家的方针政策、法律法规为指导,从实际出发,分析研究事物的本质,反映事物的发展规律,提出正确的主张和切实可行的方法措施。

例文一

关于全面推行行政执法责任制工作的意见

国食药监法〔2007〕362 号

市食品药品监督管理局(药品监督管理局),国家食品药品监督管理局机关各司室、有关直属单位:

为贯彻落实国务院《全面推进依法行政实施纲要》(以下简称《纲要》)、《国务院办公厅关于推行行政执法责任制的若干意见》(国办发〔2005〕37 号)、《食品药品监管系统全面推进依法行政实施意见》(国食药监法〔2005〕651 号)有关规定,进一步提高食品药品监管系统行政执法水平,保证食品药品法律法规和规章的正确实施,促进依法行政,现就全面推行行政执法责任制工作,提出如下意见。

一、充分认识全面推行行政执法责任制的重要性和紧迫性

行政执法责任制是规范和监督行政机关行政执法活动的一项重要制度。实行这项制度,对建立结构合理、配置科学、程序严密、制约有效的权力运行机制,防止行政执法权力的缺失和滥用,推进行政机关依法行政具有重要意义。

党的十六届三中全会进一步提出:“实行行政执法责任制和执法过错追究制,做到严格执法、公正执法、文明执法。”《国务院关于全面推进依法行政的决定》(国发〔1999〕23 号)指出,要强化行政执法监督,积极推行行政执法责任制和评议考核制,不断总结实践经验,充分发挥这两项相互联系的制度在行政执法监督中的作用。《纲要》和《国务院办公厅关于推行行政执法责任制的若干意见》对推行行政执法责任制提出了更加明确、具体的要求。作为保障人民群众饮食用药安全的食品药品监管部门,必须按照党中央、国务院要求,努力将推行行政执法责任制工作引向深入,抓出成效。近年来,各地根据国家局的要求,坚持以依法行政作为食品药品监管工作的灵魂,积极探索通过行政执法责任制来创新食品药品监管新机制,取得了明显成效,积累了有益的经验,对规范和监督执法行为、促进系统依法行政,起到了积极的作用。同时,我们也应清醒地看到,这项工作也还存在一些问题,主要是:有的地方和单位认识不到位,对这项工作重视不够;没有真正建立行政执法责任制度,评议考核流于形式,责任追究难以落实;缺乏组织实施的动力和必要保障措施等。这些问题的存在,直接影响了行政执法责任制度的推行和这项制度对行政执法行为的规范、监督作用的发挥。各级食品药品监管部门要从加强执政能力建设和坚持“执法为民,切实保障人民群众饮食用药安全”的高度,充分认识全面推行行政执法责任制对提高依法行政水平、实现管理科学化、精细化、加强干部队伍建设和构建和谐监管关系的紧迫性,采取切实有效的措施,进一步做好这项工作。

二、明确目标和任务,全面推行行政执法责任制

各级食品药品监管部门既要把推行行政执法责任制作为落实《纲要》的重要措施长期坚持,

又要根据不同发展阶段的要求，明确目标和任务。全面推行行政执法责任制的工作目标是：通过编制统一的岗位职责和工作规程，完善对行政执法行为的过程监控、制度规范和考核程序，严格责任追究，努力实现有法必依、执法必严、违法必究，全面提高依法行政水平。全面推行行政执法责任制，各地要做好以下几个方面的工作。

一是分解岗位职责。分解岗位职责是推行行政执法责任制的基础，各地要结合本地实际情况进行定岗定责，使制度、机构、岗位、人员有机结合。岗位的设置也要体现食品药品监督管理工作的新要求，要及时将各项管理措施落实到具体岗位和具体人员，使新的要求在岗位职责中明确。

二是细化工作规程。细化工作规程是推行行政执法责任制的关键，各地要重点把握四个核心环节，即明确工作步骤、确定工作形式、规定工作时限、完善岗位衔接，确保职责分明，执法活动顺畅。随着食品药品监管工作的内容和要求的发展变化，各地要及时更新内容，体现最新的工作要求。

三是搞好考核评议。搞好考核评议是推行行政执法责任制的难点，各地要积极探索将行政执法责任制考核与现有的年度目标责任管理考核、行政执法监督检查有机结合，提高考核效率；积极探索对考核结果的综合利用，可将执法人员行为的评价与年终评选先进、表彰奖励挂钩，将对个人的考核与所在单位的考核结合起来，充分调动广大干部的积极性和创造性。

在探索实行科学、合理的内部考核同时，也要重视加强外部评议工作。要增加行政执法工作的透明度，重视行政相对人及社会公众对行政执法行为的监督和意见反馈，评议可以采取发放执法评议卡、公开设立意见箱、利用政府网站开辟专栏、开通执法监督专线电话、聘请监督评议员等方式进行。对评议中发现并查实的问题，要严格按照行政执法责任制的要求落实责任追究。

四是落实责任追究。落实责任追究是推行行政执法责任制的保障，各地要参照《国家食品药品监督管理局行政执法责任追究办法（试行）》，结合实际，制定具体的实施办法，确保责任追究落到实处。各地实行过错责任追究要贯彻以人为本的原则，坚持思想教育与责任追究相结合、纠正过错与改进工作相结合、严格要求与爱护干部相结合，力求做到不枉不纵，宽严适度。实行责任追究要与评议考核、执法检查、重大案件审理及其他监督形式相衔接，对于发现的执法过错行为，要严格按照规定执行。

三、加强领导，确保推行行政执法责任制工作取得实效

推行行政执法责任制是推进依法行政的一项重点工作，各级领导应当高度重视，要作为“一把手”工程来抓。各单位主要负责人是本机关推行行政执法责任制工作的第一责任人，主管领导要具体抓，切实加强领导，各相关职能部门要切实负起责任，做到一级抓一级，层层抓落实。

全面推行行政执法责任制是一项全局性、整体性的工作。各级食品药品监管部门要加强指导和协调，充分发挥各个部门的作用。要明确各有关部门的职责分工，政策法规部门是推行行政执法责任制工作的牵头部门，要切实担负起组织落实和沟通协调工作，其他各部门要积极参与，形成既分工明确、各司其职，又密切配合、良性互动的良好工作局面。全面推行行政执法责任制是依法行政工作的重要任务，各级食品药品监管部门要充分发挥积极性和创造性，努力探索推行行政执法责任制的新思路、新方法，不断总结创新。

有关推行行政执法责任制工作的重要情况和问题，要及时报告国家局（政策法规司）。

国家食品药品监督管理局

2007 年 6 月 25 日

例文二

关于认真实施《××省药品使用质量管理规范》加强药品使用质量监管的意见

各市食品药品监督管理局：

为深入贯彻落实《××省药品使用质量管理规范》（以下简称《规范》），进一步加强药品使用环节的监管，规范药品使用单位的药品质量管理，保证用药安全，制定了《实施药品使用质量管理规范现场检查评定标准（试行）》（以下简称《标准》，见附件），决定利用3年左右时间，全面开展“药品使用质量规范化管理”工作，现对实施工作提出以下意见。

一、统一思想，提高认识

药品使用质量直接关系人民群众的身体健康和生命安全，各级食品药品监督管理部门要把认真实施《规范》，加强药品使用环节的药品质量监管作为一项重要任务来抓。要从落实科学发展观、构建和谐社会的高度，进一步增强责任感和紧迫感，加大力度，创新机制，强化措施，保证药品质量和用药安全有效，维护人民群众身体健康和用药的合法权益。

二、加强领导，精心组织

认真实施《规范》、全面推进药品使用质量规范化管理是一项政策性强、涉及面广的工作，各市局要加强领导，精心组织，结合本地实际，制定切实可行的实施规划，对本辖区内的实施工作作出全面部署和安排，有计划、有步骤地推进。主动与卫生、人口与计划生育等有关部门搞好协调，密切配合，开展联合执法，共同做好辖区内药品使用环节的药品质量监管工作，进一步促进用药人规范药品质量管理，提高药品质量和监管水平，使各级、各类用药人的药品质量管理全面达到《规范》要求。

三、明确任务，分步实施

开展药品使用质量规范化管理工作，由各市局负责组织实施，根据药品使用单位的数量和工作任务，市局和县级局要合理分工、明确任务，具体分工由市局确定。针对药品使用单位数量多、分布广，条件差异大的特点，要统筹安排，分步实施，时间上可压茬进行，整个工作分为三个阶段，3年内完成。第一阶段：从现在起到2008年底前，二级以上医疗机构药房、药库必须达到《规范》要求；第二阶段：2009年底前，一级以上医院（含乡镇卫生院、民营医院）的药房必须达到《规范》要求，其他基础条件好的医院也要达到《规范》要求；第三阶段：至2010年底前，一级以下医疗机构、个体诊所等各类药品使用单位的药房全部达到《规范》要求。

2010年12月31日后，凡是达不到《规范》要求的，要依据《××省药品使用条例》第三十九条予以处罚；情节严重的，提请发证部门吊销其执业许可证。

四、把握标准，确保质量

各市、县局要按照《规范》和本通知的要求，严格掌握《标准》，认真组织现场检查，扎实有效地开展药品使用质量规范化管理工作。执行中各市局要结合当地实际，针对不同等级和类别的药品使用单位，可以采取“规范药房”、“规范药库”、“放心药房”等不同的形式和措施，督促药品使用单位认真实施《规范》，积极开展创建工作，进一步加强和规范使用环节的药品质量管理。重点规范药品采购渠道，改善药品储存条件，完善质量管理制度，解决药学技术人员缺位等问题。

五、加强宣传培训，增强法制意识

各市局要采取多种形式，开展《××省药品使用条例》及《规范》的宣传培训工作，重点加强对医疗机构药事部门有关人员的培训，使其能正确理解和掌握《标准》，进一步增强法律意识和实施《规范》的自觉性。省食品药品监督管理局将尽早举办全省药监系统实施《规范》师资培训班，通过学习培训，统一认识，正确掌握标准，推动全省药品质量规范化管理工作顺利进行。

为确保实施进度，省食品药品监督管理局将实行进度报告制度(实施进度表随后下发)，每季度报送一次。每一阶段结束后，各市食品药品监督管理局要将工作进展情况以书面形式报省食品药品监督管理局市场处，确保按期完成各阶段任务。

附件：《实施药品使用质量管理规范现场检查评定标准(试行)》

××省食品药品监督管理局
2007年×月×日

例文提示

两篇例文都是下行文，是针对有关工作作出的指示和指导性意见，具有很强的政策性。既强调工作的重要性，又明确提出工作的目标和任务。例文分条列项，条理清楚，内容丰富，表述规范。

目标检测

1. 什么是意见？什么是题注？
2. 分析领会意见在行文方面的特点。
3. 根据下列材料和要求，拟写一份公文文书

2008年1月中旬，白雪飘飘，天寒地冻。××药业集团对下属分公司和集团本部各机关单位布置工作任务，交代办法，要求办理执行，内容是切实做好防寒防冻工作。

(1) 根据所给材料确定该公文的文种，据此拟定公文标题并按规范格式要求编排文件。

(2) 文件的内容要符合所给的背景材料范围，用语及拟定的措施方法要与所属级别地位相符。

第5节　决　　定

学习目标

1. 了解决定的性质和特点。
2. 熟悉决定的用途。
3. 掌握决定的写作方法。

一、决定的性质

决定是党政机关、社会团体、企事业单位对重大事项或重大行动作出决策和安排时制发的公文。它是普遍使用的具有指令作用的下行文。

决定既可以用于宣传党和国家的重大决策，也可以用于宣告重要事项及其处理结果，还可以用于贯彻上级指示精神，部署重要工作，作出有关机构设置及其人事安排的决策，或者用于撤销下级单位不适当的决定及表彰奖励和批评惩处等事项。

二、决定的特点

(一) 指挥性

决定是对下级单位或某一方面的工作提出重要的指导性意见，确定具体措施及实施方案，要求下级单位依照执行，应而具有指挥作用。

(二) 权威性

决定一经作出,就具有强制约束力,收文机关单位或个人必须严格执行。

(三) 单一性

决定具有一文一事的特色。

三、决定的种类

(一) 知照性决定

知照性决定是有关机关单位和个人不需办什么事,只需知晓、了解有关事项,如《国务院关于授予作家巴金“人民作家”荣誉称号的决定》。

(二) 奖惩性决定

用于对重要人物、单位、事件的褒奖或惩处事项,如《××省药业集团关于表彰 2012 年度先进工作者的决定》。

(三) 指挥性决定

指挥性决定是对于重大事项或重大行动作出的决定,具有指挥性和约束力。如《中共中央关于经济体制改革的决定》、《国务院关于建立城镇职工基本医疗保险制度的决定》。

四、决定的写法和格式

决定一般由标题、主送机关、正文、落款等部分组成。有的决定需要在会议上讨论通过,则在标题下以“题注”的方式注明通过决定的会议名称和日期,正文写完后,结尾不再落款。

(一) 标题

决定的标题有两种形式:一种是由“事由+文种”构成,如《关于成立第九届药典委员会的决定》;另一种是由“发文机关+事由+文种”构成,如《国务院关于进一步加强食品安全工作的决定》。

(二) 主送机关

决定属于重要的下行文,要概括写明收文机关的名称,如果没有特定的受文对象,则不要写主送机关。

(三) 正文

决定的正文部分采用公文常用的基本结构,由导语、主体、结尾三部分组成。

导语部分一般写发布决定的背景、根据、目的、意义,奖惩决定则要叙述基本事实。

主体部分,用于指挥类的决定,提出工作任务、措施、方案、要求等,内容复杂时用小标题或条款显示层次;知照类奖惩决定,重点写决定和内容。

结尾部分比较简单,主要写执行要求或希望号召。

(四) 落款

五、决定的写作要求

(一) 决定要符合党和国家的路线方针政策

决定属于重大决策性公文,其内容必须与党和国家的方针政策、法律法规、上级的指示精神保持一致;在内容的安排上要考虑决定的长久影响,务求决定中所提出的各项原则与措施务实稳妥，观点正确，是非清楚，政策界限分明。

（二）决定要围绕发文主旨和中心议题写作

决定事项一般比较长，但都有一个主题或中心，不管是分条列项还是小标题，必须紧紧围绕主题和中心，讲明“做什么”和“怎么做”。

（三）决定要注意政策的连续性

新的决定应该是过去同类决定的继续和发展，要能够对党的建设、经济建设和社会进步等起到推动作用。

例文一

关于成立第九届药典委员会的决定

国食药监办〔2007〕711号

根据《中华人民共和国药品管理法》的规定，为做好《中华人民共和国药典》2010年版编制及其他国家药品标准的制定和修订工作，国家食品药品监督管理局决定成立第九届药典委员会。本届药典委员会由321名委员组成，设执行委员会和25个分委员会。第九届药典委员会组成人员如下：

主任委员：邵明立

副主任委员：马晓伟 吴 浈 于文明 袁永林

执行委员：（略）

委　　员：（略）

国家食品药品监督管理局

2007年11月28日

例文二

关于表彰全国食品药品监督管理系统先进集体和先进工作者的决定

国人部发〔2008〕9号

各省、自治区、直辖市人事厅（局）、食品药品监督管理局（药品监督管理局），国家食品药品监督管理局机关各司室、各直属单位：

近年来，在党中央、国务院和地方各级党委、政府的正确领导下，全国食品药品监督管理系统广大干部职工以邓小平理论和“三个代表”重要思想为指导，深入贯彻落实科学发展观，大力实践科学监管理念，锐意进取，开拓创新，在整顿和规范食品药品市场秩序、维护广大人民群众饮食用药安全等各项工作中取得了突出成绩，涌现出一大批先进集体和先进工作者。

为表彰先进，弘扬正气，激励全国食品药品监督管理系统广大干部职工为全面建设小康社会、构建社会主义和谐社会作出新的贡献，人事部、国家食品药品监督管理局决定：授予北京市药品监督管理局东城分局等40个单位“全国食品药品监督管理系统先进集体”荣誉称号；授予高贵玲等10名同志“全国食品药品监督管理系统先进工作者”荣誉称号，追授吴新亚、吴华同志“全国食品药品监督管理系统先进工作者”荣誉称号。被授予“全国食品药品监督管理系统先进工作者”荣誉称号的人员享受省部级劳动模范和先进工作者待遇。希望受表彰的先进集体和先进工作者把荣誉作为新起点，谦虚谨慎，再接再厉，在今后的工作中取得更大的成绩。

全国食品药品监督管理系统广大干部职工要以受表彰的先进集体和先进工作者为榜样，全面贯彻落实党的十七大精神，高举中国特色社会主义伟大旗帜，更加紧密地团结在以胡锦涛同志为总书记的党中央周围，开拓奋进，扎实工作，为夺取全面建设小康社会新胜利、开创中国特色社会主义事业新局面而不懈奋斗！

附件：1. 全国食品药品监督管理系统先进集体名单

2. 全国食品药品监督管理系统先进工作者名单

中华人民共和国人事部
国家食品药品监督管理局
2008 年 1 月 23 日

例文三

关于 2011 年起全国医疗卫生系统全面禁烟的决定

各省、自治区、直辖市卫生厅局、中医药管理局，新疆生产建设兵团卫生局，卫生部直属有关单位，国家中医药管理局直属各单位，卫生部部属（管）医院，国家中医药管理局直属（管）医院，各军区联勤部、各军兵种后勤部卫生部，总参三部后勤部，总参管理保障部、总政直工部、总装后勤部卫生局，军事科学院、国防大学、国防科技大学院（校）务部卫生部（处），总后直属单位卫生部门，武警部队各总队、机动师、指挥部、直属学院后勤（院务）部：

世界卫生组织《烟草控制框架公约》（以下简称《公约》）是医药卫生领域第一部具有法律约束力的多边条约。2006 年 1 月 9 日，《公约》在我国正式生效。

《公约》第 8 条要求缔约方采取有效措施，防止公众接触烟草烟雾。2007 年 7 月，《公约》第二次缔约方大会通过了《防止接触烟草烟雾准则》（以下简称《准则》）。按照《准则》要求，自 2011 年 1 月起，我国应当在所有室内公共场所、室内工作场所、公共交通工具和其他可能的室外公共场所完全禁止吸烟。

公共场所和工作场所禁止吸烟已成为时代潮流。2005 年 12 月，世界卫生组织宣布今后不再雇用吸烟者，并对现有吸烟职员提供戒烟帮助。据世界卫生组织对 194 个国家的统计结果，到 2007 年底，已有 84 个国家和地区通过法律法规禁止在公共场所和工作场所吸烟，其中 16 个国家和地区的所有机构全面禁烟，其余 68 个国家和地区的医疗卫生机构等 2 类以上其他机构全面禁烟。2007 年 1 月，我国香港特别行政区实施《吸烟（公众卫生）条例》，要求在 2009 年 6 月 30 日前实现“无烟香港”目标，所有室内公共场所和工作场所全面禁烟。

1998 年，世界卫生组织已将烟草依赖作为一种慢性病列入国际疾病分类，编号为 F17.2，确认烟草是目前人类健康的最大威胁。目前我国吸烟人群超过 3 亿，遭受被动吸烟危害的人数高达 5.4 亿，其中 15 岁以下儿童有 1.8 亿，每年约有 100 万人死于吸烟导致的疾病。

控烟履约，人人有责，军地卫生行政部门和医疗卫生机构更应起表率作用。为带头做好控烟履约工作，根据《公约》和《准则》精神，结合我国实际，决定自 2011 年起在各级卫生行政部门和全国医疗卫生机构实行全面禁烟，并就有关工作提出以下要求。

一、加强领导，落实卫生部门控烟履约责任

军地各级卫生行政部门和医疗卫生机构实行全面禁烟是控烟履约工作的重要内容。各地、各单位要充分认识这项工作的重要性、必要性和紧迫性，成立由多部门组成的履行烟草控制框架公约领导小组，主要负责同志任组长，分管领导任副组长，切实加强组织领导。

要结合当前深化医药卫生体制改革，进一步明确并落实控烟履约工作主管部门及其工作职责。研究制定当地控烟履约工作规划，制定辖区内卫生行政部门和医疗卫生机构实行全面禁烟的具体工作计划。加强专业队伍建设，到 2010 年逐步建立健全地方从省到县、军队从军区级单位到团级单位各级控烟工作网络。

二、强化措施，全面加强控烟工作力度

各地、各单位要按照卫生部和全国爱卫办联合印发的《无烟医疗卫生机构标准（试行）》要求，积极开展卫生行政部门和医疗卫生机构全面禁烟工作，将无烟医疗卫生机构纳入军地卫生系统精神文明建设和评优指标。

要将卫生行政部门和医疗卫生机构实行全面禁烟纳入年度工作计划，给予经费支持。结合中央补助地方烟草控制项目和各类创建无烟公共场所项目，认真落实卫生行政部门和医疗卫生机构全面禁烟工作，积极创建无烟医疗卫生机构，并开展卫生行政部门和医疗卫生机构无烟环境监测。

军地各级卫生行政部门要结合卫生城市（镇）、文明城市、健康城市以及部队文明卫生军营建设，加强控烟宣传和法制建设。要将工作人员戒烟、不在工作场所和公共场所吸烟、宣传烟草危害知识、劝阻吸烟和提供戒烟服务等指标纳入《医院管理评价指南》、《各级疾病预防控制中心基本职责》以及其他医疗卫生机构管理规定，全面推进各级各类无烟医疗卫生机构建设，努力实现室内公共场所和工作场所全面禁烟目标。军地各级各类医疗机构应建立首诊询问吸烟史制度，并将其纳入病历考核标准，为吸烟病人提供戒烟指导。军地各级卫生行政部门和医疗卫生机构禁止使用卷烟接待宾客，要为吸烟工作人员提供戒烟帮助。

三、广泛动员，努力营造良好控烟氛围

军地各级卫生行政部门在开展日常控烟工作同时，要结合世界无烟日等重大活动积极宣传卫生行政部门和医疗卫生机构实行全面禁烟的重要意义。要动员并正确引导广大媒体积极宣传军地各级卫生行政部门和医疗卫生机构实行全面禁烟，通过大众媒体传播活动，带动其他行业主动参与控烟，自觉远离烟草。同时，通过社会舆论监督，推动卫生行政部门和医疗卫生机构全面禁烟工作的落实。

要加强多部门合作，动员全社会力量，发挥全国各地控制吸烟协会和其他社团组织的作用，充分利用各种国内国际控烟资源，推动卫生行政部门和医疗卫生机构全面禁烟工作。

四、督导检查，努力实现卫生部门全面禁烟目标

到2010年，军地所有卫生行政部门和至少50%的医疗卫生机构要建成无烟单位，确保2011年实现卫生行政部门和医疗卫生机构全面禁烟目标。

各省级以及军队各大单位卫生行政部门要结合当地工作情况定期组织督导检查。卫生部、国家中医药管理局、总后勤部卫生部和武警部队后勤部将适时联合组织开展无烟医疗卫生机构和卫生行政部门督导评估工作，通报督导结果，对成绩突出的单位给予表彰。

请各省级以及军队各大单位卫生行政部门、中医药管理局于2009年6月30日前，将贯彻落实本决定的实施意见分别报卫生部、国家中医药管理局、总后勤部卫生部和武警部队后勤部卫生部。各部门将适时汇总并予以通报。

附件：全国医疗卫生系统履行烟草控制框架公约领导小组成员名单

卫生部　国家中医药管理局

总后勤部卫生部　武警部队后勤部

2009年5月20日

例文提示

例文一是知照性决定，内容和格式比较简洁，导语交代成立第九届药典委员会的依据和目的，主体部分是小组成员组成。例文二是一篇奖惩性决定，全文结构由表彰缘由、表彰决定事项、希望号召三部分组成，结构非常清晰规范。表彰名单用附件列出，使正文部分显得简洁利落。例文三是指挥性决定，首先交代决定的依据和目的，主体就有关工作提出要求，最后要求有关部门上报实施意见。

知识链接　　**决定与决议的区别**

决议是经过正式会议按照一定程序表决通过后形成的文件；决定由机关单位领导直接签发，正式下达。

决议必须以会议名义发布；决定则以机关名义发布。

决议多为宏观性、原则性和关系全局的重大问题，重在肯定会议成果，统一思想认识；决定多为重大事件、法定事件或较具体的工作事项，重在贯彻执行。

目标检测

选择本校某同学严重违反校规校纪的典型事例，以学校主管部门的名义写一份处理决定。

第6节　报　　告

学习目标

1. 了解报告的性质和特点。
2. 熟悉报告的分类。
3. 掌握报告的写作方法。

一、报告的性质

报告是向上级机关或业务主管单位汇报工作、反映情况、提出意见或建议、答复上级机关或业务主管单位询问的公文。

报告是一种上行文，是下级向上级反馈信息、沟通联系的一种重要形式。它是不需要上级答复的。

下级利用报告及时向上级反映工作情况，可以取得上级的指导、帮助；同时上级也可以通过报告，及时了解下级的情况，以便制定正确的方针、政策，实行科学的领导，从而切实指导下级的工作。

二、报告的特点

（一）呈报性

报告以汇报工作、反映情况、答复上级询问为主要内容，具有很强的呈报性。

（二）陈述性

无论什么样的报告，其语言表达一般以陈述为主。

三、报告的分类

根据报告的性质、内容和目的，可以分为汇报性报告、反映性报告、答复性报告和例行性报告。

（一）汇报性报告

汇报性报告主要是向上级机关或业务主管部门汇报工作情况的报告，一般是陈述工作情况，做了哪些工作，采取了哪些措施，取得了哪些成效，有何经验教训以及今后的意见与打算。

（二）反映性报告

反映性报告是向上级机关或业务主管部门反映工作中遇到的情况或问题，一般要对情况和问题进行分析，并提出自己的看法和意见。

（三）答复性报告

答复性报告是对上级机关或业务主管部门询问的问题或事项所作出的答复。

（四）例行性报告

例行性报告是向上级机关或业务主管部门报送报表、物品等的例行报告。例行性报告写法比较简单，一般只要说明随文上报的材料或物品，请上级核查备案即可以。

四、报告的写法和格式

报告由标题、主送机关、正文和落款组成。

（一）标题

报告的标题通常有两种。

1. 由事由和发文机关和文种组成　如《××市食品药品监督管理局关于××药业有限公司药品质量问题的报告》。

2. 由事由和文种组成　如《关于开展强化免疫活动消灭脊髓灰质炎的报告》。

（二）主送机关

报告的主送机关一般是上级机关或业务主管部门。

（三）正文

报告的正文没有固定的模式，不同的报告往往写法不同。一般情况下，先说明报告的目的，后过渡到内容。报告内容包括主要情况、存在问题、经验教训、今后打算等。报告结束语通常用“特此报告”、“以上报告当否”、“以上报告如无不妥，请批转有关部门执行”之类的惯用语结束。

（四）落款

与一般公文相同。

五、报告的写作要求

（一）实事求是

如实汇报成绩或反映问题，不能拔高成绩、夸大问题。

（二）突出重点

要根据报告的目的来确立内容的重点，不要面面俱到。

（三）语言平实

以陈述为主，平实、准确、清楚地汇报或反映问题。

例文一

××省药业有限公司
关于按时完成企业整顿工作的报告

××食品药品监督管理局：

自5月12日受到××食品药品监督管理局企业整顿通知以来，我公司组织全体员工认真学习药品经营管理GSP规范，端正药品经营指导思想，部门和个人对照检查，对问题严重的部门和个人进行组织处理，于5月28日整顿结束。

通过整顿，统一了经营思想，整顿了行业作风，加强了GSP规范，基本达到了整改意见要求。

特此报告

附件：《企业整顿工作总结》。

×年×月×日

例文二

关于开展强化免疫活动消灭脊髓灰质炎的报告

国务院：

脊髓灰质炎（俗称小儿麻痹）是一种不能有效治疗，却可用疫苗彻底预防的急性传染病。病毒的存在和传播威胁着每个儿童，一旦发病将导致儿童肢体损伤、残疾乃至死亡；未接受免疫的儿童，不仅自己可能受害，而且还会作为传染源危及他人。鉴于该病危害大、传染性强及"可防不可治"的特点，世界儿童问题首脑会议通过的《儿童生存、保护和发展世界宣言》，把消灭脊髓灰质炎作为继消灭天花后人类限期消灭的第二种传染病，要求各国采取全球性的统一行动。

为实现《90年代中国儿童发展规划纲要》规定的1995年消灭脊髓灰质炎的目标，保护儿童健康、提高人口素质，国家决定开展强化免疫活动。现将有关工作报告如下。

1. 自我国开展计划免疫工作以来，脊髓灰质炎疫苗接种率提高，发病率显著下降，取得了可喜成绩。但是，由于我国地域辽阔、人口众多，部分地区计划免疫工作落实不力，目前全国仍有一些地区出现疫情，时有暴发流行。各级政府要加强领导，将强化免疫工作切实纳入议程，实行目标管理；并根据全国实施方案制定本地工作计划，落实经费安排，采取有力措施，认真组织实施。卫生部及有关部门要按照各自职责，做好疫苗的生产、储运、供应、发放和指导工作。机关、团体、企事业单位和城乡基层组织，要做好所属范围的强化免疫工作，每位家长应主动督促孩子服用疫苗。公众传播媒介要广泛进行宣传，普及知识，增强免疫保护意识，做到家喻户晓，人人参与。

2. 在冬季，脊髓灰质炎病毒传播能力最弱，在此期间开展强化免疫活动，是能否消灭脊髓灰质炎的关键。为此，决定从现在起至1995年1月期间，每年12月5日和1月5日，对全国所有4岁以下儿童各加服一次疫苗。各地要按照全国实施方案的要求，统一部署，统一行动，在保证一般对象服用疫苗的同时，重点做好流动、暂住和漏服儿童的服用疫苗工作。

3. 各地区要认真做好疫苗服用的统计、考核、检查、评价和总结工作。各省、自治区、直辖市卫生厅（局）于明年3月15日以前，将统计报表和工作总结报送卫生部。

以上意见如无不妥，请批转各地区、各部门执行。

卫生部

1993年11月12日

例文提示

例文一是反映工作中某一具体问题的处理，检讨工作错误的汇报性报告。陈述工作情况，做了哪些工作，采取了哪些措施，取得了哪些成效。例文二是反映性报告，先说明情况（脊髓灰质炎这种病的特点、我国政府和国际社会对该病的重视），以此说明当前开展强化免疫活动的必要性和紧迫性；然后提出了各级政府要高度重视强化免疫工作的三条意见，最后用惯用语结束。

目标检测

指出下面公文存在的错误。

××药科学院拟派教师前往英国进修的请示报告

××省教育厅、××厅长：

我院是一所由中等职业学校发展成的新的高职院校，因增设了许多专业以及学生数量的持续增多，教师数量和质量跟不上形势发展的需要。目前虽通过各种途径引进了部分教师，但仍不能满足教学要求。因此，我院决定通过各种途径培训教师。现英国××学院邀请我院青年教师余××、王××于2013年10月前往该院进修。我院决定派张××、李××两人前去进修。张、李两人已通过托福考试，具备出国条件，且专业对口。

另外，我院急需药学科研型教师，希望你厅能协助多分配几名博士研究生给我院，以充实师资力量。请尽早答复，勿误。

特此申请

××药科学院

2012年5月20日

第7节 请　　示

学习目标

1. 了解请示的性质和特点。
2. 熟悉请示的分类。
3. 掌握请示的格式和写法。

一、请示的性质

请示是下级机关向上级机关就某项工作或某个问题请求批示、批准和答复时使用的一种公文。请示是一种上行文，因此必须写明：请示的依据；提出自己解决问题的意见；请求上级指示、裁决、批准和答复。

请示的使用范围比较广泛，国家机关、社会团体、企事业单位在遇到自己职权范围内无权处理或确实难以处理的问题与事项时，就应向自己的上级机关或上级主管部门行文请示。

二、请示的特点

（一）陈请性

机关、单位遇到在职权范围内无权处理或难以处理的问题与事情时，就应向领导机关或业务主管部门行文请示。而上级机关在收到请示后必须要给予答复。

（二）凭据性

下级机关通过向上级机关请示并得到批复或认可后，才能进行处理和实施。请示和批复就是事后检查工作的凭证。

（三）单一性

请示只能一文一事，一事一请，不能在一份请示里多事多请。

三、请示的分类

根据请示的内容，可以分为求示性请示、求助性请示和求准性请示。

（一）求示性请示

求示性请示是就工作中遇到不好解决的问题、出现了新的问题、存在意见分歧而不能统一的问题，请求上级机关给予指示和裁决。

（二）求助性请示

求助性请示是就工作中遇到了诸如人力、物力、财力等方面的困难，请求上级机关给予支持和帮助。

（三）求准性请示

求准性请示是就超出自己职权范围，因情况特殊需要变通处理的事项或按照上级规定应该请示的事项，请求上级机关批准、允许。

四、请示的写法和格式

（一）标题

请示的标题有两种写法，一种是由发文机关、事由和文种构成，如《××市食品药品监督管理局关于药品检验收费标准的请示》；一种是由事由和文种构成，如《关于对企业进行 GMP 改造的请示》。

（二）主送机关

请示的主送机关只能是一个上级机关，若要报送其他上级机关，可用“抄送”的形式在文后注明。

（三）正文

请示的正文一般由请示缘由、请示的具体事项和请示的结语组成。请示缘由要写明请示什么，为什么请示。请示事项要重点提出具体事项，还要提出自己的意见或态度。请示的结语一般是常用的规范用语，如“以上当否，请求批示”，“特此请示，请批复”，“以上意见当否，请指示”。

（四）落款

写上发文单位和日期即可。

五、请示的写作要求

1. 必须一文一事，不可一文多事。
2. 提出的意见或建议要符合实际，切实可行。
3. 语言要朴实，语气要谦恭。

例文一

关于增加××医药有限公司为××市基本药物配送企业的请示

自治区卫生厅：

××医药有限公司位于××市红山区，是××省网上药品集中配送中标企业。该公司占地 5000 平方米，现有职工 100 多人，公司业务主要面向乡镇卫生院和村卫生室。由于该公司在我市公示《2011 年××市基本药物集中采购配送商招标实施方案》期间，没有及时看到有关公示，错过上报申请材料的时间。2013 年 9 月 20 日，该公司再次申请参与我市基本药物配送工作。经××市卫生局对其上报材料核实以及进行现场查看,认为该公司具备基本药物配送能力。

为此,特请示省药械集中采购服务中心将××医药有限公司纳入××市基本药物配送企业,使其能够更好地为我市基层医疗卫生机构做好基本药物配送工作。

××市卫生局

2013 年 10 月 9 日

例文二

关于举办医疗机构传染病防治管理人员培训班的请示

×区卫字〔2010〕137 号

区政府:

为认真贯彻《传染病防治法》,根据《卫生部传染病防治日常卫生监督工作规范》规定。为提高全区预防控制传染病的防控水平,认真做好医疗机构传染病防治管理人员培训工作,经研究,同意区卫生监督所举办一期医疗机构传染病防治管理人员培训班,有关安排如下。

一、培训目的

1. 全面提高各医疗机构传染病防治管理人员对传染病防控的基本知识及管理水平。

2. 使基层卫技人员(包括乡村医生)更好地了解传染病防治的相关法律、法规。

二、培训对象

1. 城区医疗机构防保科负责人、个体诊所负责人,区疾控中心及市单采血浆站负责疫情报告的专职人员。

2. 乡镇卫生院防保站副站长,村卫生所负责人。

三、培训内容

传染病防控的基础知识、疫情报告工作规范,相关法律、法规。

四、培训教材

1.《传染病信息报告管理规范》。

2.《传染病防治日常卫生监督工作规范》。

3. 医疗废物管理有关文件。

五、培训组织与安排

由区卫生局卫生监督所负责组织安排培训工作,采取分层分批进行培训。拟收取资料费、场租费等培训费,具体培训费用由财政局、物价局审核后收取。

六、培训考核与评估

每期培训都要对学员学习效果进行考试,并保存评估材料。内容包括:项目培训工作总结,参加培训人员名单,培训内容材料,培训考试资料,相关影像资料等。

妥否,请批示!

××区卫生局

2010 年 11 月 13 日

例文提示

例文一就增加××医药有限公司为基本药物配送企业提出的请示,先介绍企业的概况,后提出请示。例文二医疗机构传染病防治管理人员培训班提出的请示,有缘由,有目的,有具体事项。

目标检测

1. 在什么情况下用请示?
2. 请示与报告有什么区别?
3. 修改下列公文不规范标题
(1) 关于××化工厂机构调整问题的请示。
(2) 国务院转发国家医药管理局关于进一步治理整顿医药市场意见的通知。
(3) ××厅关于不正之风的通知。
(4) 国务院办公厅批转关于国家旅游局进一步清理整顿旅行社意见的通知。
(5) 关于请求允许购买东风牌卡车的请示报告。
(6) ××乡人民政府关于印发××县人民政府〔1989〕10 号文件通知。
(7) ××县财政局关于二〇〇五年县营企业财务会计报表问题。
(8) 转发省劳动局、省人事局、省财政厅、省总工会“关于转发劳动部、人事部、财政部、国家总工会《关于发给离退休人员生活补贴费》的通知”的通知。
(9) ××县关于××乡发生石山崩塌造成严重损失情况的汇报。
(10) 国家旅游局关于批转国务院《旅行社管理暂行条例》的通知。
(11) ××厂关于转发×分厂《关于建立安全岗位责任制经验总结》的通知。
(12) ××市人民政府关于大力发展石油工业,筹建××炼油厂的请示。
(13) ××市人民政府关于严禁商业受贿的请示。

第 8 节　批　　复

学习目标

1. 了解批复的性质和特点。
2. 掌握批复的格式和写法。

一、批复的性质

批复是上级机关或上级业务主管单位对下级机关单位请示事项所作的批示和答复。

批复是一种答复性的下行文,它必须以下级机关的请示为存在条件,没有请示就没有批复。批复与请示是彼此相互对应的两种公文。

二、批复的特点

批复的内容主要包括两方面:一是告知已经收悉请示的情况;二是表明对于请示问题所作的指示或态度。这就决定了批复具有以下特点。

1. 针对性　批复必须针对请示事项或问题作出明确的答复或批示。

2. 权威性　针对请示事项或问题作出的批复意见,下级机关单位一定要认真遵守和执行,不得背离上级的批复意见。

3. 及时性　下级机关单位一定是遇到情况或问题,自己不能或难以处理,才提出请示的,所以,对于下级机关单位的请示要及时作出批示或答复,以免贻误工作。

三、批复的种类

根据内容的性质,批复可以分为以下三类。

(一) 指示性批复

这是针对政策、办法和规定作出明确阐述或解释的批复。

(二) 审批性批复

这是就某些事项作出审核裁定的批复。

(三) 表态性批复

这是对请求帮助的请示作出明确表态的批复。

四、批复的写法和格式

(一) 标题

批复的标题一般由事由和文种组成,如《关于同意进行 GMP 改造的批复》,这一标题同时表明对所请问题的态度;有的由发文机关、事由和文种组成,如《××医药集团总公司关于扩建药品仓库问题的批复》。

(二) 主送机关

主送机关也就是请求批示或批准的机关。

(三) 正文

批复的正文一般包括引语、主文、结尾三个部分。

1. 引语 也就是说明批复的依据,通常引用两个方面的内容:一是引用文号,如"你局××字〔20××〕×号文悉";二是引用来文所请事项,如"你局关于××的请示悉"。

2. 主文 主文是批复的主体,应针对请示的事项,作出明确具体的答复,有时还有阐明理由,甚至提出一些要求。

3. 结尾 批复结尾常用"特此批复"、"此复"等惯用语。

(四) 落款

写法与其他公文相同。

五、批复的写作要求

撰写批复引语要准确,语言要规范,语气要肯定。

例文一

卫生部关于花生油有关问题的批复

卫监督函〔2012〕161 号

山东省卫生厅:

你厅《关于富含卵磷脂花生油有关问题的请示》(鲁卫食安发〔2012〕2 号)收悉。经研究,现批复如下:

花生中含有卵磷脂。在花生油生产过程中使用的同批花生原料生产的卵磷脂,不属于食品添加剂。

此复。

2012 年 6 月 1 日

例文二

国家食品药品监督管理总局
关于试点开展互联网第三方平台药品网上零售有关工作的批复
食药监药化监函〔2013〕163 号

××省食品药品监督管理局：

你局《关于开展互联网药品交易 B2C 第三方平台试点工作的请示》(×食药监市〔2013〕82 号)、《关于进一步完善〈互联网药品交易 B2C 第三方平台试点工作实施方案〉的请示》(×食药监〔2013〕20 号)和《关于报送新修订〈互联网药品交易 B2C 第三方平台试点工作实施方案〉的报告》(×食药监〔2013〕34 号)收悉。经研究,现批复如下：

1. 同意你局以××慧眼医药科技有限公司 95095 医药平台为试点单位,开展互联网第三方平台上的药品网上零售试点相关工作。你局应当不断完善并严格实施试点方案,督促和指导 95095 医药平台规范运营,认真分析和总结试点工作运行情况,为总局研究制定相关规定提供实践经验。

2. 你局应当负责做好试点单位及其交易平台试点整体工作的监督管理,并对平台上所发生互联网药品交易行为进行监督,平台上交易药品质量的监管工作仍由各药品零售连锁企业属地食品药品监管部门承担。你局应当要求入驻平台药品零售企业在入驻合同签订后 15 日内向其《药品互联网交易服务资格证书》发证部门进行书面报告,并予以督促检查。

3. 未经总局批准,试点单位不得扩大试点范围和内容。试点期间总局如有政策调整或发布有关规定,你局应当监督试点单位严格执行。试点工作为期一年,期中请将试点进展情况定期报告总局,期满请提交全面总结报告。遇到新情况、新问题应及时报告,并提出意见和建议。

国家食品药品监督管理总局
2013 年 11 月 12 日

例文提示

例文一是答复性批复,对富含卵磷脂花生油有关问题作出明确答复,即花生中含有卵磷脂;在花生油生产过程中使用的同批花生原料生产的卵磷脂,不属于食品添加剂。例文二是审批性批复,在表明态度的同时,提出了具体要求。

目标检测

1. 判断题

(1) 下行文是向下级机关或同级机关递送的文件。(　　)

(2) 公文的编号是指公文标题下面的字号,“字”代表发文单位和主办单位,号代表发文的顺序。(　　)

(3) “请示”是下级机关向上级机关汇报工作,反映情况和问题的一种公文;“报告”是下级机关向上级机关请求批准的公文。(　　)

(4) “批复”是上级机关根据政策、法令或规章制度答复下级机关请示事项的文件。(　　)

(5) 国家食品药品监督管理局对省食品药品监督管理局的有关工作报告加了批语并进行转发,通常把这种文件以通知的形式“转发”。(　　)

(6) 请示公文在报送上级机关的同时,要抄送同级机关和下级机关。(　　)

(7) 一个机关有几件事情要请示上级机关时,不可以写在一份请示里。(　　)

(8) 公文要按隶属关系逐级行文,一般不能越级。上行文越级时,应抄送越过的机关,下行文越级时

应抄报越过的机关。(　　)

2. 选择题

(1) 在一定范围内,对人民群众或机关团体公布应当遵守或需知的事项用(　　)

A. 布告　　B. 通告　　C. 公告　　D. 报告

(2) 公文必须由法定的作者按照一定的程序和特定的体式撰写和制发。这个法定的作者是指(　　)

A. 公文的撰写人　　B. 法人代表　　C. 公文的签发人　　D. 依法成立的组织及其负责人

(3) 要告知各个体药品零售商禁止销售假冒伪劣药品,撰写公文时应选用(　　)

A. 通告　　B. 通知　　C. 公告　　D. 布告

(4) 某医药公司要表彰廉洁奉公、热情服务的营销员,应选用的公文是(　　)

A. 通知　　B. 决定　　C. 通告　　D. 通报

(5) 某药业有限公司准备自筹资金建立一个药品物流中心,写公文要求上级批准立项,应选用的公文是(　　)

A. 报告　　B. 通报　　C. 请示　　D. 通知

(6) 公文的附件应(　　)

A. 只写名称　　B. 可写名称　　C. 只写件数　　D. 写清具体的名称和件数

第9节　函

学习目标

1. 了解函的性质和特点。
2. 掌握函的格式和写法。

一、函的性质

函是不相隶属的机关、单位之间商洽工作、询问和答复问题、请求批准和答复审批事项时使用的一种公文。

函既可以作为上行文,可以作为平行文、下行文,也可以作为不相隶属的机关、单位之间的文件。

有文件头、有编号的函称公函。公函的内容一般比较庄重,有备案的必要。没有文件头、没有编号的函称便函。便函的使用就比较灵活方便。

二、函的特点

与其他公文相比,函有着明显的特点。

(一) 使用范围广泛

函的使用范围比较广泛。各级各类机关、单位之间接洽工作、联系公务、询问或答复问题时需要用函;平行机关、单位或不相隶属的机关、单位之间商洽工作、征求意见或请求批准某些事项也都需要用函。

(二) 使用方便

函与其他公文相比,没有严格的程式化要求,也可以不设文头、不编号,甚至没有标题。

(三) 内容单一

在写法上,函的内容集中单一,一般篇幅较短。

三、函 的 分 类

根据函的性质、内容和目的，可以分为以下四类。

(一) 问答性函

问答性函是用于机关单位询问政策或业务性质的问题以及其他需要搞清楚的事项的函。提出询问的函称致函，给予解答的函称复。

(二) 商洽性函

商洽性函是用于不相隶属的机关单位关系之间联系、商洽、协调某一问题或某项工作的函。

(三) 求审性函

求审性函是向无隶属关系的业务主管部门请求审批某些事项时使用的函。提出请求的函是求审性函，主管部门审批后所做的答复是复函。

(四) 告知性函

告知性函是告知有关情况或事项而无需对方回答的函。它既可以用于不相隶属关系的机关单位之间，也可以用于上下级之间。

四、函的写法与格式

(一) 标题

函的标题由发文机关、事由和文种组成，也可以由事由和文种组成。

(二) 主送机关

主送机关也就是收函机关单位。复函的主送机关单位与来函的机关单位是一致的。

(三) 正文

函的正文部分一般分为开头、主体、结尾三部分。

1. 开头部分　说明函的原因。如为问答性函或商洽性函，则概括提出要询问或商洽的事项；复函则以对方来函作为引据。

2. 主体部分　具体陈述函的事项。

3. 结尾部分　如果要求对方答复的，可用“即请函复”、“请予研究函复”等；如果不需要地方答复的，可用“特此函达”等；如果是复函，可用“此复”、“特此复函”等。

(四) 落款

落款写上发函单位名称和发函日期。

例文一

关于学生参观 GMP 车间的函

××函〔2012〕7 号

××药业有限公司：

为了提高学生对现代医药企业的认识，加强现场教学，根据教学需要，我校药物制剂专业 70 名同学需进行制药工艺流程现场观摩。贵公司生产管理规范，技术设备先进，是我省著名的医药生产企业，去年又通过了GMP验收。故拟派学生前往观摩，时间为半天，学校专车接送。具体时间，由你们安排。希给予支持和接洽。

望复函。

××省医药职业学院

2012年4月16日

例文二

国家药典委员会

关于勘误"十全大补酒"质量标准有关内容的函

国药典中发〔2007〕13号

各省、自治区、直辖市食品药品监督管理局：

"十全大补酒"标准编号为WS3-B-0671-91，收载于原卫生部药品标准中药成方制剂第四册。据有关单位反映，其标准有关内容有误，经我会核查，由于打印错误，该品种制法项下白酒用量应更正为17 200ml；蔗糖用量应更正为1720g。特此勘误，自即日起照此执行。请有关省级食品药品监督管理局及时通知有关生产企业。

2007年1月16日

例文三

关于查处假药"消渴平"和"虫草芪参胶囊"的函

食药监稽函〔2010〕41号

各省、自治区、直辖市食品药品监督管理局（药品监督管理局）：

××市药品监督管理局和××省食品药品监督管理局按照《关于对中成药非法添加化学物质进行调查的函》（食药监稽〔2010〕6号）的要求，目前已查明：标示为××康辉制药有限公司生产的"消渴平"（批号：20080217），被抽验单位为××省××县××大药房，在××市药品监管部门已核发的《医疗机构制剂许可证》、《药品生产许可证》、《药品经营许可证》、《经营性互联网药品信息服务证书》单位中无××康辉制药有限公司，××地区也没有药品"消渴平"的生产企业；标示为××南洋药业有限公司生产的"虫草芪参胶囊"（批号：20081126），被抽验单位为××省××县城关××药店，××南洋药业有限公司从未生产过该产品，也没有代加工过该产品。

现请各地食品药品监管部门加大对在辖区内药品经营和使用单位的检查力度，一经发现上述产品，依法按照假药查处；上述产品被抽验单位所在地的食品药品监管部门，应对上述两家被抽验单位依法查处，并查清假药来源，涉及刑事犯罪的，要及时移交司法机关。

请将调查和处理情况及时上报国家局稽查局。

国家食品药品监督管理局稽查局

2010年2月20日

例文提示

例文一是商洽性函，商洽的具体事项是学生进药企GMP车间参观，需要得到地方的同意和答复；例文二是告知性函，告知的具体事项是对于"十全大补酒"的勘误，不需要复函。例文三是一则关于查处假药并提出具体要求的告知性函。

目标检测

1. 根据下面提供的材料，写出公文。

海州药业有限公司在 2008 年 8 月 26 日与南江市医药公司签订西利宾胺购销合同，总数为 20 件，每件 200 盒，每盒售价 23.50 元。规定 2008 年 9 月 10 日之前交货，交货 3 个月内付款。但时至今日(2009 年 5 月 14 日)仍没有付款，虽经电话及派人多次联系，仍没有解决。请写一份催款公文。

2. 请你以学校体育协会的名义，写一份与兄弟学校商洽举办学生篮球联赛的公文。

第 10 节　纪　要

学习目标

1. 了解纪要的性质和特点。
2. 掌握纪要的格式和写法。

一、纪要的性质

纪要是用于记载会议主要情况和议定事项的一种公文。

纪要是在会议记录的基础上，对会议内容加以整理和概括，使与会者了解和掌握会议的主要精神，会后传达和执行，也便于上下级之间了解情况，统一认识，指导工作。

二、纪要的特点

(一) 纪实性

纪要是在会议记录基础上概括、提炼而成的，必须反映会议的精神和议定的事项，因而不允许失真。

(二) 概括性

纪要是根据会议记录和相关会议文件，经过整理、综合、提炼和概括而成，不同于会议记录，它是简要、准确地反映会议的概况和精神。

(三) 指导性

纪要形成公布之后，就要求与会单位或下级单位遵守、执行会议精神和议定的事项，因而产生指导作用。

三、纪要的种类

纪要根据其性质、内容和目的，可以分为办公会议纪要、专门会议纪要、座谈会纪要。

(一) 办公会议纪要

办公会议也就是常说的例会，开会的时间比较固定，与会的人员比较稳定。办公会议纪要就是反映办公会议研究问题、议定事项、部署工作的情况。

(二) 专门会议纪要

专门会议是指就某项工作或某个问题而召开的专门性会议，如企业 GMP 改造会议、药品生产协调会等。专门会议纪要就是反映专门会议就某项工作或某个问题所通过的重要的原则和精神，便于指导工作。

(三) 座谈会纪要

座谈会议纪要就是反映座谈会的基本情况和内容。

四、纪要的格式和写法

（一）标题

纪要的标题有三种构成方式。

1. 由单位名称、会议名称和文种组成 如《××省食品药品监督管理局药品质量监管会议纪要》。

2. 由会议名称和文种组成 如《办公会议纪要》。

3. 由正副标题组成 如《以人为本，切实加强食品药品质量的监督管理——××省食品药品质量监督管理工作会议纪要》。

（二）正文

纪要的正文部分主要由会议概况和会议精神两部分组成。

会议概况是会议纪要的开头部分，主要介绍会议召开的目的、指导思想、会议的时间、地点、会议名称、主持单位、与会代表、主要议程、讨论的主要问题、会议效果和意义等。

会议精神是纪要的主体部分。要写会议研究的问题、讨论的意见、作出的决定、提出的任务、确定的措施等。

例文一

××省药业有限公司办公会议纪要

2008年第6期

一、在3月上旬召开2008年药品供货会，由陈××副总经理负责，办公室具体组织，其他行政科室积极配合，服从安排。

二、供货会结束后，邀请中国药科大学的教师对各分公司经理和药店主任进行业务培训，时间为1周，不得请假。培训结束，组织考试。要努力提高企业和人员的整体素质，树立企业良好形象。

三、推荐胡××到中国药科大学商学院进修，费用由公司负责，调李××到中药部任经理。由黄××副经理先找其谈话，然后再宣布。

四、关于张××要求辞职，由黄××副经理与人力资源部做好其工作，尽量挽留。如果挽留不成，也要友好欢送。鉴于他对公司的贡献，工资、奖金照常发放。人事部门要把其档案尽快送市人才市场，不要影响他另谋职业。

五、会议要求各部门紧密配合，相互协调，把开好药品供货会作为近一阶段的重点工作来抓紧、抓好、抓实。

公司办公室

2008年2月6日

例文二

××食品药品监督管理局

药品质量督查会议纪要

×药纪要〔2013〕7号

2013年4月22日，在市食品药品监督管理局会议室，召开了药品质量督查专题会议。市局领导和市各医药企业的负责同志参加了会议。

会上，市局××副局长就药品质量督查作了专题报告，市医药总公司××总经理就药品经营质量管理规范作了经验交流。会议就药品质量督查展开了讨论，并形成以下共识：

一、目前，我市药品生产和经营质量总体是好的，生产经营企业为此作出了很大的努力。但是，药品市场的不安全因素和质量隐患依然存在，特别是少数外来不法药贩，制假售假，牟取暴利，危害人民群众生命健康，损害消费者利益，扰乱药品市场秩序，我们要站在经济建设和对人民负责的高度来认识这个问题。由市局牵头，尽快成立由各医药单位参加的市药品质量管理协会，加强我市医药生产和经营管理质量的监督。

二、完善制度，规范药品生产和经营行为。严格按照国家药品生产 GMP 规范、药品经营 GSP 规范，对照检查，把两个规范落到实处。

三、实行公开承诺。各医药企业从自身做起，公开向社会和消费者作出承诺，保证不生产、经营假药和劣药。

四、加强督查和打击的力度。市局将进行定期和不定期督查，整治药品市场秩序，打击不法药贩，并向社会公布举报电话。

五、加强宣传力度。通过多种形式宣传《中华人民共和国药品管理法》，努力提高生产者、经营者和消费者的药品质量意识，形成社会氛围。

2013 年 4 月 23 日

例文提示

例文一是办公会议纪要，办公会议纪要综合反映了办公会议决议的多方面情况，因为文件是单位内部使用，所以没有写办公会议的概况；例文二是专门会议纪要，首先概述会议的简况，然后分析药品市场存在的问题，提出药品监管的措施。

知识链接　　**纪要与记录的区别**

1. 会议记录是记载会议进程和会议发言以备查考的事务性文书，具有凭证作用；纪要是记载会议主要情况和议定事项的一种国家法定公文，具有现实执行效用和约束力。

2. 会议记录是与会议同步形成的实录性文书，具有原始性和翔实性特点；纪要是在会议记录和会议文件的基础上整理加工、概括提炼而成的，是会议内容的系统而简要的反映。

3. 会议记录没有统一的格式；纪要则有规范的格式要求。

4. 会议记录一般不对外公开，只是作为档案资料保存备查；纪要可以公开发布。

目标检测

1. 什么是纪要？纪要有什么特点？

2. 选择一次班级座谈会，根据座谈会情况写一份纪要。

3. 写作题

(1) ××药科学院学生要到××地进行中药标本的采集，请代学校拟制一份公文请求××地方政府在交通、食宿、场地等方面予以帮助。

(2) 学校徐××同学参与校外群体斗殴，致人轻伤丙级，学校给予记大过处分，请代学校拟制一份公文。

(3) ××市医药集团公司决定于 2013 年 12 月 16 日召开一次市医药工作会议，传达、贯彻省医药集团对当前医药工作的指示，布置明年的工作。请代拟一份公文。

(4) ××学校将开展“知荣辱、树学风、建品牌”活动，请代学校拟一份公文。

第4章 医药公关文书

第1节 启事 声明

学习目标

1. 了解启事和声明的性质和特点。
2. 熟悉启事与声明的写作格式和方法。
3. 掌握启事、声明的写作。

一、启 事

(一) 启事的性质

"启"即告知、陈述的意思;"事"即事情。启事就是公开地陈述事情。启事是单位或个人,需要向大众公开说明、或请求援助与支持、或协助办理与参与的有关事宜,用简明的文字公之于众的一种应用文。

(二) 启事的特点

1. 公开性 通过传媒向社会发布,也可张贴在公共场所,无保密性。

2. 单一性 一则启事只说一件事,不掺杂其他的内容,便于公众迅速了解和记忆。

3. 期望性 启事非行政公文,对公众没有行政约束力,只能期望得到人们的了解、支持和协助,不能强制读者承担责任和义务。

(三) 启事的种类

启事的种类很多,根据内容划分,启事的种类大致可以分为:①找寻启事;②招领启事;③征集启事;④招聘启事;⑤开业、庆典启事;⑥迁址启事;⑦遗失、作废启事;⑧征婚启事;⑨征订启事;⑩致歉启事;⑪更正启事。

(四) 启事的格式和写法

启事的基本格式由标题、正文和落款组成。

1. 标题 通常在标题中写出事由。如"开业启事"、"招领启事"。有的"启事"前冠单位名称。如"××公司招聘技术员启事"。若事项重要或紧急,可加"重要"或"紧急"字样,如"××公司紧急启事"等。

2. 正文 用明晰、简练的语言说清楚启事的目的、原因、具体事项、要求、联系方式和联系人等。内容较多时,可分条列项写。

启事的写作目的不同,正文内容也有所不同。

(1) 找寻启事的写法:应写明找寻对象的特征,遗失的时间、地点、原因及如何酬谢等。

(2) 开业启事的写法:一般写明企业性质、宗旨、经营范围及地址、电话、电报挂号等。有的还写上负责人的姓名,也有的另列祝贺单位名称。

(3) 搬迁启事的写法:一般要写明搬迁原因、迁移日期、新址、电话及方便联系的有关事项。

（4）招聘启事的写法：写明招聘人员的职别和工种、应具备的条件、报名事项、考试及录用办法，有的还需说明待遇。

（5）征集启事的写法：一般要说明征集目的、有关背景、征集要求、奖励办法及截稿日期，联系人及联系方式，以及其他有关事项。

（6）聘请法律顾问启事的写法：一般写明某单位聘请××律师担任法律顾问这一事实即可，也可说明聘请目的，以及法律顾问的职权。

3. 落款　写明启事单位名称或个人姓名及日期。如果标题或正文中已写明单位名称，此处可略。以单位名义张贴的启事，一般应盖公章。根据需要可写明联系人、联系方式、电子邮箱等。

（五）启事写作的基本要求

1. 标题揭示事由　在标题中显示事由，便于公众一目了然。

2. 内容要真实　启事内容不能弄虚作假，以免造成信任危机，扭曲在公众中的形象。

3. 文字应简明　启事的文字应该让人一看就懂，利于读者着手办理。

4. 措辞讲究礼貌　注意适当运用一些表示欢迎、希冀、感谢之类的措辞。

例文一

××医药有限公司招聘启事

【公司简介】

××医药有限公司是一家集研发、生产、营销为一体的现代化医药经营企业。我们期待各界人士的加盟与合作，愿与所有关爱健康事业的同仁携手共进、同创中国医药的未来。

【招聘岗位及要求】

营销人员区域经理：

专业不限。临床医学、药学、化工医药、生物工程等相关专业优先；大专以上学历。愿意从事销售工作，愿意在当地工作，善于沟通，有较好的亲和力，吃苦耐劳，有上进心，有团队精神。

济南 3 名，太原 1 名，成都 2 名，重庆 1 名，哈尔滨 1 名，杭州 3 名，南京 2 名，兰州 1 名，广州 2 名，福州 1 名，江西 2 名，贵州 1 名，吉林 1 名，西安 1 名，合肥 1 名，云南 1 名，沈阳 1 名，黑龙江 1 名，乌鲁木齐 1 名。

产品经理：1 名。临床医学、药学、化工医学、生物工程等相关专业，硕士学位优先。

【福利待遇】

工作时间：后勤者双休，每天 8 小时；营销人员指标考核。

合同签约：正式录用人员签 3 年合同，试用期 3 个月。

提供五险：医疗、养老、工伤、生育、失业保险。

【联系方式】

营销总部：北京市××路××大厦 1 号楼 109 室

邮编：1022××

联系人：韩女士

联系方式：010-1234567

E-mail：××

网址：××

×年×月×日

例文二

××大药房开业启事

××大药房经过半年的筹备,各项工作已经准备妥当,兹于9月18日正式开业。本店经营各种非处方药和保健品。本店管理规范、证照齐全,货真价实,消费者可放心。

为帮助消费者维护好健康,选择自己需要、合适的药品,本店有医生、药师免费指导消费者掌握药品和保健品使用的知识,我们把医药知识融合在药店的经营管理中,在经营中引入健康教育,满足客户的健康需求。

为庆祝开业,本店所有药品和保健品5折销售,欢迎广大顾客光临。本次优惠活动从9月18日9:00时至9月21日18:00时止。

××大药房
×年×月×日

地址:××市××区××路104号和××厦一层
联系电话:××
联系人:××
网址:www. thn21. com
E-mail:postmaster@ thn21. com

例文提示

例文一的标题揭示了事由即招聘,能引起相关人士的注意。正文简介了招聘方的基本情况,写明了招聘的对象、条件、待遇等。落款注明了联系方式,由于标题已有招聘单位名称,故在落款处省略。格式规范,条理清楚。

例文二写清楚了启事的具体事项:①开业企业的名称、开业时间。②开业企业主要经营的商品介绍和特色服务。③开业期间为消费者提供的优惠让利服务。④开业优惠活动起止的时间。联系方式有开业企业的联系信息(名称、地址、电话、联系人、网址)。事项陈述清楚,篇幅短小精悍,一文一事。

二、声　明

(一) 声明的性质

声明是机关、团体、企事业单位及个人就某些重大紧要的事件,郑重告知公众或有关人员的文书。

(二) 声明的特点

1. 明确性　声明是就重要事件而发布的文书,因此应十分明确地表明声明的事项、相应的后果及声明者所持的态度。

2. 制约性　政府、政党及外交声明具备政策、法令的制约性;机关团体、企事业单位或个人为了保障自身权益不受损害而发出的声明,具备追究当事人法律责任的制约性。

3. 公开性　声明必须通过各种媒体,使公众知晓。

(三) 声明的种类

1. 政务类声明　主要包括表明政治立场、观点、维护政治权益或伸张正义的声明。政府、党派、外交声明及政治实体联合发表的声明一般属于此类。如"全国政协港澳台侨委员会声明:坚决拥护反分裂国家法"。

2. 事务类声明　主要是企事业单位或个人为维护经济利益或更正有关事项的声明。如“国家药监局发出声明：含兴奋剂药品从未禁止销售”。

（四）声明的格式和写法

1. 标题　多见组合式标题，一般由单位名称、事由、文种组成。文种前有时加“严正”，如“××造纸厂××牌纸巾被侵权假冒案的严正声明”；有的声明单位授权律师发表声明，要在标题上标明，如“××集团授权××律师郑重声明”。标题也可直接写“声明”。

2. 正文　陈述声明的缘由及有关事项。

（1）前言：一般交代声明的目的或背景，如“近日发现××公司利用与本公司合作名义，未经本公司同意擅自对外进行一系列商业活动”，就为发表声明交代了必要的背景。

（2）主体部分：表明发布者的态度和立场，以及维护自身合法权益的要求。

（3）结尾：常用“特此声明”、“特此严正声明”为结语。

3. 落款　声明者署名、声明发布的日期。

（五）声明写作的基本要求

1. 事实要清　声明中指出的事实一定要清楚、确凿，准确的事实才是声明有力的依据。

2. 措辞得当　侵犯当事人的合法权益是违反国家法律的行为，故声明的措辞应义正词严。即严正地指出侵权者的违法事实，以及由此造成的严重后果和不良影响，严正地要求侵权者停止侵权行为，严正地阐述当事人的态度和立场。

澄清事实的声明，书写时措辞应注意诚恳、友善。

声明可以由企业发布，也可以授权给律师，由律师代表企业发布，也可以由企业和律师共同发布。

例文一

关于××药业有限公司药品广告的声明

致消费者：

近期有消费者反映我公司（××药业有限公司）个别药品的广告有虚假宣传之嫌。对此我公司高度重视。经查确实有个别代理商代理销售的药品有违反我公司规定，进行虚假宣传，引致消费者的误解。在此，我们深表歉意，并声明：

本着对消费者高度负责的态度，我公司将对违规的代理商追究有关责任。同时将相关药品的广告审批文件向消费者公布，请消费者协助监督。

胃疡宁、活络止痛丸、咳喘顺丸等产品的广告批文，见于各附件。

附件一　胃疡宁广告批文

附件二　活络止痛丸广告批文

附件三　咳喘顺广告批文

××药业有限公司

×年×月×日

例文二

关于××大学附属医院发生静脉注射用人免疫球蛋白可疑不良事件的郑重声明

一、5 月 28 日 17 时 45 分，××省食品药品监督管理局接到××大学附属医院报告，医院方面称

5月22日至28日，先后有6名患者在使用标示为××生物制药公司生产的批号为20070514、规格为5%2.5g的静脉注射用人免疫球蛋白（pH4）（液体）发生死亡。

导致该6名患者死亡的真正原因正由国家食品药品监督管理局、××省食品药品监督管理局、省公安厅、××省卫生厅组成联合调查组，对生产企业、流通环节、××大学附属医院进行调查。

二、我公司生产批号为20070514，规格为5% 2.5g的静脉注射用人免疫球蛋白（pH4）（液体），该批号药品按程序获得了由中国药品生物制品检定所签发的《生物制品批签发合格证》。该批药品共销售9575支，已经使用了3192支，剩余的6383支已封存和召回。在已使用的3192支中，除××大学附属医院之外，全国其他各地医院使用我公司该批号的药品均没有接到出现任何不良反应的报告。

三、目前我公司生产经营活动一切正常。

特此声明。

××生物制药股份有限公司
×年×月×日

联系人：××

联系电话：××

例文提示

例文一郑重告知公众两层意思：第一层对个别代理商代理销售的产品有违背我厂规定，做虚假宣传，向消费者致歉；第二层追究有关人员的相关责任。同时附有法定的广告批文，有利于澄清事实，追究责任。

例文二旨在声明“导致不良事件”的有诸多原因，包括生产企业、流通环节、××大学附属医院，应追究的责任正在进行调查，故标题使用了能准确达意的“可疑”一词；同时告知公众，××生物制药股份有限公司生产经营活动一切正常。

目标检测

1. 下面是一则庆典“启事”，请指出其毛病，并写出修改稿

××大学（1005～2005）百年校庆启事

今年10月2日，将是中国近代名校即我校的百年诞生日。

为迎接百年校庆，百年校庆筹备委员会，恭请全世界凡在北洋大学、天南大学学习和工作过的师生员工回母校活动。同时学校拟编《校史资料集》、《优秀论文集》，请各界校友踊跃支持。

热烈欢迎海内外校友为母校的发展作出贡献。

邮政编码：××

联系电话：××

电子信箱：（略）

2. 根据下列材料，写一则启事

原××市××医药公司经市体制改革委员会同意进行了股份制改革，改革后的企业更名为“××药业有限责任公司”。现已得到上级同意的批文。文件编号为“〔2011〕体改字第88号”，并定于2012年10月1日起正式使用新印章。

3. 假设你的学生证已经遗失，请自拟一份遗失声明。

第 2 节　求　职　信

学习目标

1. 了解求职信的性质、特点和要求。
2. 熟悉求职信的格式和写法。
3. 掌握求职信的写作。

一、求职信的性质

求职信是求职人为谋求某一职业而向招聘单位着重陈述自己学识、才能和经历，进行自我推荐的专用书信。写作求职信的目的是为了打动、说服用人单位，促使用人单位最终录用求职者。

二、求职信的特点

（一）针对性

求职信的针对性主要体现在三个方面：一是针对用人单位的实际情况；二是针对读信人的心理；三是针对自己的实际情况。

（二）自荐性

毛遂自荐，恰当介绍自己。使用人单位认识自己、了解自己、最终录用自己。

（三）竞争性

求职者投递求职书信，就是要击败竞争对手，确保招聘单位了解自己，录用自己。

四、求职信的种类

按投递、使用的具体情况，求职书信大致可分为两种。

（一）应聘信

有明确单位的求职信是指求职者有确定的求职单位，求职信只是写给该单位，意欲在此单位谋职。这类求职信，可以根据该单位的用人情况，目的明确地介绍自己的情况，达到用人单位的使用要求。这类求职书信一般叫应聘信。

（二）自荐信

这种求职信无确定的求职单位，求职信是写给所有同类性质的招聘单位。这种求职信只能根据自己的专长和技能，依据用人单位通常的用人标准来进行写作。这类求职书信一般叫自荐信。

四、求职信的格式和写法

（一）标题

一般可命名为：求职信、应聘信，或自荐信。

（二）称谓

对国有企事业单位的称谓用单位名称或单位的人事处（组织人事部）；对民营、私营或合资独资企业的称谓用公司老板或人事部负责人;也可以笼统地称呼为“尊敬的领导”、“尊敬的负责人”。如果知道负责招聘的人员的身份职务、姓氏,可以以职务相称,这时的称呼就是“姓+职务”;也可以以学历相称,如“杨博士”、“黄硕士”等。得体的称谓能使招聘主管者第一时间对求职者产生亲切感,容易拉近招聘主管与求职者的心理距离,使求职者更容易被招聘人员注意。

(三) 正文

1. 导言 求职、应聘的缘由,也有的求职信不写导言。

2. 主体 首先简明扼要地介绍自己与应聘职位有关的学历水平、经历、成绩等,令对方从阅读之始就产生兴趣。其次,应说明能胜任职位的各种能力,这是求职信的核心部分。要根据所求职位要求的知识、能力、特长、兴趣爱好等介绍自己的相关情况,使求职者的能力水平与职位匹配。

3. 结尾 结尾一般应表达两个意思,一是希望对方给予答复,并盼望能够得到参加面试的机会;二是表示敬意、祝福。如“顺祝愉快安康”、“深表谢意”、“祝贵公司财源广进”等,也可以用“此致”之类的通用词。

(四) 落款

按信函格式写上个人的姓名、日期。求职信右下方写明求职者的详细通讯地址、邮政编码和联系电话等,以方便用人单位与求职者联系。

(五) 附件

附件是对求职者鉴定的凭证,求职信可以附上学历证书、职称证书、获奖证书等的复印件(原件备查);附件中还必须附上个人简历,使用人单位进一步了解求职者的情况。

五、求职信写作的基本要求

(一) 文字简洁,重点突出

清楚表明求职书信的目的,重点介绍与申请工作有关的长处和优点,在信中应体现对申请工作的兴趣。如果求职者刚毕业,没有实际工作经验,可通过介绍课外活动、暑期工、义工等所取得的经验,来突显自己的优点和长处。

(二) 态度谦和,言辞恳切

一般来说单位领导或人事主管大多是选才用人的专家,作为谋求职业的求职信,能多方面地反映出求职者的各项素质,假如给人的印象是狂妄自傲,必然会影响求职愿望的实现;如果是过分谦恭谨慎,又给人以信心不足的感觉。因此,求职者应根据自身的情况实事求是,以充满自信、谦逊礼貌的态度和不卑不亢的语言展示自己的才华。

(三) 逆向思维,胜人一筹

求职应聘信不附和、不随俗、不从众,是有主见的表现,往往能使招聘者眼前一亮,起到好的效果。“久闻贵单位……”、“给我一个机会,还您一个惊喜”,类似这些明显带有学生味的语言往往会遭到考官的否定,失去录用的机会。

例文一

自 荐 信

尊敬的领导:

您好!首先感谢您在百忙之中阅读此信!

我叫××,男,今年××岁。是××医药高等职业技术学院医药专业××届毕业生,正所谓“桃李不言,下自成蹊。毛遂自荐,志在千里”。我愿以自己所学给贵公司的发展带来新的活力,与各位同仁并肩奋战,一道把贵公司的工作做好。

在大学学习期间,我努力学习各门基础课及专业课,并取得了良好的成绩(见附表)。我具备了扎实的专业的基础知识:GSP认证技术、中药鉴定技术、药理学等;曾获学校药剂学技能比赛一等奖(见附表)。自学能力强是我的一个优点。医药科技日新月异,只有不断地“升级”自己的知识才能在激烈的竞争中立于不败之地。我通过了计算机一级、二级考试,国家大学英语四级考试,熟练掌握Windows98、Windows2000、WindowsXP操作系统,并自学使用Office、Photoshop、FoxPro等软件进行图文处理、表格设计、网页制作等工作,为日后的工作、学习、提高工作效率创造了良好条件。

在校期间,我积极参加并组织班级、学校等多项大型活动,积累了丰富的工作经验,受到了老师和同学们的一致好评。这很好地培养了我的交际能力,使我懂得了如何与人和睦相处,也使我处事更务实、更有责任感。这一切都是我不懈努力的结果,也是我积极进取精神的体现。相信这将是我今后工作的重要经验和宝贵财富。

作为当代大学生,我非常注意各方面能力的培养,积极参加社会实践,曾在平安保险做过业务员,在××医药公司做过药品推销员,尤其是在实习过程中,实习医院给我提供了许多动手实践机会,使我更好地完善了自己。

我诚挚地希望能成为贵公司的一员,我将倾我所能,不断学习我所不能,为贵公司的发展事业贡献一份力量。盼望您能给我一次面试的机会。

最后,谨祝您身体健康,工作顺利;恭祝贵公司业绩显赫,事业发达!

随信附上简历、英语等级证书、获奖证书等。

此致

敬礼

××　敬上

×年×月×日

联系人:××

联系地址:××卫生职业技术学院××药学专业××级×班

邮编:××

电话:××

邮箱:××

例文二

应　聘　信

××医药公司总经理:您好!

从×月×日《××日报》的招聘广告上,得知贵公司正在招聘医药代表,我自信符合贵公司的要求。

我叫××,男,20岁。今年7月,我将从××医药高等专科学校药学专业毕业。通过3年的在校学习,掌握了基本的医药知识,并多次参加学校组织的各种实践活动。

我是个勤奋好学的人,在大学期间,曾多次获得各项奖学金,我还担任过宣传委员,具有很强的组织和协调能力。我是个开朗、热心的人,有较强沟通能力。我坚信:事业心和责任感使我能够面对任何困难和挑战。

如今的医药行业正在蓬勃发展,我愿加入其中,为中国医药事业和贵公司的发展作出自己的贡献。

如有机会与你们面谈，我将能向你们表明我能为公司作出怎样的贡献。

随信附上我的简历。

此致

敬礼！

××

×年×月×日

联系地址：××医药高等专科学院××级×班（邮编：××）

电话：××

邮箱：××

例文提示

例文一是一封自荐性质的求职信。正文导言自信有礼。主体分为四部分：第一部分介绍自己的学业情况，重点介绍了自己的学习成绩和自学能力；第二部分展示了自己的情商，特别自评了自己懂得与人和睦相处、处事务实、有责任感；第三部分突出写自己注重参加社会实践，具有一定的实践能力；第四部分用恳切的言辞表达了自己的求职愿望和决心。附件为信函提供了旁证。全文情辞恳切，谦恭得体。

例文二是一份应聘性质的求职信。正文首先写缘起，接着写求职意愿、介绍与应聘职业相关的个人情况，最后提出面试的希望。全文语言简洁，态度自信、恳切，礼貌而又不卑不亢。

知识链接　　**“动感求职”——大学生就业新动向**

动感求职是指有多家企业联合组织不同领域的资深职业顾问，在双向选择招聘会上，对求职者提供简历分析面试指导、职业规划、法律咨询等一对一的双向沟通就业指导。然后在招聘现场会上，由招聘企业选择50～70个不同类型的岗位，为每个岗位选拔5～10名候选人。选拔将通过设计企业任务，对应聘学生进行考核、评估、筛选、帮助企业从大学生求职者中发掘有潜力、可塑性强的人才。

节选自2013年12月15日《光明日报》

目标检测

1. 什么是求职信？它有哪些特点？
2. 给自己认为适合自己事业发展的某公司人事部写一封求职信。要求：格式规范，内容齐备，语言得体。事先并不知道该公司对聘用人员有何要求。

第3节　感谢信　贺词（贺信、贺电）

学习目标

1. 了解感谢信、贺信的性质、特点和要求。
2. 熟悉感谢信、贺信的格式和写法。
3. 掌握感谢信、贺信的写作。

一、感　谢　信

（一）感谢信的性质

感谢信是对某个单位或个人的关怀、支援、帮助表示感谢的书信。

感谢信具有双重作用。感谢信既有感谢之意，又有表扬之情。它可以直接送给对方，也可以在对方所在地的公共场所张贴，还可以通过新闻媒介刊播，具有公开性、及时性和针对性等特点。

（二）感谢信的特点

1. 确定性　被感谢者是特定的单位或个人。

2. 事实性　感谢信内容为既成事实，时间、地点和事件要求真实。

3. 感激性　包含对对方的感激之情。

（三）感谢信的种类

1. 普发性感谢信　对众多的单位或大众表示感谢。

2. 专指性感谢信　被感谢者为特定的单位或个人。

（四）感谢信的格式和写法

1. 标题　通常三种形式：第一种只写文种，如“感谢信”；第二种主题式标题，由受文单位和文种组成，如“致××的感谢信”；第三种组合式标题，由发文机关、受文单位和文种组成，如“××医药公司致××学校的感谢信”。

2. 称谓　顶格写被感谢对象的单位名称或个人的姓名。个人姓名后可写“先生”、“女士”等敬辞，后加冒号。

3. 正文　正文一般分三个层次：先陈述事实，写清楚对方在什么时间、地点，由于什么原因，对自己或单位有什么支持和帮助。再评价事实，指出从事件中表现了对方哪些好思想、好品德、好风格。最后表示谢意和向对方学习的态度、决心。

4. 结尾　结尾可以写上表示敬意、感激的话。如“此致敬礼”、“致以最诚挚的谢意”等。

5. 落款　在正文右下方署上写感谢信的单位名称或个人姓名。在署名下面写上时间。

（五）感谢信写作的基本要求

1. 写清感谢的事由，叙述准确、明白。
2. 语言要简洁，叙事应概括，议论要缘事而发。
3. 感情要真挚热烈，表达真诚得体。

例文

致四川省食品药品监督管理局和
兄弟单位及社会各界的感谢信

四川省食品药品监督管理局、各省内外兄弟单位、向地震灾区捐赠款物的各单位、友人和社会各界人士：

2008年5月12日14时28分。一场8.0级的强烈地震，突然在我州汶川县发生，夺去了成千上万人的生命，毁坏了难以计数的房屋，举世为之震惊，国人为之哀恸。

地震无情、大爱无疆。灾难发生后，四川省食品药品监督管理局、各兄弟单位和社会各界人士，积极响应党中央、国务院的号召，把灾区人民的危难视为自己的危难，在第一时间慷慨解囊，捐款捐物，献计出力，为灾区解难，为国家分忧。省局党组深切关怀系统每一位干部职工，各处室积极帮助我州协调救灾医疗物资；××副局长和雅安局同事连夜在第一时间赶到重灾区慰问、指导抗震救灾工作；攀枝花局同仁不顾危险，星夜兼程为我州运送救灾氧气；太极集团援助20万元的药品；青海、天津、江苏、江西、云南等省，省局及雅安、南充、甘孜、攀枝花市州等地同事、友人纷纷来电慰问，捐款捐物。种种关怀、种种义举，充分展现了食品药监人的崇高精神境界，充分展现了中华民族的伟大凝聚力，为我州食品药监系统抗震救灾工作提供了强有力的支持，进一步增强了干部职工抗震救灾、重建家园的信心和决心。

在此，四川省阿坝食品药品监督管理局谨向所有关心支持我州灾区，积极捐赠款物的领导、单位和个人表示衷心的感谢和崇高的敬意！

当前，我州抗震救灾任务仍然十分艰巨，抗震救灾和灾后恢复重建工作必将面临更多的困难和更大的考验。但我们坚信，在党中央、国务院的坚强领导下，有全国人民万众一心、众志成城、迎难而上、百折不挠的抗灾精神，我们一定能够夺取抗震救灾斗争的全面胜利！

四川省阿坝食品药品监督管理局

2008年5月26日

例文提示

这是一封单位对单位的感谢信。正文的第一段简要说明了被救助的原因；第二段概述了被救助的情况；第三四段表达真诚的谢意与敬意，并表达致谢单位战胜特大灾害的决心。例文条理明晰，语言热情洋溢、文中对给予救助的各家单位以极大的赞誉和充分的肯定，起到了鼓舞士气、共渡难关的作用。

二、贺词（贺信、贺电）

（一）贺词的性质

贺词（贺信、贺电）是机关、单位、团体或个人向取得重大成绩、作出重要贡献的有关单位或人员，或在重要节日、重大庆典、重要会议表示祝贺或庆贺专用礼仪文书。

（二）贺词（贺信、贺电）的特点

1. 喜庆性 贺词（贺信、贺电）主要表达庆贺、赞扬或祝祷的感情，因此，遣词造句都充满着热情，字里行间洋溢着喜庆、热烈。

2. 鼓舞性 重要的贺词（贺信、贺电）对广大的受众具有鼓舞性和教育性。

3. 多样性 贺词（贺信、贺电）可以根据祝贺对象的具体情况使用贴切的文章体裁，可以是应用文的规范式，也可以是诗歌或随笔。

（三）贺词（贺信、贺电）的种类

贺词（贺信、贺电）种类繁多，风格也多种多样。

按不同的场合和节日分，有乔迁贺词、升学贺词、事业贺词、新春贺词、会议贺词等。

按作者类型分，有单位贺词、个人贺词。

（四）贺词（贺信、贺电）的格式和写法

1. 标题 标题常见的写法有两种：第一种主题式标题，只写文种；第二种组合式标题，由“祝贺内容加贺词”构成。

2. 称谓 顶格书写受贺单位名称或个人姓名，后缀职务、职称或“先生”、“女士”等，祝贺会议则写会议名称。

3. 正文 一般包含祝贺之词、对他人的工作成就等予以赞扬、表达愿望和祝贺语。

但根据受文对象不同，正文的内容与措词又可有所区别。

（1）祝贺取得成绩的贺词：主体要充分肯定和热情颂扬对方所取得的成绩，述评取得成绩的原因及意义，表示向对方学习，或提出希望。

（2）祝贺会议的贺词：主体侧重说明会议召开的意义和影响。

（3）开业贺词：主体侧重祝愿对方在开业后取得新成就，并祝愿双方友谊加强。

(4) 结尾:可再次写祝愿、鼓励和希望方面的话,也可不另写结尾。

4. 落款　祝贺者的单位名称或个人姓名及年、月、日。

(五) 贺词(贺信、贺电)写作的基本要求

1. 写明祝贺事由　应写清向谁祝贺、祝贺什么、为什么祝贺等。有时还要向被祝贺者提出新的要求和希望,并写上表示祝贺的话。

2. 颂扬要恰如其分　内容要真实,评价成绩、颂扬意义要恰如其分;提出希望要求应顾及对方情况、切实可行;表达敬意、学习之心,要由衷恳切。

3. 用语富有感情　用语要有鲜明的感情色彩,要使人感到温暖和愉快,受到鼓舞和教育。

4. 要切合祝贺者的身份　用语准确可靠。

5. 篇幅可长可短　少则几个字,多则几百字,甚至上千字。

例文一

国家主席习近平2014年新年贺词

女士们、先生们、同志们、朋友们:

我们即将迎来充满希望的2014年。

一元复始,万象更新。在这里,我向全国各族人民,向香港特别行政区同胞和澳门特别行政区同胞,向台湾同胞和海外侨胞,向世界各国和各地区的朋友们,致以新年的祝福!

祝福老人们健康!祝福孩子们快乐!祝福每个家庭幸福安康!

在这辞旧迎新之际,无数工人、农民、知识分子、干部仍然坚守在工作岗位,不少同胞依然奔波在世界各地为祖国辛勤工作,许多人民解放军和武警官兵、公安干警正在履行光荣使命。他们有的远离祖国、远离亲人,有的不能同家人团聚。

我代表祖国和人民,向他们致以诚挚的问候,祝他们平安顺利!

2013年,对我们国家和人民来说是很不平凡的一年。我们共同战胜了各种困难和挑战,取得了新的显著成就。成绩来之不易,凝聚了大家的心血和汗水。我向大家表示衷心的感谢!

2013年,我们对全面深化改革作出总体部署,共同描绘了未来发展的宏伟蓝图。2014年,我们将在改革的道路上迈出新的步伐。我们推进改革的根本目的,是要让国家变得更加富强、让社会变得更加公平正义、让人民生活得更加美好。

改革是需要我们共同为之奋斗的伟大事业,需要付出艰辛的努力。一分耕耘,一分收获。在改革开放的伟大实践中,我们已经创造了无数辉煌。我坚信,中国人民必将创造出新的辉煌。

宇宙浩瀚,星汉灿烂。70多亿人共同生活在我们这个星球上,应该守望相助、同舟共济、共同发展。

中国人民追寻实现中华民族伟大复兴的中国梦,也祝愿各国人民能够实现自己的梦想。

我真诚希望,世界各国人民在实现各自梦想的过程中相互理解、相互帮助,努力把我们赖以生存的地球建设成为共同的美好家园。

生活总是充满希望的,成功总是属于积极进取、不懈追求的人们。

我们在前进的道路上,还会遇到各种风险和挑战。让老百姓过上更加幸福的生活,还有大量工作要做。

我们要谦虚谨慎、艰苦奋斗,共同谱写伟大祖国发展的时代新篇章。

谢谢大家。

例文二

贺　　信

尊敬的××公司××董事长并全体同仁：

××药业公司成功改制为××公司，这是××发展历程中具有里程碑意义的大喜事。值此××公司揭牌之际，××公司董事长兼总经理××携全体员工向××公司××董事长及全体同仁致以最热烈的祝贺！

××公司诞生于革命战争年代，发展壮大于改革开放的新时代。具有××年革命光荣历史的××公司秉承“××”的企业精神，解放思想，更新观念，抢抓机遇，求真务实，开拓进取，创造了一个又一个药业奇迹，为我国医药工业的发展和现代化建设作出了突出的贡献，成为国内医药界学习、尊敬和推崇的楷模。

××药业有限公司改制为××公司掀开了企业发展崭新的一页，也标志着××公司向着现代化、国际化大公司又迈出了更加坚实的一步。我们坚信，在××董事长及董事会的正确领导下，通过经营层和全体员工的不懈努力，贵公司必将迎来更加辉煌和灿烂的明天！

最后，借××公司揭牌之际，衷心希望我们同心携手，进一步增进相互间的友谊，不断加强双方的合作，用智慧和双手创造我们更加美好的未来。

衷心祝愿××公司蒸蒸日上，兴旺发达！

衷心祝愿贵公司全体员工身体健康，生活更加美好！

××公司

×年×月×日

例文提示

例文一是不足800字的新年贺词，既高屋建瓴，又紧接地气，言辞恳切，富有亲和力。从中我们不仅听到了国家领导人的新年问候与祝福，更听到一个在世界舞台上步履坚毅、包容自信的中国，一个在改革大道上矢志不移、扬帆起航的中国，一个在复兴之路上努力让社会更加公平正义、让人民生活更加美好的中国。行文很好地体现了贺词的写作规范，是贺词的典型代表作品。

例文二是一篇写得较好的贺信。正文包含三层意思，一是写致贺的事由和致贺；二是热情赞扬对方在多方面取得的成就；三是给予对方真诚的祝福，并表达祝贺者的希望，以此增进双方的友谊。

目标检测

1. 感谢信的作用是什么？撰写感谢信有什么要求？

2. 简述感谢信有哪些特点？

3. ××医药学院的学生生病住院期间，得到××医院有关方面的精心治疗，最后痊愈出院。请代他写一份感谢信，向医院有关人员高尚的医德、精湛的医疗技术表示感谢。

4. 请应用所学贺词的知识，修改下列有问题的贺词

在××大药店开业庆典上的致辞

各位领导、各位来宾，同志们、朋友们：

今天，是一个特别的日子、特殊的庆典。是××区委、政府按照市委××书记提出的“突破地域界限，在市区建一个工业园区，9个县（市）区招商引资的工业项目都放在里面。哪个县（市）区引进的工业项目，税收、项目、考核等就归哪个县（市）区”的新思维，解放思想，开拓创新，大胆地突破招商引资项目落户的地域界限，营造开明、开放的环境抓招商而作出的大胆尝试；是全市首例跨区经营的招商引资项目。在此，我谨代表××区委、区人大、区政府、区政协向参加××大药房开业庆典仪式的各位领导、来宾表示衷心的感谢！对市委、市政府、市级相关部门及××区在该项目落户过程中予以的支持表示诚挚的谢意！对××市××药房的开业致以最热烈的祝贺！

第 4 节　欢迎(送)词　答谢词

学习目标

1. 了解欢迎(送)词、答谢词的性质和特点。
2. 熟悉欢迎(送)词、答谢词的格式和写法。
3. 掌握欢迎(送)词、答谢词的写作。

一、欢迎(送)词

(一) 欢迎(送)词的性质

欢迎(送)词是在迎接或送别宾客的仪式、集会、宴会上主人对宾客的光临和离去表示热烈欢迎或欢送的致词。

在社交活动中,主人一方对客人一方的到来表示热烈欢迎的讲话称欢迎词,对宾客的离去表示欢送的讲话称欢送词。

欢迎(送)词是社交礼仪演讲词的一种,使用较多,言辞热情,旨在对宾客的到来(离去)表示欢迎(欢送)和尊重,表达友好交往、增强交流与合作的心愿,创造和强化友好和谐的社交气氛。

(二) 欢迎(送)词的特点

1. 情感性　“有朋自远方来,不亦乐乎”,朋友离去时,“相见时难别亦难”,中国人重情谊这一千古不变的民族传统精神在欢迎(送)词中得到充分体现。所以致欢(送)迎词应当表现对宾客一方的深厚情感。言词用语一定要真诚而富有激情。才能给宾客一种“宾至如归”的感觉,以营造一种友好愉悦的气氛,为下一步各种活动的圆满举行铺垫友善的基础。需要注意的是,在公共事务的交往中,应该把握好欢迎(送)时所用言辞的分寸。

2. 口语性　欢迎(送)词大多是现场当面向宾客口头表达的,所以口语化是欢迎(送)词文字上的重要特点,在遣词用语上要运用生活化的语言,使语言简洁又富有生活的情趣,以拉近主人同来宾的亲切关系。

(三) 欢迎(送)词的种类

1. 从表达方式上划分

(1) 现场讲演欢迎(送)词:一般由主人在被欢迎(送)人到达或将离去时在现场口头发表的欢迎(送)稿。

(2) 报刊发表欢迎(送)词:这是发表在报刊或公开发行刊物上的欢迎(送)稿。它一般在客人到达或离开前后发表。

2. 从社交的公关性质上划分

(1) 私人交往欢迎(送)词:私人交往欢迎(送)词一般是在个人举行较大型的宴会、聚会、茶会、舞会、讨论会等非官方的场合下使用的欢迎(送)词。通常要在正式迎、送活动开始前进行。私人交往欢迎(送)词往往具有很大的即时性、现场性。

(2) 公事往来欢迎(送)词:这样的欢迎词一般在较庄重的公共事务中使用。要有事先准备好的得体的书面稿,文字措词上的要求较私人交往欢迎词要正式和严格。

(四) 欢迎(送)词的格式和写法

1. 标题　标题写法一般有两种。第一种主题式标题,单独以文种命名。如《欢迎词》、《欢送词》。第二种组合式标题，由活动内容和文种名共同构成。如《在××会上的欢迎词》、《在××会上的欢送词》；或以致词者、致词场合（或被欢迎或欢送的宾客）和文种名共同构成，如《××在××上的欢迎词》，《××在××上的欢送词》。

2. 称谓 称谓要求顶格写，重要宾客可单独成行按职位高低排列。对宾客的称呼要用敬辞并写全称，以示尊重。即在姓名后加上职务、职称或爵位、衔位，如“部长”、“教授”、“殿下”、“阁下”等。有时还在主宾姓名前加上表示亲切或敬意的修饰词，如“亲爱的”、“尊敬的”等，以显庄重、亲切、友好。

3. 正文 ①欢迎词的正文一般先写表示欢迎、感谢或问候的话；接着写从具体场合出发，写出宾客来访的目的、意义、作用；继而概括已往取得的成就及变化、发展，表示继续加强合作的意愿、希望；或回顾双方交往的历史与友情，放眼全局，展望未来。结尾用简短的语句，向宾客再一次表示感谢或良好祝愿：祝宾客愉快、祝宾客成功或祝宾客健康等。②欢送词的正文开头通常应说明此时在举行何种欢送仪式，发言人是以什么身份代表哪些人向宾客表示欢送的；然后再是有关欢送的具体内容，如来宾逗留的时间及离别的日程，叙述访问的行程及收获，对来宾的希望及祝愿；结尾对来宾的即将离去表示热烈的欢送，发出再次来访的邀请。亲朋远行尤其要表达希望早日团聚的惜别之情。

4. 落款 落款处有时也会写上致词者的职务、姓名和日期，位置或在标题之下，或在正文后的右下方。

（五）欢迎（送）词写作的基本要求

1. 称呼要用尊称，感情要真挚，要能较得体地表达自己的原则立场。
2. 措辞要慎重，同时要注意尊重对方的风俗习惯，以及忌讳，以免发生误会。
3. 坚持原则。迎、送是双边活动，致词中既要表示友好，又不能丧失自己的原则立场。因此，措词要严谨、慎重、委婉、含蓄、把握分寸，不能随心所欲，信口开河。
4. 语言要精确、热情、友好、温和、礼貌。
5. 篇幅宜短小精悍，言简意赅，不必长篇大论。

例文一

欢 迎 词

尊敬的各位领导、各位来宾、各位同仁：

大家好！

在这金桂飘香、秋风送爽的美好季节里，我们为能同各位欢聚一堂、庆贺“××医药联盟××区域中心”的隆重开业、聆听大家对中心工作的指导而感到由衷的喜悦。在此，我谨代表××医药联盟××区域中心和××医药有限公司，对各位的光临表示热烈的欢迎！对多年来关心支持我们工作的领导、同仁和朋友表示衷心的感谢！

××医药联盟××区域中心的成立，是××医药集团和××医药有限公司寻求强强联合的一次成功运作。旨在利用××医药联盟流通系统，运用互联网技术实现联盟成员间的互通有无，通过有效集合商品、信息等优势竞争资源，为省内外的广大客户和医药厂商提供快捷便利的医药服务和全新的交易平台，实现市场规模的迅速扩大，共同打造××医药流通领域的强势航母，努力实现××医药“买全国、卖全国”的战略构想。这是我们的奋斗目标，也是一种新的尝试。我们之所以有这样的愿望，源自对医药事业的热爱和加快发展我省医药经济的强烈心愿，也源自各级领导、同仁和医疗单位的朋友对我们多年来的关心、帮助和支持。

天高任鸟飞，海阔凭鱼跃。××医药联盟××区域中心的成立，在为竞争激烈的医药市场带来新的生机与活力的同时，也将面临着前所未有的挑战。作为一个全新成立的医药物流企业，“中心”将秉承“同心结缘、致力民健”的企业理念，以高效、诚信、便捷、低价的经营理念为全省广大客户服务，实现互通有无、共同发展的多赢局面。目前，××医药联盟××区域中心这只全新的小船已经打造完毕。这只小船，在我们“中心”的全体员工共同努力下，在领导、同仁的大力支持下，一定能驶向理想的彼岸。

最后，祝各位来宾身体健康，工作顺利，事业发达！

预祝本次会议取得圆满成功！

谢谢大家。

例文二

欢　送　词

同志们、朋友们：

刚好在两个星期以前，我们愉快地在这里欢聚一堂，热烈欢迎医药博士××。今天，在××博士访问了我国的许多地方之后，我们再次欢聚一起，感到特别亲切、高兴。××博士将于明天回国。

××博士的访问虽然短暂，却是极其成功的。在北京期间，他会晤了有关方面的领导同志，参观了医药高等学校、医药企业、医药市场，与各界人士进行了谈话，并认真研究了我国的文化和教育、医药现状、医药改革。

在向××博士告别之际，我们真诚地希望××博士给我们提出批评、指导的宝贵意见，以便我们改进工作。同时，我们想借此机会请他转达我们对××国人民的深厚友谊，请他转达我们对他们的亲切问候和敬意。

祝××博士回国途中一路平安，身体健康！

例文提示

例文一是一篇欢迎词。内容分三个部分。其一写了欢迎的原因及对客人表示热烈欢迎；其二写了良好的愿望；其三写了祝颂语和表示感谢。言辞情真意切，友善礼貌，营造出一种友好的气氛。例文二是一篇欢送词，突出了两方面的内容。其一写与客人两次欢聚，“两个星期以前”曾欢聚一堂欢迎客人一句，点明客人的访问时间长度。客人“将于明天回国”一句，又点明欢送的缘由。其二写客人访问我国的行程情况，以及收获。最后写主人的希望、要求和祝愿。全文感情诚恳，用语巧妙，分寸适当，语言精练，是一篇不错的欢送词。

二、答　谢　词

（一）答谢词的性质

答谢词是指特定的公共礼仪场合，主人致欢迎辞或欢送词后，或者受到个人、机关团体的帮助后，客人或受助人所发表的对主人或提供帮助方的热情接待和关照、支持表示谢意的讲话。

（二）答谢词的特点

1. 礼貌委婉　礼貌、委婉是答谢词的基本特点。答谢人要用答谢词创造一个亲切、友好、愉快的气氛，表达一种诚挚、真切的感情。有些场合不能因为是友好往来就放弃自己的原则立场。既要坚持自己的原则、立场、观点，又不出语伤人，就必须注意措词的委婉。

2. 谦虚诚恳　答谢词的情感应谦虚诚恳，自然直率。内容要注意“礼尚往来”、“知恩图报”，密切照应主人一方的欢迎或欢送词，或针对受到的帮助表示感谢。语言应简洁、朴实，力求温文尔雅又幽默风趣。

3. 篇幅简短 答谢词是宣读体、应酬性的稿件，为特定的会议或场合使用。受会议或特定时间的限制，最长的不宜超过 2000 字。

（三）答谢词的种类

依据不同的致谢缘由和致谢内容，答谢词可划分为两个基本类型。

1. 谢遇型答谢词 “遇”，招待，款待。谢遇型答谢词。即答谢别人招待的致词，它常用于宾主之间，既可用于欢迎、欢送仪式、会见仪式上与欢迎词相应，也可用于欢送仪式、告别仪式上与欢送词相应。

2. 谢恩型答谢词 “恩”，受到的好处，即别人的帮助。谢恩型答谢词，即答谢别人帮助的致词。它常用于捐赠仪式或某种答谢仪式上。例如，1998 年长江中下游地区的灾民在接受全国各地捐赠物品的仪式上，在洪水退后为抗洪抢险的解放军战士送行的仪式上，就使用了谢恩型答谢词。

（四）答谢词的格式和写法

1. 标题 在第一行居中的位置上写上“答谢词”。

2. 称谓 另起一行顶格写致辞对方的姓名、头衔，既可以是广泛对象，也可以是具体对象。称呼后加“：”以示引领全文。

3. 正文 首先针对主人的盛情或帮助表示感谢，并对对方的优越性予以肯定，表达出自己的荣幸与激动。这是答谢词的写作重点。另外，要对对方的情况做较详细的介绍，以示尊重。最后，应表达希望与对方进一步发展关系的强烈意欲。

4. 结语 再一次用简短的语言表示感谢。

（五）答谢词写作的基本要求

1. 内容与结构要合乎规范 谢遇型、谢恩型两类答谢词所涉及的写作内容及所运用的结构形式，各有相对稳定的模式。在写作中，不可混淆，不可“独创”，要尽可能地符合写作规范。

2. 感情要真挚、坦诚而热烈 答谢主人的款待或别人的帮助，应该动真情、吐真言，这就是“真挚、坦诚”。答谢还是一种“言情”方式，所以应该热情洋溢，给人以春风般的感觉；只有这样的致词才能获得对方的认可。

3. 评价要适度，要恰如其分 谢遇型致词不宜妄加评论、说三道四。而谢恩型致词则可就其“精神”或“风格”作出评价，但要适度、恰如其分，不能故意拔高、无限升华，以免有“虚情假意”之嫌。

4. 篇幅要简短，语言要精练 礼仪“仪式”上的致词一般应尽量简短。作为答谢词，千字文即可。要做到篇幅简短，语言必须精练，应尽可能地将可有可无的字、句、段删掉，努力做到“文约旨丰”，言简意赅。

例文

答　谢　词

尊敬的各位领导、各位朋友、来宾：

经过紧张的筹备与等待，我们终于迎来××药业盛大开业的日子。我谨代表公司所有员工对前来祝贺的各位领导、各位来宾和亲朋好友表示衷心的感谢；对一直以来关心、支持××药业发展的各位领导、来宾表示衷心的感谢，是你们的支持与帮助，让我们走到了今天。

××药业公司自筹建之初，就秉承“服务家乡父老、发展地方经济”的创业思路，遵循“设施优良化、经营规范化、生产标准化、产品优质化”的核心理念。多年来，受到土壤、气候及市场供求环境等多种综合因素的共同影响，中草药作为最适合这块土地种植的作物，成了××县最主要的作物品种。近年来，地方政策的倾斜与农民眼界的开阔，使中草药种植面积不断扩大，亩产逐年增加，从而直接造就了当今中成药的盛世，老百姓也开始因药而富，同时形成了我们当地中草药种植面积的逐年增加和集约化格局。××药业就是在这样的形势下应运而生的。

××药业的办厂宗旨就是发展地方经济，服务当地百姓。希望通过我们的力量，进一步稳定中草药原材料销路及价格，扩大中草药种植面积，形成中草药生产的规模化发展，和大家互惠互利，并且给更多的家庭带来健康和活力。

朋友们，俗话说得好："一个篱笆三个桩，一个好汉三个帮。"××药业能够在今天得以顺利开业，离不开有关部门的政策倾斜，离不开金融机构的鼎力相助，离不开周围村庄的大力支持，更离不开各位来宾的多方排忧解难。在此，请允许我代表××药业向大家深鞠一躬，聊表感谢。

谢谢大家！

在当今这个社会，无论做什么事情，仅靠一腔热血是不够的。金秋的收获，离不开春天的播种；只有辛勤的耕耘，才会收获成功。在医药健康事业飞速发展的今天，××药业仅仅是沧海一粟，它的兴旺发达还需要我们为广大客户提供 优质、高效、快捷、满意的服务。希望各位能够一如既往地关心、支持、帮助我们。你们的关注，就是我们前进的最大动力！

再次谢谢大家！

例文提示

例文是一篇比较好的答谢词。第一段针对参加开业仪式的领导、来宾一直以来对××药业发展的关心、支持表示衷心的感谢，第二段介绍了××药业发展的背景，第三段介绍了××药业的办厂宗旨，第四五段再次表达对各位领导、来宾的感谢。第六段表达希望领导与来宾进一步支持药业发展的强烈愿望。

目标检测

1. 根据所学欢迎（送）词知识，说明下面这份欢迎词存在哪些不足？

欢　迎　词

尊敬的各位领导、各位同仁、女士们、先生们：

金秋十月，秋风送爽，我们迎来了一个令人欢欣鼓舞的日子，这就是我们××市飞鹿科技有限公司成立20周年的纪念日。大家跋山涉水来到这里参加我们的庆典，辛苦了。

正如大家所知，我们公司在社会上有着良好的声誉和一定的影响。但是我们依旧不断进取，毫不懈怠，所以才能20年屹立不倒。今天，见到朋友不顾旅途遥远专程前来贺喜并洽谈双方有关贸易合作事宜，使我颇感欣慰。

朋友们，为增进双方的友好关系作出努力的行动，定然有助于使本公司更上一层楼。

最后，对各位朋友们的光临表示热烈欢迎。

祝大家万事如意，心想事成。为我们的合作，为我们的生意兴隆，干杯。

××市飞鹿科技有限公司董事长：××

×年×月×日

2. 假设新生开学，你所在院系准备为新生开欢迎会，请你代拟一份欢迎词。

3. 7 月毕业生离校，请你代表全体在校同学拟一份欢送毕业生离校的欢送词。

4. 请根据所学"答谢词"的知识，分析下列答谢词的内容和格式是否恰当、规范，并加以阐述

在接受救灾粮仪式上的答谢词

亲爱的××领导，远道而来的客人们：

今天，我们怀着无比激动、无比振奋的心情，在这里迎接给我们县师生捐赠救灾粮的××红十字会的客人。

今年 7 月以来，我国遭受了百年未遇的大旱灾。7、8、9 三个月，炎阳连天，滴雨不下，池塘干涸，溪河断

流，田地龟裂，禾苗枯死，真是赤地千里！虽经我们奋力抗灾，但自然灾害的肆虐，使10多万人饮水困难，30多万亩田颗粒无收。我们县的中小学生，就有1万多名因受灾辍学，还有几万名同学、教师、亲属靠接济度日。然而，党和政府没有忘记我们，兄弟县市的乡亲没有忘记我们，省市领导多次亲临，视察灾情，组织救援，市县国家干部职工争相解囊，捐粮捐钱。今天，我们又接到了你们无私捐助的大批救灾粮食。"一方有难，八方支援"，团结互助，无私奉献，只有在今天优越的社会主义制度下，只有在我们伟大的社会主义中国才能办到！

谢谢你们，远方的亲人！我们全县中小学生、全县人民，一定从你们的援助中吸取力量，奋发图强，重建家园；努力学习，奋勇登攀，以崭新的成绩，来报答党和人民的关怀，报答你们的深情厚谊！

5. 你毕业后自己创业，开办了一家中型药店。在开业庆典上，食药监局领导和很多来宾都向你表达了祝贺，请你写一份答谢词，向他们表达谢意。要求：格式规范，语言流畅，热情洋溢。

第5节　主持词　讲话稿

学习目标

1. 了解主持词和讲话稿的性质、特点。
2. 掌握主持词和讲话稿的格式与写法。
3. 掌握主持词和讲话稿的写作。

一、主　持　词

（一）主持词的性质

主持词是会议或者各种仪式的主持人组织各项活动环节（如介绍发言人身份、控制活动进程、确保会议程序的严肃性和准确性、营造气氛等）的语言。

（二）主持词的特点

1. 附属的地位　主持词是各项活动环节的"附件"。其附属性表现在两个方面：一是形式方面，主持词的结构是由各项活动所决定的，必须严格按照进程布局谋篇；二是内容方面，主持词的内容是由活动的内容所决定的，不能脱离活动内容"自由发挥"。因此，在撰写主持词的过程中，从结构到内容乃至遣词造句、语言风格、讲话口气等，都要服从并服务于整个活动的需要。

2. 独立的结构　就主持词的内容而言，主持词开头、中间和结尾的三个部分，无需借助别的部分而独立成篇，自成体系，因此主持词具有相对的独立性。

3. 丰富的个性　不同内容的活动、不同内容的节目，主持词所采用的形式和风格各不相同。如法定性代表大会的主持词要求准确、严密、规范，符合会议的议事规则；而庆典活动的主持词则可以幽默、风趣、活泼、充满激情。

（三）主持词的种类

主持词依据主持内容的不同，可分为以下四个种类。

1. 会议主持词　会议主持词是在各类会议开头、中间串联、结束总结时的语言。

2. 庆典活动主持词　庆典活动主持词是主持人主持庆典活动、节庆活动、节日纪念活动的语言。

3. 交际礼仪活动主持词　交际礼仪活动主持词是主持人主持联谊会、迎送答谢活动、喜庆宴、追悼会等活动的语言。

4. 竞赛活动主持词　竞赛活动主持词是主持人主持文艺比赛活动、体育比赛活动、其他比赛活动的语言。

(四) 主持词的格式和写法

1. 标题　直接写文种，如“主持词”。也可写成仪式程序加文种，如“××仪式主持词”或“××仪式程序”。

2. 称谓　一般按参加对象的身份从高到低或由年长到年幼，性别先女后男，并尽可能覆盖全体参加对象。

3. 正文

(1) 开头部分：这一部分主要是介绍仪式或活动的背景。如会议主持词可以介绍会议召开的背景，明确会议的主要任务和目的，这是开头部分的“重头戏”，也是整篇文章的关键所在。介绍背景要简单明了，“这次会议是在……情况(形势)下召开的”，目的在于引出会议的主要任务。会议的主要任务要稍微写得详尽、全面、具体，但又不能长篇大论。要掌握两个原则：一是站位要高，要有针对性，以体现会议的紧迫性和必要性。二是任务的交代要全面而不琐碎，既具体又高度概括。

(2) 中间部分：在这一部分，主持人仅扮演报幕员的角色，用最简练的语言，串接活动的每项议程。如“下面请……发言，大家欢迎”或“请……发言，请……做准备”，“下一个议程是……”之类的句子。有时在一个相对独立或比较重要的内容结束之后，特别是领导的重要讲话之后，主持人要做一简短的、恰如其分的点评，以加深听众的印象，引起重视。主持词中间部分是较为简单的，重要的是过渡自然、流畅，能够将整个仪式或活动串联为一个整体。

(3) 结尾部分：这一部分主要是对整个仪式或活动进行概括总结，旨在表达取得的成果、应有的感受、今后的期望、美好的祝福等。如会议主持词要对会议解决了什么问题，明确了什么方向，提出了什么思想(思路、措施)等进行概括总结。总结要有高度，要准确精练，恰如其分，它是对会议主要内容的高度提炼，对会议精神实质的理论升华。

(五) 主持词写作的基本要求

1. 篇幅短小　主持词的附属性地位，决定了主持词的篇幅一般不宜过长。要短小精悍，“立片言以居要”，不可面面俱到。要提纲挈领，点到为止。

2. 重视头尾　主持词的结构应呈哑铃型，两头大、中间小。主持词的主要部分在开头和结尾，中间部分分量较轻，只要过渡自然就可以了。因此，会议主持词的撰写，重点在开头和结尾。

例文

××医药物流有限公司洽谈会的主持词

(以下开头部分)

尊敬的各位领导、各位来宾，上午好！

在这样一个鲜花绽放的春季，在这样一个阳光明媚的春天，我们欢聚一堂，举办××医药物流有限公司首次商业洽谈会。其目的是联络老朋友，结识新朋友，共谋厂商发展双赢大计。本次会议共邀请到了六十多家生产企业和商业(大中型批发)客户代表，下面由我向大家隆重介绍出席今天会议的生产企业和商业客户。

……

让我们以热烈的掌声对出席××医药物流有限公司首次商业洽谈会的生产企业和商业客户表示诚挚的欢迎和衷心的感谢！

下面我们有请××大药房全国管理机构采购总监、××医药物流有限公司总经理××先生致辞，大家欢迎。

（以下中间部分）

××医药物流有限公司从去年下半年开始筹备，×年×月取得《药品经营许可证》，×年×月取得《营业执照》，并于×年×月×日正式营业。××医药物流有限公司成立的时间并不长，但是，大家的精诚合作、肝胆相照、鼎力支持，给予了我们无穷的力量和前进的动力，激励着我们不断地拼搏。××医药物流有限公司的发展，倾注了在座各位的极大帮助和支持。下面，我们有请××公司作为厂商代表讲话，有请××公司副总经理××先生，大家欢迎。

（发言人讲话）

（以下主持人点评）

××的讲话鼓舞人心，今后我们将进一步加强厂商之间的合作伙伴关系，精耕终端，共同将分销渠道做深做透，做大做强！

各位领导、各位来宾，优化供应链管理，减少配送环节，加快分销速度，降低交易成本，是当今企业面临的共同课题。本次商业洽谈会的一个议题就是探讨在市场竞争日趋激烈的医药流通领域，如何加强工商合作，实现优势互补，达成共生共荣的目的。接下来我们有请××医药物流有限公司营运总监××女士讲话。

（发言人讲话）

（以下主持人点评）

××的讲话非常精辟，在医药流通领域，××医药物流有限公司之所以在短期内取得飞速发展，一方面善于提炼公司团队的经营能力和培养网络优势；另一方面，××医药物流有限公司非常注重企业文化建设，一直将其作为××的核心竞争力予以精心培育。接下来我们请公司市场部湖南区经理××介绍××企业文化，有请××。

（发言人讲话）

（以下结尾部分）

各位领导、各位来宾，过去的时光见证了我们的合作与友谊，未来的岁月将使我们更紧密地携手并肩，创新产业，规划未来，在市场的大海中一起成长。再次对各位的光临和对××医药物流有限公司的帮助致以最衷心的感谢，谢谢大家！

【例文提示】

这是一篇规范的主持词。主持词的开头部分致以热情洋溢的欢迎词，然后穿针引线地展开主持词的中间部分，在每个人讲话之后，主持人都做了简短的概括和充分的肯定，以加深印象、融洽情感。结尾部分升华了洽谈会的实质，真诚地对各位来宾表达感谢。

二、讲　话　稿

（一）讲话稿的性质

讲话稿有广义和狭义之分。广义的讲话稿是人们在特定场合发表讲话的文稿；狭义的讲话稿即一般所说的领导讲话稿，是各级领导在各种会议上发表带有宣传、指示、总结性质的讲话文稿。

（二）讲话稿的特点

1. 口语性　讲话稿不是以书面文字形式传递，而是靠声音传递，因此，不同场合要选择恰当的语言进行表达。

2. 情感性　讲话稿要运用各种方式来启动、调节观众的情绪，引发共鸣，达成共识。

（三）讲话稿的种类

1. 工作会议类讲话稿　这类讲话稿是领导在各种会议上发表的对前一阶段的工作情况包括成绩、经验、缺点等进行归纳总结。对下一阶段的工作目标、任务、重点、措施等进行研究部署的讲话稿。这类会议讲话稿要求态度鲜明，目的明确，内容单一，层次分明，逻辑严密，语气坚定，针对性强，号召力大，简洁明快。

2. 庆祝、纪念活动类讲话稿　这类讲话稿是领导在纪念某一历史事件、历史人物或重大庆典等纪念性活动上所发表的讲话稿。这类讲话稿既要肯定和颂扬历史事件的重大意义和历史人物的丰功伟绩，还要立足当前、面向未来。揭示其现实意义，对继承光荣传统，弘扬革命精神提出具体要求。

（四）讲话稿的格式和写法

1. 标题　讲话稿的标题一般为组合式标题，又有两种形式：一种是由讲话人的姓名、职务、事由和文种构成，如《××省长在全省教育工作会议上的讲话》；另一种是由主标题和副标题组成，主标题一般用来概括讲话的主旨或主要内容，副标题则与第一种的构成形式相同，如《进一步学习和发扬鲁迅精神——在鲁迅诞生 110 周年纪念大会上的讲话》。

2. 正文　讲话稿的正文包括开头、主体和结尾三部分。

（1）开头部分：首先根据与会人员的情况和会议性质来确定适当的称谓。如“同志们”或“各位专家学者”等，要求庄重、严肃、得体。然后用极简洁的文字把要讲的内容概述一下，说明讲话的缘由或者所要讲的重点问题。接着转入正文讲话。

（2）主体部分：根据会议的内容和发表讲话的目的，可以重点阐述如何领会文件、指示、会议精神。也可以通过分析形势和明确任务，提出搞好工作的意见。还可以结合本单位情况，提出贯彻上级指示的意见。可以对前面其他领导人的讲话做补充讲话；也可以围绕会议的中心议题，结合自己分管的工作谈自己的看法等。

（3）结尾部分：结尾用以总结全篇，照应开头，发出号召，或者征询对讲话内容的意见或建议等等。

（五）讲话稿写作的基本要求

1. 内容有针对性　讲话稿的内容是由会议的主题和讲话者的身份来决定的。因此，每写一份讲话稿，必须首先了解会议的主题，讲话的场合、背景，了解会议是在什么情况下召开的，会议的性质和议题是什么，领导者对会议的内容有什么明确的指示等，也要考虑到听众的身份、背景情况、心理需求和接受习惯来写讲话稿。

2. 篇幅有规定性　讲话是有时间限制的，因此讲话稿的篇幅有特定的要求。一般来讲，表彰大会、通报会、庆典会等讲话要求篇幅不能太长，避免喧宾夺主。会议的主题报告相对来讲篇幅要长一些，但也不宜过长。这就要求讲话稿中心突出、目的明确、观点鲜明、简明扼要，切忌夸夸其谈，拖沓冗长。

3. 语言有特定性　讲话稿的语言介于书面语言和口头语之间，既要有书面语言的精练、准确、干净，又要有口头语的通俗、生动、易懂。讲起来朗朗上口，听起来流畅顺耳，以便于讲话者表达，易于听众理解和接受。人们常说讲话要得体，指的就是讲话要符合讲话者的身份、讲话目的和讲话场合的要求。

（六）讲话稿与发言稿的异同

1. 发言稿是参加会议者为了在会议上表达自己意见、看法或汇报思想、工作情况而事先准备好的文稿。

2. 讲话稿和发言稿本是同义语，在不作为公务文书时，二者可以通用。

3. 讲话稿、发言稿、演讲稿、演说稿、谈话稿、会议报告稿等，其性质、特点都大同小异。

4. 由于约定俗成的原因，现在多数人把领导和主持人的发言称为“讲话”，其他个人或与会人员所说的，统称为“发言”，与此相对应的就是讲话稿、发言稿。

例文

勇于担当，做社会栋梁

——在中国药科大学2013届毕业典礼上的讲话

来茂德

尊敬的各位老师、家长，亲爱的同学们：

大家上午好！

时光荏苒，光阴飞逝，2013届毕业生又在六月远航。

六月是毕业的季节，六月是收获的季节。今天，我们隆重集会，举行中国药科大学2013届毕业典礼和学位授予仪式，共同见证和分享2013届毕业生奋斗的成果与喜悦。在此，我代表学校，向顺利完成学业、即将踏上人生新征程的全体毕业生表示热烈的祝贺！向为同学们的成长、成才付出辛勤劳动的老师、家长表示衷心的感谢和诚挚的敬意！

同学们，你们即将告别传道授业的老师，告别朝夕相处的同学，告别魂牵梦绕的母校。在这样一个满怀眷恋和豪情的时刻，作为校长，也作为你们的师长，我感到欣慰和自豪：欣慰的是你们在中国药科大学学有所成；自豪的是你们勇于以青春的激情去开拓未来。母校向今日的你们表示热烈的祝贺，更为明天的你们送上祝福：祝福你们一路风景迷人，一生阳光灿烂！

亲爱的同学们，几年前，你们怀揣梦想，投入药大的怀抱。在中国药科大学这片知识的沃土上，你们点燃梦想，挥洒激情。通过几年的努力和奋斗，你们收获了学业，历练了品格，更学会了做人。课堂上，你们聚精会神；操场上，你们身姿矫健；实验室里，你们废寝忘食。在药大，你们享受过成功的绚烂，也品尝过失败的痛苦；你们挥洒过拼搏的汗水，也流下过激动的泪花。你们是药大的孩子，更是药大未来的希望！

你们之中，848人考上博士、硕士研究生，1398人光荣加入了中国共产党，更多同学毕业后将走上工作岗位，也有有志青年将选调基层。几年的奋斗，永恒的精彩。你们的成长已写入了中国药大的历史。作为中国药科大学的新校友，母校会将你们永远铭记！

亲爱的同学们，这几年你们见证了祖国六十华诞的雄壮、上海世博会的传奇、神州载人飞船的腾空、“蛟龙探海”的惊艳，以及面对玉树、雅安地震时的中国力量，感受到了新一代领导人带来的中国梦。在校的几年间，你们也亲睹了药大的发展：国家重点实验成功获批，人才培养与科学研究硕果累累，开往药大的幸福列车呼啸而至，江宁校区愈发美丽清新，新的图书馆大楼已是药大一景……同学们，请相信，在不久的将来，你们再次回到母校，母校呈现给你们的一定是更多的美丽、精彩、自豪与感动！

同学们，你们的母校中国药科大学建校七十余年来，一直在致力于解决中国人吃药的问题。这是一种社会责任感，是一种民族责任感。七十余年的追求，药大人呕心沥血，兴药报国。今日的药大人更在发奋图强：

我们以“精业济群”为己任，荣校报国；

我们以“团结创新，严谨求实”为风格，不断探索；

我们以建设高水平研究型大学为蓝图，不懈奋进！

当然，随着学校的不断发展，我们在解决问题的同时会面临新的挑战。因此，我们需要时间，需要同学和教职员工们的协作、理解和宽容。现在，摆在我们面前的有以下三大课题：

一、如何提升中国药科大学的核心竞争力和美誉度？

二、如何培养更多具有社会责任感的高质量人才？

三、如何让中国药科大学发展为高水平的研究型大学？

这三大课题的答案就是我们肩上的责任。让我们共同努力，为药大，为药大人，更为全社会！

同学们，你们的母校有担当，你们的老师有担当，作为一校之长，我也有担当。年轻的你们，更要勇于担当，做中华脊梁！你们身上的责任就是用母校给予的知识和智慧，为国家医药事业的发展贡献力量。你们要永远铭记：自己是药大人，在药品安全问题频发的今天，要用自己的社会责任去做好药、做良心药！

同学们，衷心希望你们能够继承药大几代人勇于实践、敢于创新的优良传统。敢为人先、敢于突破思维惯性与惰性，勇于扛起医药创新的大旗，争取改变我国缺少完全知识产权药物的尴尬现状！

今天，母校依依不舍地送别你们；明天，你们一定会带着自信与成果回到母校。相信你们定能尽药大人之责，扬药大之名！期待你们在人生的舞台上大显身手！谢谢！

2013 年 6 月 20 日

（注：本文作者为中国药科大学校长，编者对讲话稿有所删改）

例文提示

这篇讲话稿的针对性很强。对学生顺利毕业表示了祝贺，回顾了同学们在校几年的努力奋斗和取得的成绩。针对药科大学毕业生的社会责任提出了明确的要求，最后一段是对学生的殷殷期望。讲话稿具有感染力，能鼓舞人心，易使听众与讲话人产生共鸣、达成共识。

目标检测

1. 填空题

(1) 启事是________________的应用文。

(2) 声明的特点有________、________和________三个特点。

(3) 贺词按作者类型分，可分为________、________两类。

(4) 求职书信可分为________、________两个种类。

(5) 答谢词分为________、________两个类型。

(6) 主持词的结构呈________型。

(7) 写好主持词的重点是写好________、________。

(8) 求职信和自荐信的区别是________、________。

2. 判断题

(1) 启事的特点具有单一性，即一则启事只说一件事，不掺杂其他的内容。(　　)

(2) 书写任何内容的声明，其措辞都应该义正词严，其态度都应该咄咄逼人。(　　)

(3) 答谢词的称谓一般写被感谢单位的名称或个人的姓名。(　　)

(4) 答谢词的正文可以不陈述感谢的事实，直接表示谢意和向对方学习的态度、决心。(　　)

(5) 贺词的主要目的是恭贺对方。(　　)

(6) 致欢迎词应当有一种“有朋自远方来，不亦乐乎”愉快的心情。(　　)

(7) 欢迎词、欢送词、主持词、答谢词、贺词都具有口语性的特点。(　　)

(8) 求职书信的落款只写姓名和日期。(　　)

(9) 讲话稿和发言稿是性质相同的文稿。(　　)

(10) 受到别人的款待或帮助时才写答谢词。(　　)

3. 简答题

(1) 写作求职书信的基本要求有哪些?

(2) 为什么求职信不宜太长?

(3) 感谢信一般由哪几部分构成?

(4) 感谢信的正文部分包含哪些内容?

4. 根据你校田径运动会开幕式的情况,拟写一份开幕式主持词。

第5章　医药事务文书

第1节　计　　划

学习目标

1. 了解计划的性质和特点。
2. 熟悉计划的写作要求。
3. 掌握计划的格式和写法。
4. 掌握格式规范，内容恰当、可实施的计划的写作。

一、计划的性质

计划是党政机关、企事业单位、社会团体及个人在工作、生产、学习及日常生活中，为完成某项任务，预先拟定的目标、措施、步骤、要求及完成期限的一种文书。

计划是计划类文书的总称。常见的如“设想”、“打算”、“安排”、“规划”、“方案”、“要点”等，都是人们对今后工作或活动作出的部署和安排，也都属于计划这个范畴。其中规划适用于范围广、时间长（一般为3～5年）、内容表述概括的计划；安排适用于时间较短、范围不大、内容单一的具体计划；打算和设想适用于初步的、预备性的、粗线条的非正式的计划；方案适用于专业性较强、部署周密具体的专项工作计划；要点适用于时间相对较短，工作内容相对单一的计划。

二、计划的特点

（一）预见性

计划是事先制订的，为未来工作目标或实践活动所做的一种预想性的部署和安排。

（二）可行性

计划的目标要适当。过高，难于实现、完成；过低，起不到指导、激励作用。计划的各项措施、办法和要求必须具体明确，切实可行，符合实际。

（三）指导性

计划是根据党和国家的有关政策及上级指示精神，结合本单位、本部门的实际工作而制订的科学方案，对人们有目的、有秩序、有步骤地进行某项工作有一定的指导作用。

（四）约束性

制订计划是一件很严肃的事情。计划一旦制定，就要落实，严格按计划行事，想方设法努力完成计划。因此，一方面计划是制订者行动的指南，从各方面约束、监控执行者的行为；另一方面计划也是检查任务完成的依据，完成任务的好坏，可用执行计划的情况来评判。

三、计划的种类

1. 按性质划分　可分为综合性计划和专题性计划。

2. 按内容划分 可分为工作计划、培训计划、科研计划、教学计划、营销计划等。

3. 按时间划分 可分为远景规划、年度、季度、月份以及周计划等。

4. 按范围划分 可分为国家计划、地区计划、部门计划、公司计划、个人计划等。

5. 按表达形式划分 可分条文式计划、表格式计划、条文与表格结合的计划三种类型。

四、计划的格式和写法

(一) 标题

计划的标题一般有三种写法。

1. 组合式标题 此类标题一般由4部分内容组成,即制订单位、时限、内容和文种四部分。如《××药业股份公司2009年生产计划》、《××市食品药品监督管理局关于机构改革工作的部署》。

2. 主题式标题 主题式标题与组合式标题比较,题中可以省略一些内容,但一定不能省略文种。

(1) 省略时限:如《××公司营销计划》。

(2) 省略单位:如《2009年第四季度工作要点》。

(3) 省略单位和时限:如《工作计划》、《读书计划》。

3. 其他 对不成熟或未经批准的计划,在标题后或正下方注明“草案”或“讨论稿”等字样。

(二) 正文

计划的正文包括前言、主体和结语三部分。

1. 前言 一般简明扼要书写以下四方面的内容。

(1) 说明制订计划的依据。

(2) 概述本单位的基本情况,分析完成计划的主、客观条件。

(3) 提出总的任务和要求,或完成计划指标的意义。

(4) 指出制订计划的目的。

以上四方面的内容可根据实际作出适当选择。

前言以“为此,特制订计划如下”类短语为过渡语,引出主体部分。

2. 主体 这是计划的核心和重点,应写清计划的目标(做什么)、措施(怎么做)、步骤(何时完成)三项内容,这些被称为计划的“三要素”。

(1) 目标:即写明“做什么”,是指计划在规定的时限内要完成的总的指标、任务或工作项目及由此分解出来的各项工作的分指标、分任务和分工作项目,是对数量和质量的要求。

(2) 措施:即写明“怎么做”,是完成指标、任务或工作项目的办法和保证。包括组织分工、进程安排、物质保证、方式方法等。

(3) 步骤:即写明“何时完成”,是指完成质量、数量、时间上的要求,或者实现计划分几个阶段。

目标、措施、步骤程序可分开写,也可以措施和步骤程序放在一起写。根据计划的内容和表述需要,可以把计划写成条文式、表格式或条文与表格结合式。

3. 结语 可以说明计划的执行要求;也可以提出希望或号召。有的计划可以略去不写。

(三) 落款

写制订单位(如标题中已有制订单位,可省略)和日期两项内容。有的机关或单位的计划需要加盖公章,以示郑重、严肃。写个人计划,因标题中不会出现制订者,故落款一定要署名。

不便在正文中表述的内容,可另作“附件”。

五、计划写作的基本要求

(一) 切实可行的原则

制订计划要从实际情况出发,定目标、定任务、定标准,既不要因循守旧,也不要盲目冒进。其目标要明确,其措施要可行,其要求是可以达到的。

(二) 集思广益的原则

要深入调查研究,广泛听取群众意见、集思广益,把计划变成群体的共同意志,以保证计划的认同度和可行性。

(三) 防患未然的原则

制订计划时,要预先想到实行中可能发生的偏差,可能出现的问题,预设必要的防范措施或补充办法。

例文一

××药业公司××年销售工作计划

为了更好地打开新的思路,拓展医药销售市场,提高公司销售业绩,特制定××年销售计划。

一、销售思想

根据目前市场情况,确立以目前地区经理为主要负责人、拓展网络销售的营销新思想,仍然将市场定位在中小城市及农村市场上,组建市场网络,保障网络销售点面结合。

二、销售任务

(一) 销售要上新台阶

××年,要充分拓展市场和利用网络平台,计划销售药品 70 万盒,力争 100 万盒,具体安排如下。

1. 北京、天津　全年销售任务是 52 800 盒,实际回款 45 600 盒,公司铺底 7200 盒 。

2. 上海　全年销售任务是 37 200 盒,实际回款 30 000 盒 ,公司铺底 7200 盒。

3. 重庆　该地区从事网络推广新药。虽然新药推广时间短,地区管理经验不足,但销售员工作勤奋。可建设 1000 个以上终端,对目前的市场进行必要的摸底,然后招聘、招商,注意了解货物流向。

4. 黑龙江 、辽宁　全年销售任务是 36 000 盒,实际回款 28 800 盒,公司铺底 7200 盒 。该地区有较长时间的销售操作管理经验,市场熟悉。但辽宁市场竞争激烈,需要向农村市场转移。

(二) 市场要有新拓展

1. 河北　要求全年拓展石家庄、唐山、秦皇岛、邢台、保定等 9 个地区市场。

2. 河南　要求全年拓展 17 个地区中的 10 个地区市场。

3. 湖北　要求全年继续推进农村市场。

4. 广东　要求全年开发广东 21 个地区中的 15 个地区市场。该地区市场大、扣率低、进店费用高,必须进行必要的支持和让利,可以采用送其他药品的办法促销。

三、销售工作实施步骤

(一) 为了完成销售任务必须做好市场支持工作

1. 为了保护好市场,扩大铺底范围,加大对商业的管理工作,12 月需要完成 70 万盒的销售回款,对市场铺底必须达到 11 万盒。

2. 在 8 月底前,要求全部代表进行必要的招商、招聘工作,要求在当地招聘,费用控制在××万元内。

3. 公司用货物支持,对不能配合的地区经理,取消其资格。对招商成功的地区实行奖励。凡新开发的地区,一次性销售5件以上的给予1件奖励。

(二) 实施步骤

1. 元月,各地销售点的电脑软件设施到位及建立健全相应管理制度。

2. 2月,启动网络销售工作。

3. 2月起,各地销售点开始每天给营销中心提供销售信息:发货、回款信息(含网络销售),营销中心按要求进行信息处理。

4. 9月,销售部在掌握详细的市场信息的前提下,制订一份明年的营销策略。

5. 12月,各销售点盘点销售情况,写出一年销售工作总结交公司销售部。

四、保障措施

1. 元月召开一次各地区经理会议,规定统一的市场运作模式,加强业务员对企业的信心,提高企业的凝聚力。

2. 配齐各销售点的计算机终端,解决网络销售存在的技术问题。

3. 继续加大对市场的保护,统一销售价格。

4. 加强对合同和商业的管理。

5. 部分费用采取用药品冲抵的方法,以此减少公司现金的支出。

6. 制订并实施针对市场拓展人员的激励措施,确保市场拓展工作顺利开展。

五、人员分工

各销售中心主任负责合同的管理、审查、商业档案收集及管理、进行必要的信息处理等,做好后勤保障工作。

业务员负责全部销售工作,货款催收、确定发货时间,负责销售信息回款信息反馈。

×年×月×日

附件

1.《分销合同管理办法》

2.《药品冲抵具体项目》

例文二

业务部11~12月份工作计划

岁末年终,为保证更好地完成公司业务,特制订本月度工作计划。

时间	项目	责任人
11月20日~12月10日	加大各卫生院的销售和回款	××
11月1日~12月29日	在新医改的新政策背景下,继续把基药的品种推行到卫生院	××
12月3日~12月15日	完成医院和乡镇卫生院的客群关系维护工作	××
12月10日~12月18日	针对公司的药品品种和结构,争取和厂家合作(签订协议),降低明年公司成本	××
12月5日~12月20日	制订对新药的品种和结构上更新计划,加大新药品种类和数量	××
12月15日~12月30日	制订明年发展、协调、拓展公司业务的工作计划	××
12月15日~12月30日	撰写业务部今年的工作总结	××

××医药公司业务部

×年10月

例文提示

例文一是一份条文式销售工作计划，短小的前言表明了制订这份计划总目的，然后使用过渡语引出主体部分。主体部分表述了医药销售在本年度的主要任务，而且将任务分步到具体的时间，有利于计划的逐步实施；同时制订了保障措施，以此保证计划的有效落实。不属于计划的内容，但与实施本计划有关的管理条文使用了"附件"，使得本计划内容周密，约束性更加严格。例文二是一篇表格式月工作计划。按时间、分项目表述工作内容。本计划具有考虑周密、完成时限具体、操作性强的特色。

目标检测

1. 请判断正误

(1) 计划所要回答的问题是在某一时期要"做什么"、"怎么做"。(　　)

(2) 计划的基本内容一般包括指导思想、工作目的、具体步骤三部分。(　　)

(3) 计划的种类，按内容可分为全年计划、季度计划、月份计划。(　　)

(4) 计划"三要素"指的是计划的开头、主体和结尾。(　　)

(5) 任何一份可行的计划，都是在总结前期工作的基础上制订出来的。(　　)

(6) 计划对于指导和推动工作，调动群众积极性，促进经济发展，具有重要作用。(　　)

(7) 制订计划，要以党和国家的路线、方针、政策及上级的指示精神为依据。(　　)

(8) 计划可以由个人撰写，也可以由部门撰写。(　　)

(9) 计划的表达形式有条款式、表格式和条文与表格结合式。(　　)

(10) 计划的前言部分是制订计划的依据。(　　)

2. 简答题

(1) 计划的作用是什么？

(2) 计划的核心内容有哪些？

(3) 为什么计划一定要写"做什么"和"怎么做"的内容？

3. 写一份本学期的学习计划，计划的主体应写清计划的目标（做什么）、措施（怎么做）、步骤（何时完成）三项内容。

第 2 节 总　　结

学习目标

1. 了解总结的性质和特点。
2. 熟悉总结的写作要求。
3. 掌握总结的格式和写法。
4. 掌握格式规范、内容恰当的总结写作。

一、总结的性质

总结是对本地区、本部门、本单位或本人过去一段时期的工作、学习、思想情况或完成某一任务情况进行系统回顾反思，从中找出规律、得出结论或经验教训，以指导今后实践的文书。总结属于回顾反思性事务文书。

总结虽不具行政约束力，但具有提高理论认识，指导今后实践，提供经验借鉴，鼓舞教育群众和调动积极性的作用。

二、总结的特点

（一）内容的回顾性

总结是对过去实践活动的回顾与反思。

（二）对象的个性化

总结是以自身的实践活动为对象，是写“我”或者是“我们”，而每一个“我”与每一个“他”都是不同的，写作总结必须写出自身的个性特征。因此，总结需用“第一人称”行文。

（三）认识的规律性

总结是从自身的实践中归纳出带规律性的东西，从零散的感性材料中概括出正确的观点。它的实质就是在正确理论指导下，经过分析综合，把零散的、肤浅的感性认识升华为带有规律性的体现本质特征的理性认识，指导今后的实践。

（四）表述的简明性

写作总结主要运用概述，用高度概括的具体事实作简要说明，而不用具体描写；发表议论，直截了当，而不必多方论证。总结的生动性主要靠事例本身的典型、新鲜、生动与感人。

三、总结的种类

1. 按内容划分 有工作总结、生产总结、学习总结、科研总结、教学总结、思想总结等。

2. 按时限划分 有年度总结、季度总结、月度总结、阶段总结、周小结、日小结等。

3. 按对象划分 有个人总结、班组总结、单位总结和部门总结等。

4. 按性质划分 有专项性（专题）总结、综合性总结。综合性总结又叫全面总结，内容包括基本情况、过程、成绩、经验、缺点、教训等诸多方面，是单位、部门对一定时限内所做的各方面的工作进行的综合性总结；专题性总结一般理论性较强，是对某方面的单项工作如生产、思想等某项特定的任务完成之后所进行的总结。

四、总结的格式和写法

（一）标题

标题常见形式有两种。

1. 组合式标题 由单位名称、时限、事由、文种构成。如《××公司关于××年度的工作总结》，这种标题多用于综合性总结。

2. 主题式标题 即概括文章的内容或基本观点的标题。

（1）单行标题：在标题中不出现文种“总结”两字。如《科技立厂 人才兴业》（白云山制药厂），这种标题多用于专题总结。

（2）双行标题：正题揭示主题或概括经验体会，副题标明单位、时限、事由和文种等，如《探索道上的得与失——××药业科技有限公司 2011 年度的工作总结》。

（二）正文

由开头、主体和结尾三部分组成。

1. 开头 也叫前言，通常简述工作或任务是在什么形势下，遵循什么思想或方针完成的，有哪些主要成绩，存在哪些主要问题。

2. 主体 具体写成绩与经验、问题与教训，它是总结的核心部分。写法上汇报总结与经验总结有所区别。

(1) 汇报总结主体常用“三段式”结构，即以“成绩收获”、“经验体会”和“问题教训”为序，或以“主要成绩”、“存在问题”和“经验教训(即体会)”为序进行叙述。这种结构的特点是思路清晰，层次分明。

(2) 经验总结主体常采取“并列式”小标题结构，即根据内容的逻辑关系，将几点成绩或几条经验(即做法)写出段落主旨句，或分别写出小标题，然后加以叙述。各部分相对独立，又围绕一个中心。

以上是总结主体的两种典型结构模式，当然根据总结的目的和具体情形还可以采取其他逻辑结构模式。

3. 结尾　应视具体情况而定。或写出结论；或针对存在的问题提出解决办法与意见；或提出今后的打算与努力方向；有时也可视实际而省略。结尾要写得简短有力。

(三) 落款

署名和日期。若标题中已有制文单位，此处可省略。

五、总结写作的基本要求

(一) 实事求是

如实总结工作中的成绩、缺点和不足。注意有理有据、点面结合，观点和材料要统一。

(二) 找出规律

从分析研究客观实际问题和事实入手，发掘出事物的本质特点，找出取得成绩的原因和存在问题的根源，概括出事物的本质规律，以指导今后的工作。

(三) 叙议得当

一般在交代工作的过程、列举典型事例时，以叙述为主。在分析经验教训、指明努力方向时，则多发议论。

例文一

××医院治理医药购销领域商业贿赂的经验总结

××医院在开展治理医药购销领域商业贿赂专项工作中，领导重视，措施到位，标本兼治，综合治理，取得了一定成效。我院的主要做法有以下几个方面。

一、加强领导，统筹谋划，确保专项工作顺利开展

1. 健全了组织领导机构。我院自 5 月份开展治理医药购销领域商业贿赂工作后，成立了医院治理医药购销领域商业贿赂领导小组，由院长和院党总支书记任组长。领导小组下设办公室，领导成员分工明确，工作落实到位。

2. 及时召开了全院职工动员大会。院长作了动员报告，重点科室的主任在会上作了表态性发言。

3. 院部及各科室都制订了开展治理医药购销领域商业贿赂工作实施方案和学习计划。

4. 建立了信访举报监督机制。在院内设立了 6 个举报箱，每周开箱检查一次；公布了本院和县、市治理商业贿赂举报电话号码。建立了治理医药购销领域商业贿赂工作投诉记录本。

二、加大宣传力度，提高职工思想认识，引导人人参与

我院除召开了全院职工动员大会，同时各科室进行了层层动员，人人参与，使全院职工充分认识医药购销领域商业贿赂的严重性和危害性，提高治理商业贿赂的自觉性和主动性。经过动

员，两层机构领导纷纷写了决心书。各科室利用每天早会组织职工学习有关文件资料。院部和各科室共出专题板报16版；医院治理医药购销领域商业贿赂工作领导小组办公室出简报6期，悬挂横幅5条，张贴标语口号25条。6月29日，在全院开展了治理医药购销领域商业贿赂工作知识竞赛活动，营造了反腐倡廉的浓厚氛围。通过宣传教育和学习，所有广大职工在认识上得到普遍提高。在医院举办的“为什么要开展治理医药购销领域商业贿赂工作”大讨论中，职工们发言积极。认为医药购销领域商业贿赂是见利忘义行为，违背了医务工作者的职业道德，加重了患者的经济负担。都表示积极参与医院开展的治理医药购销领域商业贿赂工作各项活动，自觉抵制医药购销领域商业贿赂，两层机构以上的领导还写了学习心得体会，呈交医院“治贿”办公室。

三、自查自纠，建章立制，规范医疗服务行为

我院在治理医药购销领域商业贿赂自查自纠工作中，从源头抓起，从领导做起，做到边查边改，注重建立和健全各项规章制度，规范医疗服务行为。

1. 医院公开承诺不接受器械、医药供应商任何形式的回扣、提成。医院与有业务往来的器械商、药商签订了购销器械、药品廉洁公约，明确约定器械、医药生产、经营企业及其营销人员不得以回扣、提成等不正当手段促销，违反约定的，予以曝光，并断绝与其业务往来，提请卫生行政部门在系统内通报或公布该企业的不良行为，取消2年内参加医疗机构药品集中招标采购的投标资格。

2. 医院对重大投资建设、万元以上设备和材料购置均由班子会议讨论决定。按规定进行公开招标采购。医院设置审计科，对后勤购置的物品、小型维修工程建设等，必须经过审计科审计。执行药品集中招标制度。按规定某市举办的药品、耗材和医疗设备集中招标采购。药品购进，选最低价中标药品，不擅自购进非中标药品。

3. 建立医患双向承诺制度和大额医疗费用开支征求患者意见制度。患者入住院时，签订医患双向承诺书，医院向患者承诺高效优质服务，不收受患者的“红包”及其他礼品、宴请等；患者向医院承诺支持医院开展医药购销和医疗服务中的不正之风专项治理工作，不向医务人员送“红包”等。对检查的大型项目必须征得患者同意，努力做到合理用药、合理检查。

4. 建立了医院内部与外部监督机制。院部与各科室签订了医德医风责任状，分清了院部与各科室责任，明确了职责。每半年在全院进行一次医德医风考评，建立个人医德档案。医院制订的《某县人民医院综合目标管理责任制实施细则》明确规定：严禁开单提成、业余行医、收受“红包”、收受药品促销费(回扣)等，违者给予罚款、待岗降级等处理。

5. 制订门诊处方管理制度和《关于新农合、医保住院病人使用自费药品的管理规定》。处方一般不得超过7日用量，急诊处方不得超过3日用量，3天处方药费限额100元以下，7天处方药费限额200元以下，因病情需要而超额的，必须征得患者或其家属签字同意。每月由医务科组织人员检查一次，违反规定的，除对当事医生进行经济处罚外，还通报全院。对使用“用药目录”范围外药品，除经患者或其亲属签名同意外，还要有领导审批手续。违反者给予开医嘱处方医师经济处罚。

6. 实行药品使用动态监测、超常预警制度。每月进行动态监测一次，西药监测前50位，中药监测前10位，对西药用量前5位和中药用量前2位的进行分析，寻找原因，对异常情况又无合理原因解释的进行停购、停止使用。

7. 建立了医疗服务信息和收费价格公示制度。为方便患者查询医疗服务信息和收费，开设了2台电脑价格查询系统。

8. 在各科室设立了监督意见箱、意见簿。安排专人定期进行开箱检查和处理信访举报。每半年召开一次院外监督会议。每季度进行一次门诊患者、住院患者、出院患者的满意度调查。

四、取得一定成效

1. 人员的整体素质得到了提高，好人好事不断涌现。今年妇产科2位医生先后拒收患者及其亲属红包5次，拒收合计金额600元；一名医生在诊室拾到一部手机，及时上交院党办；一名医生在门诊大楼拾到人民币500元，及时上交，找到失主退还；7月中旬，因交通事故一名伤员在医院外二科死亡，死者身上有金器、现金、手机等价值上万元，尽管死者没有亲属、朋友陪伴，但是外二科护士长及时将死者钱物登记造册，送交保卫科，并联系其家属如数退还。

2. 规章制度得到了贯彻落实。通过治理医药购销领域商业贿赂工作，该院行业自律得到加强，医药购销和医疗服务进一步规范，医疗服务也得到了进一步的改善，患者综合满意度不断提高，达95%以上。

3. 社会效益和经济效益不断得到提高。由于该院不断改善医疗服务，树立"一切为了患者、为了患者一切"的服务理念，社会效益和经济效益取得了明显的效果。今年1~6月，门诊人次比去年增加20%；住院人次比去年同期增加22%。

×年×月×日

例文二

××医药公司销售部××年营销工作总结

又是辞旧迎新时，回顾过去的一年，倍感时间匆匆。一年来，我们大家一起勤奋踏实地工作，公司的销售业绩有了新的突破。为了明年取得更好地成绩，现将××年的销售工作总结如下。

一、取得的成绩

（一）销售增长、利润有所增加

截止到12月17号，总销售××万元，毛利××万元，毛利率为××%，应收账款××万元。其中零售终端销售额××万元，毛利××万元，毛利率为××%，应收账款为××万元；连锁销售额××万元，毛利××万元，毛利率为××%，应收账款为××万元。从上述数据可以看出，公司销售毛利陆续增长，应收款在可控范围之内，没有形成呆账、死账。

零售终端客户每个月平均有30%的增幅，大客户、连锁客户每个月有50%的增幅。虽然从销售进度上来看取得了一定的成绩，但与公司的要求还是有一定的差距。我们定会加倍努力，争取完成公司下达的各项指标任务。

公司上半年新品的开发取得较好的成果，红霉素开发了10家医院；××感冒胶囊开发了12家医院；丹参滴丸开发了3家医院；头孢开发了两家医院。这些新品陆续在4~8月进入医院。目前上量较快的医院和品种有：××医院红霉素、丹参滴丸；××医院××感冒胶囊等，其他品种和医院也在加大开发力度，争取尽快上量。

综合几方面因素，今年整体销售与去年同期的销售相比有较大幅度增长。上半年毛利润大概有××万，由于上半年医院新品的陆续开发进药，前期投入的费用在今年核销，加之新品医院开发前期投入所需较大，对今年上半年的净利润指标带来一定的影响。但是通过对医院日常严格管理，避免无效投入和重复投入，另外对重点医院品种整合，统一固定了用药额度，整体减少了浪费，也是销售部毛利润增长的原因之一。

（二）重视目标管理、工作过程更加规范

从4月份以来，通过与业务人员及内务部门协调沟通，得到业务人员和其他部门相关人员的理解和支持，销售部在管理方面主要做了如下工作。

1. 重新制定了销售政策和年销售目标。每季度制定销售指标，每季度进行绩效考核，保证业务人员最基本的收入，有效调动每个业务人员主动性和创造性。

2. 根据目标完成的要求对业务人员进行调整，更好地利用人力资源，避免人力资源的浪费。

3. 每月制订销售计划和开发上量计划，做到销售有的放矢。

4. 重新制定考勤制度，不定期考查业务人员岗位绩效情况。

5. 注重营销推广工作。利用每周例会机会互相交流，讲体会、讲得失、探讨销售技巧、学习产品知识，细分目标市场、挖掘新卖点。

6. 注重团队建设，让每个业务人员都能感受到团队的力量，以及团队存在的问题和机会。

（三）固定资产管理到位、无丢失损坏

固定资产施行总部店面分开管理。总部负责配送，然后店长签名责任到头，没有造成固定资产的丢失和损坏，这一点我们会进一步保持。

（四）建立健全管理制度、实施科学管理

安全是企业的头等大事，必须坚持“安全第一，预防为主”的方针和群防群治制度。安全管理直接由总部后勤部负责，店面主要由店长负责，上半年没发生安全事故，今后还要进一步增强大家的安全防范意识，彻底杜绝对公司财产和员工生命不利的事发生。

仓库施行单人固定管理制和分类管理制，彻底杜绝人人可以随便拿仓库东西的情况，同时施行软件管理制度。一方面可以提高工作效率；另一方面可以明确产品的数量安全，更有利于统计和作出采购预算，也更利于各店面节省时间和作出合理预算。

车辆管理施行责任制，主要责任人是司机任国忠，用车施行声请和职位等级制，可以保证车辆节约及合理使用。

（五）建立稳定的采购渠道、保证药品质量

经过大家的共同努力，销售部基本建立了稳定的采购渠道。主要包括两个方面，一是实体店采购，主要是价格低的易耗品；二是网络采购，主要针对价格有优势的产品。我们会在保证产品质量的前提下进一步优化产品价格，为店面做好配送工作。

（六）实施网络销售，进一步提高公司知名度

网上销售是企业销售渠道在网上的延伸，因此我们十分重视网址推广这项网络营销的核心工作。通过网站的交互性，在网站发布销售信息，逐步提高销售量。网络还为我们提供了更加方便快捷的在线顾客服务手段，我们利用客户参与等方式，在开展在线客服的同时，也增进了与顾客的关系。这不仅拓宽了销售渠道，还提高了公司的知名度。

由于各级领导正确指挥，业务员的勤恳工作，销售部的工作取得了一些成绩。尤其是××地区市场，对竞争对手形成了不小的影响，成效卓著。

二、存在的问题和改进的措施

（一）受政策因素影响、销售额有所下降

今年各医院药品采购开始执行药品集中采购目录，因为我部门部分产品不在中标目录中而流失。另外由于中标药品价格下降、抗生素的几次调价等因素，对我部门的销售额造成一定的影响。另外，因社区医院今年原有产品流失或在个别社区停药及社区医院开发不到位，造成对社区医院的销量下滑较严重。

针对这一问题，我们一方面要注意用优质的服务保持市场，另一方面将充分利用好国家发布的部分原研制及单独定价药品临时最高零售价格相关政策。组织专门人员、力争与药品研制单位合作，认真研究单独定价权，以此保障一定的企业利润空间。

（二）对市场的控制力不强，对市场行情、竞争对手信息分析不够，开拓市场缺乏详细的计划

目前销售部缺乏市场调研员对市场信息进行调查分析。要建设一支优秀的市场调研员队伍，确保对市场行情、竞争对手信息进行调查和分析，以便制定详细的市场拓展计划，按市场需求组织营销活动，实现供应链与市场的有机对接，确保对市场的调控能力。

（三）营销队伍存在的问题

1. 个别业务员对市场不熟悉，个别开票员对药物品种的不了解，个别采购员对所需品种的把握程度、品规的齐全程度不甚清晰，财务对税票以及现金收款交接不清楚，中药库房保管员对中药发放过程不够规范等，都是我们队伍中存在的问题。

造成这些问题的原因，是我们对人员的培训重视不够，我们会在以后的工作中加强有针对性的人员培训工作，逐步纠正上述问题。

2. 部分业务员的执行力有待提高。主要表现为：走访市场不够积极，市场走访效率不高；对公司下发的活动政策不能及时传递给客户导致商机延误，错失销售良机。我们在以后的工作中会强化对业务员的日常工作考核，会通过电话访谈，了解业务员有没有把近期促销政策告知客户，并通过一定的方式来实施业务员的日常工作考核。

3. 部分业务员工作态度有待改善。具体表现为：个别业务员在工作中一旦出现了问题，不能正确看待。不是找主观原因，而是千方百计找客观原因，把原因推到其他人身上。我们会对这样的业务员加强职业态度教育，使他们遇到问题时注意与客户互相沟通协商，耐心找出问题的症结，及时解决问题。

市场是良好的，形势是严峻的，我们必须善于总结经验教训，集中大家的优势，发挥团队的力量，群策群力，充分尊重市场，才能够不断取得更好的成绩。

例文提示

例文一是一份专题性经验总结。标题概括了总结的主题，正文的前言概述了××医院所做的主要工作，接着用“我院的主要做法有以下几个方面”过渡到主体部分。主体部分从三个方面具体介绍了在开展治理医药购销领域商业贿赂专项工作中，××医院取得的一定成效。

例文二是一份工作汇报总结。主要从取得的成绩和存在的问题及解决问题的办法两个方面对工作进行了总结。取得的工作成绩、存在的问题和解决问题的措施具体，层次分明，思路清晰，对来年的工作开展有较好的指导意义。

目标检测

1. 请判断正误

（1）总结的前言部分要写清楚做了什么。（　　）

（2）总结的语言风格要求有抒情性。（　　）

（3）总结是对前一段工作的回顾。（　　）

（4）总结有前瞻性特征。（　　）

（5）总结对以后的工作没有指导意义。（　　）

2. 简答题

（1）总结与计划的联系和区别是什么？

（2）总结的写作要求是什么？

（3）总结有哪些写作方式？

（4）哪些内容是总结必不可少的？

（5）总结对指导来年的工作有什么意义？

3. 指出下面这篇“总结”在占有材料、分析材料、找出规律性认识及结构上存在的毛病

××公司上半年工作总结

半年来本公司在精神文明和物质文明方面做了许多工作，取得了很大成绩。半年来，主要做了以下工作：动员组织公司干部和广大群众学习中央文件；安排、落实全年生产计划；推行、落实工作责任制；修建子弟小学校舍；建方便面生产车间厂房；推销果脯、食品、编织产品；解决原材料不足问题；美化环境，栽花种

草;办了一期计算机技术培训班;调整了工作人员,开始试行干部招聘制。

半年来,在工作繁杂,头绪多而干部少的情况下,能做这么多工作,主要是:

一、上下团结。公司领导和一般干部都能同甘共苦,劲往一处使。工作中有不同看法,当面讲、共同协商。互相间有意见能开展批评与自我批评,不犯自由主义。例如,有干部就经理未作商议,擅自更改果脯销售奖励办法,影响产量一事有意见,经当面提出,经理做了自我批评,并共同研究了新的奖励办法,又出现了增产势头。

二、不怕困难。本企业刚刚起步,困难很多,技术力量薄弱,原材料不足;产品销路没有打开等。为此,领导干部共同想办法,他们不怕跑路,放弃自己的休息时间,忍饥挨饿受冻,四处联系,终于解决了今年所需要的原料,推销了一些产品。

三、领导带头。公司的几位主要领导带头苦干,实干。他们白天到下边去调查了解情况、解决问题,晚上才开会研究问题,寻找解决的办法。领导干部夜以继日地工作,使公司工作上了台阶。

××公司

×年×月×日

4. 写作实践

根据你思想、工作、学习方面的收获,选择一个专题写一份总结。

第3节　会议记录

学习目标

1. 了解会议记录的性质和特点。
2. 掌握会议记录的格式和写法。
3. 掌握规范的会议记录的写作。

一、会议记录的性质

会议记录是由会议组织者指定专人,如实、准确地记录会议的组织情况和会议内容的文书。会议记录一般用于比较重要的会议或正式的会议,它要求真实、全面地反映会议的本来面貌。

二、会议记录的特点

(一) 完整性

会议记录对会议的时间、地点、出席人员、主持人、议程等基本情况,对领导讲话、与会者的发言、讨论和争议、形成的决议和决定等内容,都要记录下来,一般没有太多的选择性。

(二) 凭证性

会议记录忠实地记录了会议的全貌,是会后传达贯彻会议精神和决定,或会议后期形成文件的依据。

三、会议记录的种类

会议记录按照反映会议情况和内容详略来划分,大致有以下两种。

(一) 详细式会议记录

详细式会议记录,即详细记录会议的全过程。完整记录会议上每一个人的发言;以及会议的有关动态,如发言中插话、笑声、掌声,临时中断以及别的重要的会场情况等,也应予以记录。

(二) 摘要式会议记录

摘要式会议记录,不是有言必录,而是提纲挈领地记录发言者有关会议议题的重点讲话、会议的重要内容或会议的决议。

四、会议记录的格式和写法

(一) 标题

标题由会议名称加文种名称组成,如《××药厂现场办公会议记录》。如果使用的是专用的会议记录本,“记录”二字可省略,只写会议名称即可。

(二) 会议组织概况

1. 会议时间　要写明年、月、日,上午、下午或晚上,×时×分至×时×分。

2. 会议地点　如“××会议室”、“××礼堂”、“××现场”等。

3. 主持人　如“校党委书记×××”或“×××”。

4. 出席人　根据会议的性质、规模和重要程度的不同,出席人一项的详略也会有所不同。有时可以只显示身份和人数,如“各院系党总支书记和直属党支部书记 31 人”、“各部门经理”、“全体与会代表”等。如果出席人身份复杂,如既有上级领导,又有本单位各部门的主要领导,还有各种有关人员,就要将主要人员的职务、姓名一一列出,其他有关人员则分类列出。

5. 列席人　指参加会议有发言权没有表决权的人。记录列席人的身份、姓名,可参照出席人的记录方法。

6. 缺席人　如有重要人物缺席,应做记录并写明缺席的原因。

7. 记录人　包括记录人的姓名和部门。如××(××办公室秘书)。

(三) 会议内容

这部分根据会议的进展记录,没有具体的固定模式。一般包含有以下方面。

(1) 会议的议题、宗旨、目的。

(2) 会议议程。

(3) 会议报告和讲话。

(4) 会议讨论和发言。

(5) 会议的表决情况。

(6) 会议决定和决议。

(7) 会议的遗留问题。

这些是一般会议都有的项目,但侧重点会有所不同,先后次序也会有所不同。

(四) 结尾

结尾可将主持人宣布的散会一项记入,也可以将散会一项略去不记。最后,由主持人和记录人对记录进行认真校核后,分别签上姓名,以示对此负责。

五、会议记录写作的基本要求

(一) 记录内容要真实

纪实是会议记录的首要要求,因此必须确保记录内容的真实。记录人首先要理解准确,把握发言者的真实语意,做到记录完整无误;其次书写要清楚,采用速记技巧的记录人，要及时还原成规范汉字。会议记录不能掺杂记录者的任何个人情感，更不允许有意增删发言内容。

（二）记录速度要快捷

完整地做好会议记录，需要书写速度快捷。在记录中正确使用省略法、符号法。如使用简称，简化词语和统称，省略较长的成语、俗语、熟悉的词组，重复出现的较长句子可设计符号记录，会后查补。但在整理和印发会议记录时，均应按规范要求办理。

有条件可以录音的会议，可先录音，会后再根据录音整理出会议记录全文。

例文

医药代表业务培训——区域管理会议记录

会议时间：2011 年 3 月 18 日

会议地点：××宾馆会议室

出席人：××医药公司××；××医药集团××；（略）

主持人：林××

记录人：×××

会议的主要内容：

一、区域管理的目标：在特定的区域内，针对一群有潜力的客户，运用公司的一切销售资源，通过销售人员的努力和作为，以扩增最大的投资回报率。

二、区域管理的原则：STOP 原则——销售、行程、组织、个人。会议主要讲的是：销售人员在一天八小时的工作中，其中只有 35% 的时间是销售时间。善于合理安排拜访路线以利于提高工作效率。

三、运用时间管理手册：1. 保存客户的记录与每日拜访计划；2. 记录和客户约定的拜访时间；3. 确定在特定时间所需要的电话拜访和其他活动；4. 涵盖客户的地址与所需知道的信息；5. 包含“TOP40”所列的客户名单以重点产品来排列；6. 用来记录提醒你所要处理的事件，参加会议可作为备忘录。

四、客户的管理：建立客户档案，收集必需的相关信息，以便于对客户提供“五星级”的个性化服务。

主持人：（签名）
记录人：（签名）
×年×月×日

例文提示

这是一份摘要式会议记录，标题由会议名称加文种名称组成，会议组织概况、会议内容和结尾三部分的格式规范，会议的内容虽然是摘要式，但完整无漏项，符合要求。

目标检测

1. 什么是会议记录？
2. 会议记录与纪要有什么不同？
3. 写作会议记录有什么要求？
4. 如何提高会议记录的书写速度？
5. 选择一次班会，做一份详细的会议记录。

第4节 简 报

学习目标

1. 了解简报的性质和特点。
2. 掌握简报的格式和写法。
3. 学会编写规范的简报。

一、简报的性质

简报是党政机关、人民团体、企事业单位编发的反映情况、沟通信息、交流经验、指导工作的一种简短、灵便的事务文书。

简报又称"情况反映"、"情况交流"、"简讯"、"动态"、"内部参考"等。

简报的作用:可以下情上达,汇报工作,反映情况;可以上情下达,互通信息,交流经验。

二、简报的特点

(一) 简明性

每篇简报文章一般只反映一件事,内容集中,语言简洁明快,篇幅短小精悍。

(二) 新闻性

简报是对日常工作、学习情况发生的新问题、新情况等书面报道,具有新闻的特点。

(三) 及时性

简报要讲究时效,迅速及时要求发现汇报情况快,撰写成文快,编印制发快。

(四) 保密性

简报只在机关、单位内部传阅不可公开发行,这是与大众传媒的主要区别。不同的简报,传阅的范围也不同。范围越小,机密程度越高。

三、简报的种类

一般来说,可分为三种类型。

(一) 情况简报

情况简报也叫工作简报,主要用于反映工作中的动态和一般工作进展情况。一般有两种形式:一是综合性情况简报;二是专题性情况简报。

(二) 动态简报

动态简报专门用来简要介绍一些工作经验。

(三) 会议简报

会议简报是在某一会议召开期间,为交流代表观点、反映会议动态而缩写的简报。

四、简报的格式和写法

简报的样式可分为报头、报体、报尾三部分,每部分用横线隔开。

（一）报头部分

报头部分又称版头。一般占首页三分之一的上方版面，用间隔红线与报体部分隔开。报头的内容包括：简报名称，如《××药业集团简报》，在居中位置，用套红大号字体，要求醒目大方；期数；编发单位；印发日期；密级；份号。

（二）报体部分

报体部分即刊登文稿的部分。简报的报体类似于新闻报道，一般由按语、标题、导语、主体、结尾、供稿者组成。

1. 按语的写法 简报“按语”的内容可分为四类。

（1）说明性按语：说明材料来源和编发原因，或特别说明何人要发和发至什么范围。

（2）提示性按语：指出材料的中心、要点或提纲挈领地介绍其内容。

（3）批示性按语：对下发单位作出指示，提出具体要求。

（4）评论性按语：对编发的材料进行评论，表明意见和态度。

按语的文字要求简明、准确、得体，内容有针对性和指导性。不一定每篇简报都有按语。是否写作按语，根据简报的内容而定。

2. 标题 简报的标题要求确切、简短、醒目，使人一看便知简报的主题，且富有吸引力。简报文稿的标题类似新闻的标题，有单行标题和双行标题和多行标题三种形式。

3. 导语 相当于消息的导语，通常只写一句话或一段话，给读者一个总的印象。写法一般有叙述式、提问式、结论式等。概括文章的主题或主要事实（含时间、地点、人物、事件、原因、结果6要素）。

4. 主体 这是简报的主干，是对导语的展开，使其具体化。主体如果篇幅较长，可采用小标题、序数法等方式展开。

5. 结尾 简报的结尾多是对所述内容作一概括的小结，与开头形成呼应，起到强调重点、突出主题并使结构更加紧凑的作用。在写作中如何安排结尾内容，或者是否要结尾，要根据简报内容表达的需要而定。

6. 供稿者 也就是署名，即提供简报材料的单位或个人姓名（正文末右下角用圆括号括上）。如果作者即编发单位，则可不具名。

（三）报尾

报尾位于简报的最后一页下方，与正文结尾用一道横线隔开。报尾内容包括主送单位、抄送单位、印刷份数等。

五、简报写作的基本要求

（一）选材要准

简报不能有事就报，它要从党的中心工作和单位阶段工作的需要出发，在众多的事件中选取那些最有指导意义或必须引起重视的经验、情况和问题，予以全面的、实事求是的报道。

（二）速度要快

简报也是一种“报”，它有新闻性。这就要求简报的编写应该求快，对于工作中、会议中出现的新动向、新经验、新问题，编写者要及时地予以捕捉，并用最快的速度予以报道。

（三）文字要简

简报的“简”字，代表了简报的基本特征。为了体现这一特征，作者在编写简报时要首先注意选材精当，不求面面俱到；其次，要求文字简洁，对事物作概括的反映。一篇简报最好是几百字，最多不超过两千。

例文

××市食品药品监督局××简报

第×期（总第×期）

局办公室编　　　　　　　　　　　　×年×月×日

警惕生脉注射液的严重过敏反应

药品不良反应信息通报制度是我国药品监督管理部门为保障公众用药安全而建立的一项制度。《药品不良反应信息通报》（以下简称《通报》）公开发布以来，对推动我国药品不良反应监测工作，保障广大人民群众用药安全起到了积极作用。

第×期通报的是生脉注射液引起的严重过敏反应问题。生脉注射液是由红参、麦冬、五味子组成的中药注射剂，主要功效为益气养阴，复脉固脱，用于气阴两亏、脉虚欲脱的心悸、气短、四肢厥冷、汗出、脉欲绝，以及心肌梗死、心源性休克、感染性休克等具有上述证候者。国家药品不良反应监测中心病例报告数据库数据显示，在生脉注射液的安全性问题中，严重过敏反应表现最为突出，尤其是过敏性休克、严重过敏样反应等严重不良反应病例较多。详情登录国家食品药品监督管理局网站。

为使医务人员、药品生产经营企业及公众了解生脉注射液的安全性问题，特别是严重过敏反应问题，特以专刊形式通报此品种。本通报旨在提醒广大医务人员在选择用药时，仔细询问患者过敏史，并进行充分的风险、效益评估，告知患者可能存在的用药风险；相关生产企业应尽快完善产品说明书的相关安全性信息，加强产品上市后安全性研究及不良反应的跟踪监测工作，采取有效措施，降低严重药品不良反应的发生，保障公众的用药安全。

（××）

发：××

共印××份

例文提示

这是一份专题性情报简报，内容单一。导语部分说明了药品不良反应信息通报制度的意义，为本期简报的内容做好铺垫。主体部分回顾了以往通报的生脉注射液引起的严重过敏反应问题，提醒医务人员登录国家食品药品监督管理局网站了解详情。着重介绍本期简报的目的：提醒各方面采取相关措施，降低严重药品不良反应的发生，保障公众的用药安全。文章短小精悍，观点材料结合紧密，具有强烈的警示作用。

目标检测

1. 简报的导语起什么作用？
2. 编发简报有什么要求？
3. 简报的作用是什么？
4. 简报有哪些特点？
5. 分析下列简报的类别并说明为什么。

××县食品药品监督局××简报

第×期（总第×期）

局办公室编　　　　　　　　　　　　　　　×年×月×日

县食品药品监管局开展药品安全信用等级管理

自市食品药品监管局下发《市××药品安全信用等级管理实施办法》(以下简称《实施办法》),在全市建立药品安全信用等级管理制度之后,县食品药品监管局根据《实施办法》的要求,结合我县实际,积极采取有效措施,把药品安全信用等级管理工作真正落到实处。首先确定《实施办法》的适用范围为××县范围内合法的药品经营企业(乙类非处方药店除外)及县、镇两级医疗机构,使《实施办法》的适用范围更加明确。其次,明确了对各适用单位的考核标准:药品经营企业按照《药品GSP认证检查评定标准》进行检查;县级医疗机构按照《××县县级医疗机构药品使用质量管理办法考核细则》进行检查;镇级医疗机构按照《××县镇级医疗机构药品使用质量管理办法考核细则》进行检查,使考核标准更加细化,更加具有可操作性。与此同时,还在《实施办法》的基础上制订了更为详细的考核评定办法:县药监局将采用日常监督检查与稽查情况相结合,假劣药械自查报告制度和药械不良反应报告制度执行情况并重的方法进行综合评定。日常监督检查指药品经营企业GSP认证后的跟踪检查、专项检查和日常检查,以及医疗机构用药规范化管理的跟踪检查。稽查指举报投诉检查、假劣药品案件查处情况等。每年年底进行评定并根据守信、警示、失信、严重失信等四级评定结果来决定下一年度对药品经营企业和使用单位的检查和药品抽验频次。

（××）

发：××　　　　　　　　　　　　　　　　　　　　　　共印××份

6. 以班委或团支部的名义,编写一份反映班级情况的简报。

第5节　述职报告

学习目标

1. 了解述职报告的性质特点。
2. 了解述职报告和个人总结的区别。
3. 熟悉述职报告的要求。
4. 掌握述职报告的格式和写法。

一、述职报告的性质

述职报告是各级机关、企事业单位、社会团体的各级领导干部及管理人员,向组织人事部门、上级主管机关或本单位的员工陈述自己在任职期间履行岗位职责情况的书面报告。

写述职报告是我国干部管理制度之一,有助于考核、评价干部,有利于提高干部素质、能力。

二、述职报告的特点

(一)选材的限定性

述职报告所写的内容在选材上是被限定的。因为述职报告无论是汇报政绩、说明不足,还是简述阶段工作目标，或概括今后工作打算，所用的材料都被限定在述职者的职责范围内，不能游离职责范围之外。

（二）内容的总结性

述职报告的内容是述职人回顾任职期间的工作情况，因而带有总结性。

（三）文风的严肃性

述职报告场合的庄重性、各级领导的重视性、单位群众的监督性，要求述职者必须严肃对待述职报告。首先述职态度要实事求是，不夸大，不缩小；其次分析问题要辩证；再次报告中涉及的时间、地点、数字、事例等必须完全真实。

（四）用途的鉴定性

述职报告要向上级委派的考核人、本单位干部群众一字不漏地宣读，经本单位干部群众分组讨论，辨别是否正确、客观后，进行民主评议，再上交主管部门，让上级了解述职人的情况，作为升迁、留任、降职、调整等的重要依据之一，所以带有鉴定性。

三、述职报告的种类

（一）从内容上划分

有综合性述职报告、专题性述职报告。

（二）从时间上划分

有任期述职报告、年度述职报告、临时性述职报告。

四、述职报告的格式和写法

（一）标题

通常有两种写法：一种由述职人和文种构成，如《我的述职报告》；另一种直接用文种做标题，即《述职报告》。

（二）称谓

写面对的对象或呈报的部门，如“各位领导”、“董事会”、“组织人事部”等。

（三）正文

1. 导言　概述现任职务、任职时间、岗位职责、工作目标及对自己工作的总体评价。

2. 主体　即履行岗位职责的情况。内容包括：工作思路，工作指导思想，工作成效，经验、存在的主要问题、失误、改正措施、努力方向，注重介绍典型工作实绩，并写明起止时间。

3. 结尾　通常写的话语有：“以上报告，请领导和同志们指正”、“以上是我的述职报告，谢谢各位”。

五、述职报告写作的基本要求

（一）实事求是

无论称职与否，都要用事实说话，与事实相符。既不夸大成绩与不足；又不缩小功与过。

（二）突出能力

能力强与弱，是称职与否的主要依据，因此，述职的重点应放在证明履行职责的能力上。

（三）情理交融

要将自己的真情实感融于叙事说理的过程中，为此，必须抱有诚意。

六、述职报告与个人总结的区别

（一）概念不同

述职报告是各类公职人员、管理干部向所在单位的组织、人事部门、上级机关和职工群众，如实陈述本人在一定时期内履行岗位职责情况的一种事务文书。报告职责范围内的工作，而不涉及与本职无关的事项。而个人工作总结则是个人对做过的某一阶段的工作进行系统的回顾、分析，从中找出收获、经验教训及带有规律性的认识的一种事务文书。

（二）目的作用不同

述职报告是群众评议、组织人事部门考核述职干部的重要文字依据。述职报告不仅有利于述职者进一步明确职责，总结经验、吸取教训、提高素质、改进工作，还有利于增强民主监督的良好风气。而个人工作总结则是为了总结出带有规律性的理性认识，借以指导今后的工作；同时，也有助于针对性地克服工作中存在的问题，不断提高自身的工作能力。

（三）回答的问题不同

述职报告要回答的是有什么职责，履行职责如何，是如何履行职责的，称职与否等问题。还要申述处理问题的依据和理由。而个人工作总结是对一项工作或一段时间里的工作给予的归纳，它要回答的是做了哪些工作，有哪些成绩，取得了哪些经验，存在哪些不足，要吸取什么教训，今后有何打算等问题。

（四）写作的侧重点不同

述职报告必须报告履行职责情况，以报告德、能、勤、绩为主，重点在于展示履行职责的思路、过程和能力，重点和范围有确定性，仅限于职责的范围之内，围绕职责这个基点精选材料，职责范围外的概不涉及。工作总结一般以归纳工作事实、汇总工作成果为主，重点在于阐述主要工作和取得的成绩。

（五）结束语不同

述职报告结束部分一般在指出存在的问题后，阐述自己的态度，欢迎大家对自己的述职报告进行评议。常有“以上报告请批评指正”、“述职至此，谢谢大家”、“专此报告，请审阅”等字样。而个人总结结束部分在指出存在问题后，还要写上下一步的工作打算、努力方向及解决问题的措施。

（六）表达方式不同

述职报告一般采用夹叙夹议的方式，运用叙述和议论，还辅以适当的说明。回顾工作情况，主要用叙述；分析问题，评价成绩时，用议论。总结则采用叙述的方式，运用叙述语言，语句概括，不要求展示工作过程，只需归纳工作结果。

例文

2011 年度独立董事述职报告

作为××药业股份有限公司(下称"公司")的独立董事,2011 年度,我们按照《公司法》、《关于在上市公司建立独立董事的指导意见》、《公司章程》和《独立董事工作细则》等的规定,认真地履行了独立董事的职责,围绕维护公司整体利益、维护全体股东尤其是中小股东合法权益勤勉开展工作。现将 2011 年度履行独立董事职责的具体情况述职如下。

一、出席股东大会、董事会等会议情况

2011 年度,公司共计召开了 2 次股东大会和 8 次董事会会议,我们均亲自出席或委托出席了上述会议。同时积极组织召开和参加董事会各专门委员会会议,包括战略委员会会议 5 次、审计与风险管理委员会会议 7 次、薪酬与考核委员会会议 5 次、提名与公司治理委员会会议 7 次,论证提案达 74 项。在日常工作中,我们持续关注公司业务经营管理状况,对经营中遇到的困难提出一些专业性的建议,指出公司经营中出现的问题及潜在影响因素,保证公司的经营符合国家的法律、行政法规及各项经济政策的要求,能够做到依法经营、守法经营;同时妥善保管公司提供的会议资料,在未向公众披露之前严守公司的机密信息,以确保所有股东知情权的公平性,保护中小股东利益。

二、充分发挥专长,积极参与重大事项的研究和论证,促进董事会作出科学民主决策

1. 贯彻落实公司"十二五"战略规划,指导业务战略编制

为确保"十二五"总体战略能够"落地",辅助董事会指导对公司的业务战略进行规划,提出要重点强调战略制定、战略执行、战略评价体系的建设和完善,注重细化各战略举措、突出战略引导地位,明确公司竞争地位和未来发展方向。

2. 积极指导公司治理工作,帮助公司不断加强内部风险控制

我们始终注意发挥独立董事在完善公司治理活动方面的作用,积极研究如何构建合理有效的公司治理结构,持续关注子公司治理结构优化项目进展情况;认真听取公司内部控制规范、实施工作方案及项目各阶段进展情况的汇报,就内控建设项目在评估和识别阶段查找到的内控缺陷进行分析;提出经营层应将缺陷区分为决策层面和经营层面两类,有针对性地责成相关部门予以落实整改;继续加强管理,降低外部环境对业绩带来的负面影响,提升基础管理水平,保证公司业绩持续稳定增长;加强对子公司的股权管理研究,就股权转让事项提出意见及规避风险的举措;重点关注子公司及运营单位的风险控制活动,及时听取相关汇报,给予风险提示,督促经营层予以关注;辅助董事会完善制度体系,指导制订或修订基础性制度 7 项。通过上述工作的有效开展,帮助公司严格把控内部控制流程,提高风险预警能力。

3. 积极参与公司投资项目的研究和论证

我们充分发挥专业优势,加强对投资事项的指导和审核:对于前期已经董事会批准的收购股权项目、募集资金投资项目等予以持续关注,积极了解项目进展情况,为在建项目的顺利开展提供专业性意见;对于拟投资项目,我们本着审慎的原则,认真参与项目论证并提供指导性意见,对相关法律文件及审计、评估报告等方面进行充分讨论,对市场及竞争对手进行充分研究与分析,对在产品、市场和土地方面的风险控制,以及在市场、财务、质量、技术等关键点的把控等均给予重点提示,并向董事会提交专项审核意见;对于公司所持股权、清算等事项认真进行审议并提交相应意见,为董事会科学决策奠定基础。

4. 积极推进薪酬与绩效考核体系优化项目开展

根据公司"十二五"期间总体战略规划,按照董事会的要求,指导公司完成了薪酬与绩效考核体系优化项目,最终提交了项目第三阶段报告《高管薪酬与长期激励方案》。结合公司"十二五"期间总体战略规划及目前的人力资源现状,分析并形成了××药业高管薪酬设计思路和策略,

设计了高管薪酬市场定位水平以及分5年逐步调整的策略，在与市场充分对比的基础上，保证激励与约束相结合。同时建议了超额利润分享的长期激励计划，并辅助以绩效考核实施。通过项目的开展，公司对高管激励和绩效考核策略进行了摸索和研讨，也为后续完善高管薪酬激励体系提供了更加专业和切实可行的依据。

5. 高度关注公司计提减值、应收账款和募集资金投资项目的进展

对于计提减值，提示经营层关注公司近年来是否存在经营管理不善导致超额减值的问题，对计提减值较预算增加的原因予以说明；做好公司总部及子公司计提各项减值的核销处理工作，除从财务层面确保计提减值真实、准确外，建议增加对该事项的审计程序。对于应收账款，提示经营层加大清欠力度，压缩应收账款、制定相应政策及建立考核机制；对一年以上应收账款应进行重点清理，改善经营性现金流；对已经不能收回的应收款项应进行及时核销，争取税前列支，减少公司损失；利用信息化手段实现应收工作常态化管理，实现对公司业绩、经营者业绩的动态考核。对于募集资金投资项目，定期对募集资金存放与实际使用情况的专项报告进行审议，对报送监管单位的募集资金项目季度调查表进行审核，针对募集资金项目的承诺收益与实际收益存在差距原因及时提出，要本着对投资人负责的态度，从有利于公司形象和未来发展的角度考虑，尽快对项目的未来收益情况作出分析和判断，并提出解决方案，确保募集资金投资项目收益，兑现对投资者的承诺要求。

6. 切实履行年报编制和披露过程中的责任和义务

根据监管单位的要求及年报工作制度的规定，在公司2010年年报编制和披露过程中，切实履行职责和义务，勤勉尽责地开展相关工作。积极听取公司经营层对年度经营情况和重大事项进展情况的汇报，发现问题及时进行沟通；参与确定年度审计工作安排；履行与年审注册会计师见面的职责，对审计过程中发现的问题及时进行沟通；密切关注公司年报编制过程中的信息保密情况，严防泄露内幕信息的情况发生，确保公司年报编制和披露工作的顺利进行，为提高公司信息披露的质量发挥了积极作用。

7. 加强对审计工作的指导

年初安排听取了公司2010年内部审计工作汇报，并对2011年公司内审工作提出明确的要求和建议；对于计提减值及应收账款的核销事项，提出应建立健全工作流程，建议进行专项审计，必要时可以聘请第三方出具专项意见，为董事会科学决策提供依据；对于应收账款问题，建议由审计部予以持续跟踪。2011年建议增加“效果审计”，督促经营者将清欠任务落实到具体的责任部门和人员，将应收清欠工作与经营者业绩考核挂钩；在审计与内控风险管理层面建立相应的问责机制；指导公司审计部对子公司经营者进行任期经济责任审计并听取汇报，要高度重视审计过程中发现的问题，跟踪按照整改计划落实各项整改工作并及时汇报。

三、认真审核提交董事会审议决策的事项

关注公司生产经营情况，积极发表独立意见。本着对全体股东负责的态度，认真、公平地对公司历次董事会审议的相关议案进行审阅，独立、客观、审慎地行使表决权。我们主动了解、获取作出决议所需要的情况和资料，查阅有关资料，并与相关人员沟通，为审议各项议案做好充分的准备工作；在会上认真听取并审议各项议案，积极参与讨论并提出合理的建议。同时我们及时了解公司的生产经营、管理和内部控制的完善及执行情况、董事会决议执行情况、财务管理、关联交易、业务发展和投资项目的实际运行情况，并结合各自在财务、法律、人力资源、医药咨询及金融管理等方面的经验与专长提出优化建议，对董事会的科学决策、规范运作及公司发展起到了积极作用。

本年度，我们对公司董事会成员年度津贴、支付会计师事务所费用和选聘、关联交易及对外投资事项，均按要求发表了独立意见。

四、重视学习与调研，不断提高履职能力

为了更好地履行独立董事的职责，提高职业道德与专业水平，积极参加上海证券交易所举办的独立董事任职资格培训及后续培训，以及证监局组织的打击和防控资本市场内幕交易及普法知识学习。日常工作中，重视对上市公司规范运作以及独立董事履行职责相关的法律、法规和规章制度的学习，加深对相关法规，尤其是涉及公司法人治理结构和社会公众股股东权益保护等方面知识的认识和理解，不断提高履职能力。

为了更好地了解××药业，2011 年在公司收购两家企业的过程中对其进行考察，了解了这两家公司的规模、产品、销售及发展历程并就重点关注的问题展开座谈，以保证在投资决策中客观、科学地发表意见，为科学履职奠定了基础。

五、行使独立董事特别职权情况

2011 年度，我们作为公司独立董事没有行使以下特别职权：

1. 提议召开董事会。
2. 向董事会提请召开临时股东大会。
3. 提议聘用或解聘会计师事务所。
4. 聘请外部审计机构和咨询机构，对公司的具体事项进行审计和咨询。
5. 在股东大会召开前公开向股东征集投票权。

综合上述，2011 年我们本着谨慎、勤勉、忠实的原则，忠实地履行独立董事职责。一方面，严格审核公司重大事项，维护公司和公众股东的合法利益，促进公司规范运作；另一方面发挥各自的专业优势，积极关注和参与研究公司的发展，为提高董事会决策科学性，客观公正地保护广大的投资者，特别是中小股东的合法权益，促进公司稳健发展，树立公司诚实、守信的良好形象，起到了积极作用。

特此报告。

××药业股份有限公司独立董事

××　××　××

2012 年×月×日

例文提示

例文分条列项报告了作为独立董事一年来所履行的职责。职责明确，条理清楚，开头有依据，结尾有结论。

目标检测

1. 什么是述职报告？
2. 述职报告与个人工作总结有哪些不同？
3. 为什么写述职报告的选材要有限定性？
4. 述职报告的正文主要包括哪几部分内容？
5. 如果你是学生干部，请根据你在学校或班级履行职责情况写一份述职报告。

第6节　提　　案

学习目标

1. 了解提案的性质和特点。
2. 掌握提案的格式和写法。
3. 学会写格式规范、内容恰当的提案。

一、提案的性质

提案是提请国家代表机关或一定组织的会议讨论、处理的意见或建议。提案常常由出席会议的代表或法律规定的机构或个人提出。

二、提案的特点

(一) 提请性

提案是向国家代表机关或一定组织的会议提出意见或建议,请求给予处理和答复,因而具有提请性特点。

由于提案的主体是个人,提案的内容又涉及经济、政治、文化、社会建设的各个领域,因此广大群众可以通过提案对国家大政方针和社会热点问题,本单位的管理、发展、职工权益等建言献策。

(二) 论证性

提案中提出的意见或建议,必须用事实、数据、道理来论证。这样的提案才能有理有据,有说服力,才能被采纳实施。

(三) 可行性

提案不是一种理想,更不是一种幻想,而是精心选题、深入调研、深思熟虑后提出的,并且有实现提案的具体办法和措施,也就是说,提案必须具有现实的可行性。

三、提案的格式和写法

(一) 标题

提案的标题又称案由,用简明的文字说明提案要解决什么问题,案由和提案内容要一致。如《关于进行 GMP 改造的提案》。

(二) 提案者

提出提案的个人姓名或单位名称(以单位作为提案人的要写单位全称,并加盖公章);联系人、联系电话、通讯地址、邮政编码要如实填写清楚;如联名提案时,发起人应当作为第一提案人,便于办理提案时交流情况。

(三) 提案的主要内容

主要内容包括以下几部分。

1. 审查意见　是指确定由什么单位承办提案。这一栏由提案委员会负责审查填写。

2. 问题　提出提案的理由、原因或根据,具体问题、情况是什么。

3. 分析　根据问题、情况，对照有关法律法规、伦理道德等进行分析，这是提案的核心部分，这部分要有理有据，实事求是，简明扼要，切忌笼统、空泛。

4. 办法（也称建议）　针对反映的问题和情况，提出自己对解决问题的具体建议和办法。

为了规范提案，提案往往写在统一印制的提案拟稿纸上，按规定填写姓名、单位、通信地址等。有时也可以其他形式随时提交提案。

四、提案写作的基本要求

（一）做好调查研究

提案是针对社会热点、群众焦点写成书面材料，提议政府及其职能部门作出决策、解决问题，因此在写作前应充分调查研究，详尽地占有材料，尽力知情。尽力知情还包括对政策、法规、政府较大的决策有所了解，以免提案提出的解决办法与之有矛盾。

（二）书写一事一案

提案要做到重点突出，就应该一事一案。首先把主要矛盾提示出来，略为分析其产生的原因或效果，提出解决的方案，就成了一份一事一案的提案，简洁鲜明。做到一事一案的提案一般研究问题比较透彻，认识上有一定的突破。否则，几事一案，就容易犯空泛、肤浅、面面俱到的毛病，不但难以立案和准确交办，而且承办单位也会觉得不知所云，无从办理落实，势必失去提案价值。

（三）提出解决问题的建议

一份完整的提案，不仅要提出问题，还要提出解决问题的具体措施（建议），可让办案者采纳，这也是提案的可行性之一。在萌发写提案的意愿时，就要同时考虑解决的办法，要考虑哪些办法现在有可能实行，一下子不可能办到的能否分步实施。

例文一

<table>
<tr><td colspan="3">政协××区委员会第 12 届第 1 次会议
集体提案表
（第 274 号）
集体提案编号:55</td></tr>
<tr><td rowspan="6">由提案者填写</td><td>提案题目</td><td>保障民营企业职工合法权益，是构建和谐社会的一项重要内容</td></tr>
<tr><td>集体提案者</td><td>××区侨联</td></tr>
<tr><td>联系地址</td><td>××村××号</td></tr>
<tr><td>联系电话</td><td>××××××××</td></tr>
<tr><td>邮政编码</td><td>××××××</td></tr>
<tr><td>可否公开</td><td>公开☑　不公开☐</td></tr>
<tr><td colspan="2">集体提案单位负责人签名及盖章</td><td>代××</td></tr>
<tr><td colspan="2">集体提案联系人</td><td>杨××</td></tr>
<tr><td rowspan="4">提案委员会审查意见</td><td>是否立案</td><td>立案☑　不立案☐　转为社情民意☐</td></tr>
<tr><td>可否公开</td><td>公开☐　不公开☐</td></tr>
<tr><td>承办单位</td><td></td></tr>
<tr><td>分类</td><td>经济科技☑　城建城管☐　教文卫体☐　社会法制及其他☐</td></tr>
</table>

提案时间:2007 年 3 月 5 日

说明:1. 提案内容请提案者在此表后附页;2. 联名提案者请在该栏内签名;3. 可否公开指提案者和提案内容可否通过网上公开,请在"□"内用√注明。

提案内容
民营企业是社会主义市场经济的重要组成部分,大力发展民营企业对充分调动社会各方面的积极性、加快生产力发展具有重要作用。然而,在大多数民营企业里,很难觅到一些高层面人才,人才的流失也很频繁,特别是如今的大学生,在就业竞争十分激烈和困难的情况下,也不愿意选民营企业,其根本原因,就是民营企业职工的合法权益得不到保障,尤其是在社会保险方面更为突出。虽然,民营企业正在发展和规范中,我们对民营企业的诸多方面不能求全责备,但它毕竟涉及职工的切身利益和长远利益,如果这个问题政府不能以法律的形式强制规范,长久下去,将关系到社会的稳定和和谐社会的构建,并且将会给政府带来无穷后患。 下面将民营企业职工权益保障方面的现状及存在的主要问题陈述如下: (一)不依法交纳养老、失业保险金,劳动者基本权益得不到保障。从劳动社会保障局的资料显示,近年来,××区养老保险金和失业保险金的参保人数大幅下降,2000~2006年,养老保险金参保人数由16万,减少到14万,失业保险金的参保数由22万减少到15万,失业保险拖欠金额达3000多万元。从总体现象来看:一是投保率总体水平低、一般职工投保率低,管理人员投保率相对较高。二是存在着两个"薄弱区域"。从行业上看,三产服务行业员工未投保现象相对突出,特别是某些商业流通企业一般不为职工交纳各项社会保险。从参保对象上看,外来务工人员未投保现象更为严重。外来务工人员流动性大,参保的积极性不高,一怕参保后受到制约,二怕缴保险的钱将来带不走,即使能带走也只能带自己缴纳的部分(从去年开始,政府有了新规定,养老保险可以带走)。因此,外来务工人员大多要求老板增加工资,一般不会主动提出缴纳社会保险的要求。三是"规避"现象明显。由于按照养老保险政策规定对个人参加养老保险的比例为18%,而企业参加养老保险的比例为28%(其中个人缴纳8%),加上2003年出台了灵活就业人员可以以个人名义参加养老保险,并按照18%的缴费比例进行参保缴费的政策,因此许多民营企业采取让职工以个人名义参保的方式来规避企业参保。这实际上是逃避了企业应当承担的责任,影响了保险金收入,给国家造成了损失。 (二)用工单位不依法签订劳动合同,劳动者只承担义务,权益得不到保障。这种现象在民营企业是普遍存在的。很多民营企业根本就不与职工签订书面劳动合同和用工协议,工资报酬和待遇都是口头约定,即所谓的"感情合同"、"良心合同"、"信任合同",甚至是"押金合同"。因为企业主认为,一旦签订了劳动合同,就必须为劳动者交纳社保。这种情况有时由于双方理解不同,极易引起纠纷,一旦发生劳动争议,解决起来非常困难。一些签订劳动合同和用工协议的企业也存在着内容不规范的情况,例如有些企业大量虚设工作岗位,招用职工,利用合法的外衣非法收取保证金、服装费等写入用工协议,又以职工无法完成业务迫使其辞职,非法骗取劳动者的钱财。有些劳动合同只规定了员工应承担的义务,没有明确员工应享受的权利。 (三)任意延长工作时间,不依法支付加班费,工资达不到最低标准、工资拖欠现象仍然突出。《劳动法》规定,劳动者每日工作不超过8小时,每周不超过40小时,节日期间应当依法安排劳动者休假。调查中显示,不少企业职工每天的工作时间为9~12小时,工作超时但不按标准发放加班工资。从去年上半年起,我市最低劳动工资标准调至每月400元,但在一些企业,职工工资不达标现象仍较明显,尤其是餐饮业较突出,企业以包吃住来降低工资标准现象极为普遍。同时,还存在着拖欠工资现象。从拖欠工资的领域看,以建筑行业为主;据去年×区有关部门不完全统计:拖欠民工工资2000多万元,涉及近万人。从拖欠工资的形式上看,

有隔月发放工资、按季发放工资、平时预支部分工资、年底一次性补发等形式，更为严重的是，有的企业故意克扣职工工资，进企业时工资似乎定得很高，但以服务费、保证金等形式克扣，职工实际领到的工资却很低，得不到应有的报酬。这些都严重侵害了劳动者的合法权益。

（四）职工享受不到继续教育的权利。《劳动法》规定，职工有接受继续教育的权利。为了不断提高劳动者的业务技能和综合素质，使劳动者具备抗御失业风险和参与社会竞争的能力，从根本上保护劳动者的合法权利，企业应根据不同的工种、岗位，安排职工的岗位技能培训，使他们能够在社会不断进步的同时，个人能力和技能也不断得到提高。根据调查显示，目前，在大多数民营企业中，一般不会安排系统的岗位培训和技能培训，企业只是要劳动者承担义务，而劳动者却享受不到应有的权利，当劳动者的知识结构老化或达不到相应要求时，企业就会辞退劳动者，而被辞退者很难再找到新的工作。

根据以上的现状及存在的主要问题提出对策和建议：

（一）要充分认识维护好民营企业职工合法权益对构建和谐社会的重要意义。维护好民营企业职工合法权益是营造正义、稳定和谐劳动关系，维护企业、职工双赢发展的基础，也是构建和谐社会的必然要求。职工合法权益涉及国家、企业、个人三者的权利、义务利益的平衡，它不仅是实现非公企业职工权益的保障，从而达到劳而无虑、老而无忧，也是维护社会稳定的“安全网”，是推进改革进程的“减震器”，更是他们获取生活保障权益的最基本的要求。如果处理不当，将会严重影响到社会的稳定和谐。

（二）加大宣传，加强依法维权意识。民营企业职工了解、熟悉和掌握相关的法律法规是维护自身权益的利器，民营企业业主依法落实好职工的合法权益则是法制社会的必然要求，更是其必须承担的社会责任。因此，政府相关部门应采取多种形式，从不同的渠道加大《劳动法》、《公司法》、《企业法》等有关劳动法律法规以及国务院发布的《劳动保障监察条例》、×市人大通过实施《职工权益保障条例》的宣传，使职工知法用法，企业主知法守法；要加大对侵犯职工权益事件的公开报道力度，大力宣传保障职工权益的典型，在全社会形成一种良性监督的氛围。同时，要从社会的现实需要出发，建立多领域、多专业、多层次、多方式的培训体系，为私营企业的发展提供高素质的劳动者。也只有劳动者的自身素质提高了，具备抵制不法侵害的能力，才能更好地维护自身的合法权益。

（三）动态管理，加大督查处罚力度。目前民营企业职工的权益保护问题基本由政府劳动部门处理，就劳动监察部门而言，仅仅依靠突击性的检查远远不够，突击检查一过就“死灰复燃”。因此，建立起长效的监督机制才是治本之策。建议劳动监察部门应改变工作方式，变被动接案为主动出击，由“消防队”变成“预警机”；建议在各街道、社区中建立起督查网络的快速反应机制，提高其应对突发事件的能力，一旦企业出现侵权苗头，就能迅速掌握并及时得到查处。同时，劳动和社保两部门要密切配合、形成合力，进一步加大执法监察力度，对有能力参保又拒不参保的单位，要依据有关规定，强制性地给予相应处罚。要与各级工会以及有关维权组织建立起互动机制，形成合力。

提案时间：2007 年 3 月 5 日

例文二

关于解决厂内乱扔垃圾问题的提案

提案人：×××

附议人：×××　×××　×××

案　由：厂内乱扔垃圾问题已经严重影响生产环境。

提案内容及办法：

厂里乱丢乱堆生活、生产垃圾的现象严重，每月产生垃圾1～2吨，现在的垃圾处理办法是堆积在厂区三角地。这些垃圾对企业形象造成严重的破坏，对工作环境、工作秩序形成极大的妨碍。垃圾中存在很多可以回收利用的材料，长期堆放在露天是对原材料的浪费。垃圾致使厂区尘土飞扬、臭气熏天，也对企业职工的身体素质造成负面的影响。

为了解决厂内乱扔垃圾和垃圾堆积问题，建议厂工会对职工加强宣传教育，厂办制定卫生责任包干制度，各车间制定垃圾收集管理办法，厂部加强检查机制落实相关惩处制度。改善厂内工作环境，建设一个优美的工厂。

×年×月×日

例文提示

例文一是写在统一的提案拟稿纸上的，因此格式规范。提案的内容具有很强的社会价值和时代性——关于保障民营企业职工的合法权益。对存在的问题，提案者做了详尽的调查研究，收集了翔实的材料。依据法律、法规，分析了存在问题的原因，同时提出解决问题的具体对策和建议。是一篇值得借鉴的例文。

例文二是一位职工代表就解决厂区乱扔垃圾问题一事提出的提案。该提案项目齐备，有现状、有问题分析和解决问题的办法。建议具体、可行。

知识链接　　**提案与议案的区别**

提案属于事务文书；议案则是法定公文。

提案的作者是个体；议案的作者是法定组织。

提案提出的意见或建议可供有关部门决策、参考，有可能被采纳，也有可能不采纳；议案是各级政府或企事业单位按照法定程序向同级权力机关提请审议事项，有可能审议通过，也有可能审议未通过。

目标检测

1. 什么是提案？
2. 职工代表的提案有什么性质？
3. 提案的主要内容包含哪些方面？
4. 写提案为什么要提出解决问题的建议？
5. 学校召开学生代表大会，假如你是学生代表，你将准备建议学校解决什么问题？请拟写一份提案。

第7节　规章制度

学习目标

1. 了解规章制度的性质和特点。
2. 掌握规章制度的格式和写法。
3. 学会制定规章制度。

一、规章制度的性质

规章制度是党政机关、社会团体、企事业单位为实施管理的需要，依照国家法律、法令和政策,在自己权限范围内制订的具有法规性、指导性与约束力的应用文书。规章制度也称规章文书。

各种规章制度在内容上对某方面的工作、某项工作或某一事项作出规定和要求,对有关方面、有关人员的行为具有规范和制约作用。

二、规章制度的特点

(一)约束性

规章制度是出于规范人们行为之目的而制订的。规章制度对有关单位或个人的言行举止具有约束性乃至强制力。

(二)周密性

内容规定上要求能面面俱到,细致而周到,不能有遗漏和疏忽;内容要清晰明确,不能有遗漏,不能有歧义,不能含混不清、似是而非或自相矛盾;具有逻辑的严谨性,无懈可击。

(三)条款性

规章制度结构形式如下。

1. 章断条连式 内容复杂、条文较多的采用章断条连式结构。章断条连式正文分为总则、分则和附则三大部分。

2. 条文并列式 内容简单、条文较少的规章制度多用条文并列式,条文并列式的正文从头到尾皆用条文组织内容。

(四)广泛性

规章制度涉及的对象非常广泛,国家机关、企事业单位、社会团体及个人都要使用。

三、规章制度的种类

规章制度大致可为三大类、九个文种。

(一)行政法规类

行政法规类是国家行政部门为实现国家管理职能而制定的。如章程、条例、规定、办法等。

1. 章程 章程是政党、团体、企业或其他组织依据法律法规,对本组织的性质、宗旨、任务、组织原则、成员条件及义务、权利、机构设置、职权范围、行为规则、纪律措施等作出规范要求的规章文书。如《××省药品质量管理协会章程》。

2. 条例 条例是对某一方面的工作作比较全面、系统的规定,具有法律性质的文件。如《中华人民共和国药品管理法实施条例》。

3. 规定 规定是党和国家机关、社会团体、企事业单位对某一项工作或开展某种活动作出政策性或规则性要求的法规文书。如《执业药师资格制度暂行规定》。

4. 办法 办法是对某项工作或某一方面的活动作比较具体规定的文书。如《医药科研计划管理办法》。

(二)管理规范类

这类规章制度是为使经济活动按照一定程序和规范进行,便于管理、监督、检查而制定的。如制度、细则、规程和岗位职责等。

1. 细则 细则也称实施细则,是为更好地贯彻执行某一法令、条例和规定,结合实际情况,对其所做的详细的、具体的解释和补充的文书。如《药品说明书规范细则(暂行)》。

2. 规则和规程 规则和规程基本相同。它们都是政府机关、社会团体、企事业单位在一定范围内针对某一具体事项或活动制定的要求有关人员共同遵守的准则。如《城市交通规则》。规程侧重于为多个活动组成的工作程序,规定一定的标准和要求。如《药物制剂的操作规程》。

3. 制度 制度是要求大家共同遵守的办事规程或行动准则。如《岗位责任制度》。

(三) 教育约束类

这类规章制度在一定范围内规定道德、行为规范,要求有关人员遵守、知照或照办。如守则、须知和公约,这些文种制约性较强,大多带有告知、服务性。

1. 公约和守则 公约是一定范围的行业成员或其代表,在自觉、自愿的基础上,经过集体讨论制定的需共同遵守的道德规范和行为准则。如《××药店文明公约》。守则是政府机关、社会团体和企事业单位根据上级有关指示精神和实际工作需要制定的,要求所属成员严格遵守的行为准则。如《××制药厂员工守则》等。

2. 须知 人们在从事某项活动时必须知道、注意并遵守的行为指南。如《〈医药导报〉投稿须知》。

四、规章制度的格式和写法

(一) 标题

标题一般为组合式,有两种构成形式。

1. 发文机关+事由+文种 如《中华人民共和国药品管理法实施条例》。

2. 事由+文种 如《药物制剂操作规程》。

如果所制定的规章制度是草案或暂行,则在标题中写明,如《医药科研计划管理办法(试行)》。

(二) 正文

正文由三部分组成:因由、规范和说明。因由部分一般说明制作本规定的依据或目的;规范部分根据不同类型的规章制度,写法不尽相同。

1. 行政法规类 着重规定:界限划分、明确范围、提出要求和奖惩情况,解决"应当怎样"和"不应怎样"的问题。

2. 管理规范类 着重规定:管理原则、管理职责、质量标准、措施、办法、管理范围及要求。

3. 教育约束类 着重规定:道德水准、行为规范,要求有关人员遵守、知照或照办的内容。

规定的说明部分,通常说明本规定的制作权、解释权、实施日期。

(三) 落款

即在正文右下方签署制发机关和制发时间。如标题中已注明制发机关,此处可省略。

五、规章制度写作的基本要求

(一) 准确使用规章制度的文种

规章制度大致可分为九个文种,在写作时一定要依据制文单位的权限、规章制度约束的对象和范围、规章制度所规范的内容,选择恰当的规章制度的文种。

(二) 明确表达规章制度的内容

规章制度的内容要具体、明确;语言要准确、严密、肯定,避免产生歧义。

(三) 采用陈述性说明性语言

规章制度采用陈述性语言,分类说明制度条款,逻辑缜密、语言简洁、明快。

例文一

医疗器械广告审查发布标准

（2009 年 4 月 28 日）

第一条　为了保证医疗器械广告的真实、合法、科学，制定本标准。

第二条　发布医疗器械广告，应当遵守《中华人民共和国广告法》（以下简称《广告法》）、《中华人民共和国反不正当竞争法》（以下简称《反不正当竞争法》）、《医疗器械监督管理条例》及国家有关规定。

第三条　下列产品不得发布广告

（一）食品药品监督管理部门依法明令禁止生产、销售和使用的医疗器械产品。

（二）医疗机构研制的在医疗机构内部使用的医疗器械。

第四条　医疗器械广告中有关产品名称、适用范围、性能结构及组成、作用机制等内容应当以食品药品监督管理部门批准的产品注册证明文件为准。

第五条　医疗器械产品注册证明文件中有禁忌内容、注意事项的，应在广告中标明“禁忌内容或注意事项详见说明书”。

第六条　医疗器械广告中必须标明经批准的医疗器械名称、医疗器械生产企业名称、医疗器械注册证号、医疗器械广告批准文号。

经审批的医疗器械广告在广播电台发布时，可以不播出医疗器械广告批准文号。

仅出现医疗器械产品名称的，不受前款限制，但应标明医疗器械注册证号。

第七条　医疗器械广告中不得以任何非医疗器械产品名称代替医疗器械产品名称进行宣传。

第八条　推荐给个人使用的医疗器械产品广告，必须标明“请仔细阅读产品说明书或在医务人员的指导下购买和使用”。

第九条　医疗器械广告中涉及改善和增强性功能内容的，必须与经批准的医疗器械注册证明文件中的适用范围完全一致，不得出现表现性器官的内容。

报纸头版、期刊封面不得发布含有前款内容的广告。电视台、广播电台不得在 7:00～22:00 发布含有前款内容的广告。

第十条　医疗器械广告中有关适用范围和功效等内容的宣传应当科学准确，不得出现下列情形：

（一）含有表示功效的断言或者保证的。

（二）说明有效率和治愈率的。

（三）与其他医疗器械产品、药品或其他治疗方法的功效和安全性对比。

（四）在向个人推荐使用的医疗器械广告中，利用消费者缺乏医疗器械专业、技术知识和经验的弱点，使用超出产品注册证明文件以外的专业化术语或不科学的用语描述该产品的特征或作用机制。

（五）含有无法证实其科学性的所谓“研究发现”、“实验或数据证明”等方面的内容。

（六）违反科学规律，明示或暗示包治百病、适应所有症状的。

（七）含有“安全”、“无毒副作用”、“无效退款”、“无依赖”、“保险公司承保”等承诺性用语，含有“唯一”、“精确”、“最新技术”、“最先进科学”、“国家级产品”、“填补国内空白”等绝对化或排他性的用语。

（八）声称或暗示该医疗器械为正常生活或治疗病症所必须等内容的。

（九）含有明示或暗示该医疗器械能应付现代紧张生活或升学、考试的需要，能帮助改善或提高成绩，能使精力旺盛、增强竞争力、能增高、能益智等内容。

第十一条　医疗器械广告应当宣传和引导合理使用医疗器械，不得直接或接怂恿公众购买使用，不得含有以下内容：

（一）含有不科学的表述或者通过渲染、夸大某种健康状况或者疾病所导致的危害，引起公众对所处健康状况或所患疾病产生担忧和恐惧，或使公众误解不使用该产品会患某种疾病或加重病情的。

（二）含有“家庭必备”或者类似内容的。

（三）含有评比、排序、推荐、指定、选用、获奖等综合性评价内容的。

（四）含有表述该产品处于“热销”、“抢购”、“试用”等的内容。

第十二条　医疗器械广告中不得含有利用医药科研单位、学术机构、医疗机构或者专家、医生、患者的名义和形象作证明的内容。

医疗器械广告中不得含有军队单位或者军队人员的名义、形象。不得利用军队装备、设施从事医疗器械广告宣传。

第十三条　医疗器械广告不得含有涉及公共信息、公共事件或其他与公共利益相关联的内容，如各类疾病信息、经济社会发展成果或医疗科学以外的科技成果。

第十四条　医疗器械广告中不得含有医疗机构的名称、地址、联系办法、诊疗项目、诊疗方法以及有关义诊、医疗（热线）咨询、开设特约门诊等医疗服务的内容。

第十五条　医疗器械广告不得在未成年人出版物和频道、节目、栏目上发布。

医疗器械广告不得以儿童为诉求对象，不得以儿童的名义介绍医疗器械。

第十六条　按照本标准第六条规定必须在医疗器械广告中出现的内容，其字体和颜色必须清晰可见、易于辨认。上述内容在电视、互联网、显示屏等媒体发布时，出现时间不得少于5秒。

第十七条　违反本标准规定发布的广告，构成虚假广告或者引人误解的虚假宣传的，依照《广告法》或者《反不正当竞争法》有关规定予以处罚。

违反本标准第三条、第四条等规定发布的医疗器械广告，依照《广告法》第四十一条处罚。

违反本标准其他规定发布广告，《广告法》、《反不正当竞争法》有规定的，依照《广告法》处罚；《广告法》、《反不正当竞争法》没有具体规定的，对负有责任的广告主、广告经营者、广告发布者，处以一万元以下罚款；有违法所得的，处以违法所得三倍以下但不超过三万元的罚款。

第十八条　本标准自2009年5月20日起施行。1995年3月3日国家工商行政管理总局发布的《医疗器械广告审查标准》同时废止。

例文二

销售部人员岗位职责

一、销售主管职责

1. 完成总经理安排的工作任务。
2. 对公司的机密安全负责。
3. 参与重大销售谈判及签订合同。
4. 组织与管理销售团队。
5. 培训、激励、考核下属员工，协助下属员工完成公司下达的任务。
6. 负责销售人员任用的提名及试用考核 。
7. 客户关系维护与处理。
8. 市场信息分析及问题处理。
9. 业务费用的合理支配。
10. 处理部门内部的各项事宜。

二、销售员职责

1. 销售员外出收计划及出车当天，必须按公司考勤制度规定的时间上下班。

2. 出车回来的第二天 15:00 点前必须交清货款、下账单据及办理未送药品的相关退换事宜。

3. 必须准时参加月会、销售会议、培训课（出差除外）。

4. 不得销售公司以外的任何药品，如经查实可根据不同情节罚款 2 千～5 千元。

5. 对线上流失的客户，销售员必须说明流失原因，并以报表形式上报销售主管处，及时配合销售主管处理相关事宜。如超过 30 天未报的，销售部将收回该客户的业务权，以后此类客户所产生的业务提成归销售部业务资金库所有，而业务员必须无条件送货 。

6. 销售员须对销售产品所发生业务的一切事宜（回款、送货、售后服务、回收资质等）负责。

7. 销售员线上有公司业务的药品时，必须配合驾驶员送货上门。

8. 销售员要不断学习，自我提升，营造有实力的销售团队。

××医药有限责任公司

×年×月×日

例文提示

例文一目的明确、条款具体、语言简洁操作性强。例文二采用条款式写法，共两条 18 款，内容是对销售部不同工作人员的职责规定，涉及销售工作的方方面面。内容具体、行文概括，条目清晰、逻辑严谨，要求明确，语言简洁、准确。

知识链接　　**传真——使信息及时通畅**

传真是将文字、图表、相片等记录在纸面上的静止图像，通过扫描和光电变换，变成电信号，经各类信道传送到目的地，在接收端通过一系列逆变换过程，获得与发送原稿相似记录副本的通信方式。传真是近二十多年发展最快的非话电信业务。

传真机的工作原理是先扫描即将需要发送的文件并转化为一系列黑白点信息，该信息再转化为声频信号并通过传统电话线进行传送。

最近发展起来的网上传真是宽带网和传统电话传真的良好结合。网上传真的条件是：只要电脑接入宽带网，就可以使用电脑直接收发传真，收发传真就像收发 Email 一样简单。通过网上传真系统，用户可以使用 IE 浏览器直接发送传真，传真群发瞬间便可完成。使用网上传真系统可以简化工作环节，提高工作效率，节省设备的购置费用和维护费用，实现无纸化管理，使信息沟通更加及时通畅。

目标检测

1. 请填空

（1）古人云：“凡事预则立，不预则废 。”“预”就是________。

（2）计划的标题由________、________、________和________四部分组成。

（3）简报的格式大体分为________ 、________、________三部分。

（4）计划一经制定，就对制定者具有________与________作用。

（5）总结一般可分成________总结和________总结两种。

（6）总结的标题有三种写法，即________、________、________。

（7）记录的特点是________、________、________。

（8）总结和计划既有联系，又有区别。计划是________的打算和安排，总结是________的回顾与评判。总结一方面是对计划执行情况的________，另一方面又是制定新计划的________。

(9) 计划的主体由计划的________、________、________三部分构成,简称计划的“________”。

(10) 总结的主体一般包括这两个方面________、________。

2. 请判断

(1) 写作计划的标题,不能使用“设想”、“打算”、“安排”、“规划”、“方案”、“要点”等名称。( )

(2) 规划是适用于范围广、时间长、内容表述概括的计划。( )

(3) 作总结能否概括出带有规律性的认识,用以指导今后的工作,是衡量一篇总结质量好坏的标准。( )

(4) 写总结一般用第三人称。( )

(5) 会议记录必须具备会议组织概况。( )

(6) 每一篇简报都要配写按语。( )

(7) 述职报告就是陈述自己任职期间履行岗位职责的情况。( )

(8) “提案”就是行政公文之一的“议案”。( )

(9) 只有政协委员才需要编写提案。( )

(10) 述职报告就是个人总结。( )

3. 简答题

(1) 请阐述规章制度的作用。

(2) 根据所学理论知识,举例说明规章制度的特点。

(3) 规章制度的“因由”部分一般说明什么内容?

(4) 管理规范类规章制度一般有哪些方面的规定?

(5) 举例说明规章制度的语言有什么特点。

(6) 标准属于何种规章制度?

4. 依据所学理论知识,指出下列制度存在的问题并予以改正。

阅览室规章制度

(1) 本室图书只准室内借阅,不准带出室外,违者将给予通报批评。

(2) 借阅图书,凭本人的学生证或 ID 卡,一次一册。

(3) 本室采用开架阅览方式。

(4) 所借图书要在当天归还,逾期一天不还者,除扣留一周证件外,还要给予通报批评。

(5) 所借图书要当面检查是否有损坏,发现有损坏时,向阅览室工作人员声明,否则,还回时将向你追查损失责任。

(6) 爱护图书,避免折叠、勾画、污损和剪裁,违者按有关规定进行赔偿。

(7) 维护室内秩序和清洁卫生,不准大声喧哗、聊天、吃零食、吸烟。

(8) 禁止穿跨栏背心、短裤、拖鞋进入阅览室。

(9) 禁止利用各种物品占座位;不准在桌面和墙壁上乱写乱画。

(10) 离开座位时,要轻轻将椅子放在桌子下。

5. 请代学校拟写一份《文明寝室公约》。

第6章 医药经济文书

第1节 医 药 广 告

学习目标

1. 认识医药广告的性质、特点。
2. 掌握医药广告的格式和写法。
3. 能为熟悉的药品写出规范的广告。

一、医药广告的性质

所谓广告就是广而告知的意思。而医药广告就是公开而广泛地向社会和公众介绍医药知识、报道医药生产的信息,宣传医药生产和销售企业的形象,拓展医药产品的销售,以获取利润的一种实用文体。

医药广告实际上就是一种商业广告或经济广告。目前在电视广告中,药品、化妆品和酒类,可以说是三分天下。

二、医药广告的作用

(一) 传播医药信息

医药广告能迅速地传播医药产品的研制、生产、销售和药品的药理、功能、疗效等方面的信息,能在较短的时间内吸引人们认识、认同和接受该产品。如李默然给三九集团做的“三九胃泰”广告,很快就家喻户晓,使三九集团迅速成为全国医药行业的著名企业。

(二) 刺激医药产品的需求

医药广告不仅传播医药的有关信息,更重要的是通过信息传播引起消费者的对于医药产品的购买兴趣和购买欲望,刺激医药产品需求。

(三) 促进医药产品的销售

医药广告的最终目的是为了促成消费者购买医药产品,扩大医药产品的销售。可谓名利双收,一方面借此宣传了企业,另一方面又从市场获得利润。

三、医药广告的特点

(一) 传播性

传播性是一切广告的最基本、最重要、又是最有效的特点。作为医药广告,它传播医药的有关知识和信息,是沟通生产者、经营者和消费者之间的桥梁。医药产品特别是药品,没有大众传媒和广告,就很难开拓市场,获取经济利润。

(二) 真实性

真实是一切广告的生命,作为医药产品,尤其是药品,关及到人们的身体健康和生命安全。

所以，医药广告必须传播真实的信息，这不仅是取信于民，扩大销售，提高效益，更重要的是确保消费者的用药安全。误导和欺骗消费者将带来无法挽回的严重后果。

（三）时效性

医药广告是一种传播信息的商业行为。医药信息在很大程度上具有时效性，特别是开发、研制、生产、经营的新药和新技术、新工艺的采用更具有时效性。如果不能及时传播信息，就会降低使用价值，失去市场竞争能力。

（四）盈利性

医药广告自然是一种商业广告，所以获得利益，尤其是经济利益是最主要的。如果离开了利益和利润，一切商业广告也就失去了存在的意义。

四、医药广告写作格式和写法

（一）标题

广告标题的作用是揭示广告的内容和主旨，吸引消费者的注意，给人以第一印象。

医药广告的标题主要有以下三种。

1. 直接性标题 就是直接用医药产品的名称、品牌、企业名称或药品的药理和适应证作为广告标题。如“蜜炼川贝枇杷膏”。

2. 间接性标题 通过暗示或诱导的方法吸引消费者。如“通则不痛，痛则不通”。

3. 复合性标题 这种标题是把直接标题与间接标题结合起来，给消费者以吸引和诱惑力。如“冠心病谁来治——青岛养心氏，你的心让我的‘心’来照顾”。

（二）正文

正文是医药广告的具体内容，是医药广告主旨的具体化。

医药广告的内容应包括：医药广告的主办单位和医药产品或医药服务，医药产品的规格性能，特别是药品的名称、成分、性状、作用类别、药理作用、功能主治、用法用量、注意事项等。药品广告还必须以国家或地方卫生行政部门批准的说明书为准；国家规定的应当在医生指导下使用的治疗性广告，必须注明“按医生处方购买和使用”。

（三）结尾

医药广告的结尾一般为两种内容。

1. 广告标语 它是在一定时期内宣传医药产品和信息的特殊语言，能够产生特殊的心理效应。如“要胃舒，用胃苏”、“丽珠世界，生命常青”、“难言之隐，一洗了之”。

2. 随文 也就是随带告诉人们医药广告单位的名称、地址、电话号码、邮政编码、银行账号、购买手续等，对消费者起到购买指南的作用。

五、医药广告的体式

（一）简介体

简要介绍医药企业或医药产品的名称、性能、功效、特点等。

（二）证书体

引用医药产品的专利证书或获奖证书，来加强医药广告的宣传力度。

（三）自述体

用拟人化手法，让医药产品作自我介绍。

(四) 对话体

采用提出问题、回答问题、有问有答、几问几答的方式。

(五) 消息体

采用消息报道的样式来拟写，利用人们对新闻媒介的关注信赖，把医药信息传递给消费者，以引起医患者的兴趣和欲望。

(六) 目录体

用罗列的形式介绍医药产品的内容，与说明书相似。

(七) 论说体

用充分的论据来说明医药企业的形象和医药产品的功用，以吸引消费者。

(八) 描述体

对医药企业的局部或全部进行描写，对医药产品尤其是药品的功能进行渲染，给人以鲜明的形象。

(九) 幽默体

针对消费者的心理，采用幽默诙谐的语言，向人们介绍医药产品。

(十) 文艺体

用诗歌、戏剧、小品等形式做药品广告。

六、医药广告中药品广告的禁忌

1. 不得含有不科学的表示功效的断言或者保证。
2. 不得说明治愈率或者有效率。
3. 不得与其他药品的功效和安全作比较。
4. 不得利用医药科研单位、学术机构、医疗机构或者专家、学者、医生、患者的名义和形象作证明。
5. 法律、行政法规定禁止的其他内容。
6. 麻醉药品、精神药品、毒性药品、放射性药品等特殊药品，不得做广告。

七、医药广告的写作要求

(一) 内容要真实

医药产品特别是药品，它是特殊商品，关涉人的生命与安全。医药广告必须对消费者的生命与安全负责。因此，医药广告的写作内容必须真实。真实是一切广告的生命。

(二) 主题要突出

医药广告只有突出主题，才能吸引消费者，达到促销的目的。

(三) 要有创意

具有新颖独到的创意，打破常规思维，往往使医药广告具有强烈的吸引力和感染力。

(四) 语言要丰富

生动形象、丰富多彩的语言表达，一方面加深印象，使人难以忘怀；另一方面刺激需求，促成购买。

例文一

清华紫光诚邀加盟共享清华品牌

首期合作品种:利尿类注射液呋塞米换代品种

良好企业品牌 优质销售服务

严格市场保护 丰厚利润回报

国家医保乙类品种;上海1400种目录品种

上海禾丰制药有限公司生产

北京清华紫光医药有限责任公司总经销

联系电话:021-62315321

传　　真:021-62315313

联系人:陆先生　　吴小姐

手　　机:13801902719　13301518806

E-mail:qhzgshb@ tom. com

网　　址:www. unismed. com. cn

例文二

安　　奇

克拉维酸钾/阿莫西林(1∶4)颗粒剂

克拉维酸钾/阿莫西林(1∶4)片剂

……………………………………………………

安奇是如何克服耐药性的?

耐药细菌产生的β-内酰胺酶使β-内酰胺类抗生素水解,失去抗菌效能。安奇中的克拉维酸钾β-内酰胺酶的抑制剂,它可与之结合,使抗生素不被水解,发挥有效的抗菌作用。

……………………………………………………

请按医生处方购买和使用

禁忌证:青霉素过敏者禁用

苏药广审(文)第2003010028

仅限医药专业媒体发布

南京先声东元制药有限公司

NanjingSimceredDoyeaPharmaceuticalCo Ltd

地址:南京浦口经济开发区天浦路10号

电话:(025)8286999 传真:(025)8285555

邮编:211800

例文提示

这两则医药广告都是简介体的广告。例文一是医药企业的招商广告,带有一定的文艺色彩,很有感召力。例文二是处方药广告,语言平实朴素。这两则广告条理清楚,主题突出,达到了应有的广告效果,特别是都注意了随文中联通方式的清晰表达,为工作带来了方便。

知识链接　　**运用修辞格设计广告标语**

运用修辞格,是为了把广告语修饰得优美、生动、感人。以生动形象的文字,准确表达广告意图。

1. 对偶　如推广普通话宣传广告语"说地地道道普通话,做堂堂正正中国人";义务献血广告语"民族在奉献中崛起,生命在热血里延续"等,这类广告语运用对偶的修辞格,使人听起来和谐悦耳,读起来朗朗上口,给人以美感,也便于记忆。

2. 双关　就是利用双关赋予词语多层意思,从而收到耐人寻味的效果。如"说好普通话,知音遍华夏","知音"二字一语双关。利用双关创作的广告语,能增加表现的层次性和丰富性,词浅意深,回味无穷。

3. 对比　譬如"献出的血有限,献出的爱无限"、"好人献上一滴血,病者除却万分忧",这就是利用对比创作出来的广告语,它通过鲜明的对比,给人以深刻的印象和启迪。

4. 仿拟　就是套用人们熟知的语句,使其产生一种新的意义,从而达到加深印象的效果。如"但愿人长久,热血注心田"就是化用苏轼"但愿人长久,千里共婵娟"的诗句写成的。这类广告语为人熟知,让人感到亲切,有利于赢得人们的好感。

5. 比喻　如"血,生命的源泉,友谊的桥梁","普通话——13 亿颗心与心之间的桥梁"等,这些广告都形象生动地说明了各自的作用。

6. 设问　运用设问,以激起人们的思考,增强感染力。如"为何血浓于水?因有爱在其中","你想为社会做点贡献吗?你愿为他人献点爱心吗?请参加无偿献血"。这些广告语构思新颖,提问巧妙,发人深省。

7. 顶针法　如"车到山前必有路,有路就有丰田车",语言巧妙,生动形象。(摘自《中国策划师在线》2008-3-29)

目标检测

1. 医药广告有哪些特点?

2. 根据你所学的药学知识,给你所熟悉的药品写一则广告。

3. 根据下列文字,给××药店拟写一份药品广告。

××药店购进美国强生公司生产的乙酰氨基酚(泰诺)口服液。为儿童配制的剂型;治疗鼻塞、咳嗽、流涕及发热等症状;有儿童喜欢的水果味道;配有专用量杯。

4. 广告文案写作

产品:美彤小儿退热颗粒

产品周期:市场导入期

媒体运用:《××晚报》半版

广告发布时间:10 月份的某一天

要求:分析产品类别、产品周期状况,并根据广告时间的要求,媒介运用情况,完成此广告文案写作。

第 2 节　医药市场调查报告

学习目标

1. 认识医药市场调查报告的性质、特点。
2. 掌握医药的市场调查报告的格式和写法。
3. 能结合医药市场的相关选题,写出规范的医药市场调查报告。

一、医药市场调查报告的性质

医药市场调查报告是对医药市场进行调查研究后，对调查获得的医药市场信息进行分析研究而写出的书面报告。

不管什么样的调查报告都必须具备三个要素：深入的调查；悉心的研究；完善的表达。

作为医药市场调查报告，它的目的就在于了解市场的供需状况和市场信息，对医药的生产、经营和服务进行预测，制定合理价格，指导医药的生产和经营。

二、医药市场调查报告的特点

（一）针对性

一切调查报告不管它的内容和范围有多广，都必须有明确的针对性。医药市场调查就是针对医药市场某一问题或选题进行深入调查研究，提出具有参考指导意义的意见和建议。

（二）真实性

真实性是一切市场调查报告的生命。医药市场调查应从实际出发，实事求是。要准确、客观、全面地反映医药市场情况，要对调查所得的历史资料、现实材料、典型事例、统计数据等反复核查，去伪存真，去粗取精，确保医药市场调查报告的真实性。

（三）典型性

医药市场调查报告就是通过医药市场某方面问题的深入调查，反映出带有普遍意义的问题，揭示市场变化规律，特别要通过面上的调查，抓住问题的实质，从中找出带有规律性的东西，为医药市场的生产、经营和决策服务。

（四）时效性

医药市场是瞬息万变的，医药市场调查报告要迅速及时，并能准确反映医药市场具有代表性的问题，否则就会使调查的报告落后于医药市场的变化，报告也就失去效用，医药市场调查也就没有意义了。

三、医药市场调查报告的分类

由于医药市场调查的目的、内容不同，医药市场调查报告有许多不同的类型，一般可分为如下几类。

（一）医药市场需求调查报告

主要包括医药需求总量、需求构成、消费者的购买力和投资倾向等方面的调查报告。

（二）医药市场资源调查报告

主要是医药生产的原材料供应和进口医药产品的调查报告。

（三）医药产品销售情况调查报告

它主要反映医药的销售情况，包括销售规模、销售能力、促销手段、销售潜力与前景等方面。

（四）医药市场竞争情况调查报告

这一类报告主要反映同类企业的数量、生产规模、技术力量、组织管理能力和产、供、销等方面的竞争力。

（五）医药产品质量情况调查报告

主要是侧重于医药产品生产、供应与售后服务的质量情况。

(六) 医药产品市场价格调查报告

这类报告主要反映的是不同医药产品、同类医药产品的价格情况、决定市场价格的因素和同类医药产品的价格竞争。

四、医药市场调查报告的格式和写法

(一) 标题

医药市场调查报告的标题大体有四种类型。

1. 标题由调查的单位、内容、范围构成　如《××药业有限公司药品质量问题的调查》。

2. 标题由调查的对象和事由构成　如《关于××药品市场销售情况的调查》。

3. 标题直接指出调查对象的状况　如《抗生素产业遭遇亚欧“大冲撞”》。

4. 标题运用双标题的形式　如《药价是怎样涨上去的——对一种药品价格暴涨的追踪调查》。

(二) 前言

前言是医药市场调查报告的开头部分,主要说明调查的目的依据,交代调查的时间、地点、范围、对象,并说明调查的方法。同时也可简述调查的背景、概括调查的主要观点和结论。

(三) 主体

这是医药市场调查报告的核心。这一部分主要包括所调查医药市场的具体情况和情况分析。

具体情况既包括历史情况,也包括现实情况,重点是现实情况。如医药的生产和销售,医药的市场占有份额,医药的质量和价格,大众的医药消费心理等。可以说,材料丰富,信息量大。在主体的把握上要有典型的事例,又要有具体的统计数据;既要有面上的情况,又要有点上的情况。既可以根据调查的材料、问题的性质,得出的结论来分条逐层说明和阐述,也可以根据事情发展的先后顺序或材料内容的逻辑关系,归类叙述。

具体情况分析就是根据上述情况进行具体分析,作出正确判断,找出内在规律,预测医药市场的发展趋势和市场前景,作为医药生产、经营、决策的依据。

具体情况与情况分析是密不可分的。具体情况是情况分析的客观依据、情况分析是具体情况的理性升华,并从具体情况的分析中得出结论、建议。

(四) 结尾

这是医药市场调查报告的结束部分。有的小结全文,也可得出结论,提出建议和意见。有的随主体部分结尾而结尾,不再单独结尾。

五、医药市场调查报告的写作要求

(一) 深入细致的调查,充分占有具体材料

医药市场情况复杂,变化多端。要正确认识和把握药品市场的变化规律和发展趋势,就要在确立调查主旨的前提下,从现实需要出发,确定调查对象,拟出调查提纲,采用灵活多样的调查方法广泛收集具有真实、典型的材料。

(二) 认真分析研究,找出规律结论

在深入调查的基础上,把调查收集的材料进行分类归纳、分析研究,经过“去粗取精,去伪存真,由此及彼,由表及里”的过程。分清现象与本质、主流和支流、成绩和缺点,从中找出带有规

律性的东西,得出结论和意见。

(三)坚持实事求是,做到观点与材料统一

医药市场调查报告,主要靠事实来反映医药市场的客观情况。这就必须坚持实事求是的原则。要用真实准确、全面的材料来说明问题和观点,不要虚假空洞。要做到观点来自材料,观点与材料统一。

例文

××省药品价格问题的调研报告

××省政协调研组

药价虚高,药品招标“一招就死”以及相关政策呈现的种种问题,已经引起社会的广泛关注。在医改实践中,各级政府也加强了此类问题的调查研究工作。日前,××省政协组织省统计局城调队等部门,对全省的药品价格问题进行了一次社会调查,并形成调研报告报送省委、省政府及有关部门领导决策参考。

政府平抑药价,市场药品短缺

近几年来,政府有关部门在平抑药品价格方面确实下了很大的工夫,做了很多的工作。比如,为防止药品乱涨价,制定了药品最高零售限制价格政策,限制了药品暴利行为;为防止医院进药的暗箱操作、回扣盛行等不正之风,出台了医院药品集中招标采购制度,使医院进药基本公开透明;为防止医生开单提成、收受红包等腐败行为,卫生部出台了“八项措施”等治理办法,在医疗行业引起很大震动,起到了很好的效果;有关部门加大了对药品制假、贩假行为的打击力度,并取得了显著成绩;国家七次大面积大幅度降低药品价格,理论上为百姓让利约300亿元;××省还在农村大力推行“两网”建设,即药品供应网和监督网建设,力求妥善解决农村药品质量差及药品城乡同价的问题;有关部门大力支持和保护平价药房这一新生事物,为平抑城市药品价格,减轻群众负担起了很好的作用,受到广大群众的拥护。

虽然有关部门做了很多工作,但从调查的情况来看,药品价格问题仍然没有得到很好的解决,药品价格过高,特别是医院药品价格过高已是不争的事实。虽然国家近年来已七次大幅度降低药品价格,理论上让利百姓在300亿元以上,其中××省让利17多亿元,但老百姓并没有感受到降价给他们带来的实惠。事实上,很多经政府价格主管部门宣布大幅降价的药,渐渐地厂家失去了生产的兴趣,医院的医生不开了,药店里也没有卖了,最后药厂干脆就不生产,或改头换面。低价临床用药不断闹起饥荒,医院用药告急,仅在××就有多达上千种“救命药”短缺。

药品价格与价值严重背离,问题在哪里

药品成本中期间费用高。调研组查看了几家药厂的生产成本核算表,发现很多药品的期间费用占不含税成本的比例过重,有的甚至销售费用高于制造成本。如某厂生产的止痛药,2003年制造成本为2.431元/盒,不含税成本为7.699元/盒,期间费用为5.268元/盒,占不含税成本的68.42%,其中销售费用为2.805元/盒,是制造成本的1.154倍。这样做的结果,既抬高了药品的价格,又给销售中的不正之风留下一个很大的黑洞。其中的原因是,我国药厂低水平重复建设的现象十分严重,一种药有几十、上百家药厂在生产,竞争十分激烈,药厂将很多钱都花在营销这个环节上,所以不得不抬高出厂价格,让消费者来承担这部分成本。很多药品的价格一出厂就是一个严重水肿的怪胎。

一、流通领域乱

我国的药品流通可分为三个部分:上面是制药企业,中间是批发商,下面是医院和零售商。这种流通像个“啤酒桶”,两头小中间大(发达国家呈“哑铃型”,两头大中间小)。以某制药厂生产的胃药为例,此药的生产成本为8.95元/盒,出厂价定为10元,投(中)标价为28元。从出厂

到投(中)标,营销人员有 18 元的利润空间。而国家制定的最高零售限价为 70 元,其利润空间更大。有人估算,平均下来,患者每支付 100 元药费,药厂只得到 30 元,流通环节拿去了 40 元,医院拿去了 30 元。专门从事医院药品推销的医药代表一针见血地说:医院药品价格之所以高,是因为药品经销层次太多,政策留下的空间又如此之大,不正当竞争激烈。自实行招标采购以来,我们"公关"的对象越来越多,以前对象主要是医院的各个关键部位的人,现在,由于大量管理机构介入,招标办、卫生局、药事委员会的相关委员,全都进了需要"公关"的名单,成本自然就高了。

二、药品集中招标采购有明显缺陷

一是招投标的双方并不是市场意义上的生产者与消费者之间的契约约定,而是药品流通领域里上游部门与下游单位(医院)之间的契约约定,没有一方是代表最终消费者(患者)利益说话的,因此本质上它只是一个以医院为本,而不是以人为本的方法。二是药品评标标准不合理。药品在评标时设立了诸多打分因素,其中价格因素只占 26 分,其他是质量 47 分、服务 17 分、信誉 10 分。因为参加投标的单位都是 GMP 达标单位,产品的质量是有保证的,过高的质量分淡化了价格在招投标中的作用。三是整个招投标过程中虽设有竞价程序,但大部分还是以厂家一次性报价为准,故价格不可能在竞争中降下来。四是医院以"利润最大化"为原则。医院现在实行的是顺价销售的方式将药卖给患者,即在招标价格的基础上增加 20% ~30% 再卖给患者。在利益的驱动下,医院是不会购进低价药的。五是招投标行为不规范。如有的招标办规定投标单位要交履约保证金,有的要交风险金,有的要交管理费,有的以各种名目拉赞助费。六是药品招投标中介机构过多。各市、州均设有自己的招投标机构,全省先后成立了 15 家(目前已有 6 家合并)招投标机构,这 15 家招标机构大多信息不灵,方法落后,规模较小,不具备药品中介的条件。

三、医院体制改革严重滞后

这是医院药品价格居高不下的主要原因。医院占有全国药品零售市场 85% 的份额,因此医院的药品价格格外引人注意。而其价格过高的根本原因是我国现行的财政体制和医疗卫生体制的不完善。

首先是补偿机制不到位。据统计,目前医院的总收入中,药品收入约占 48%,医疗服务收入约占 47%,财政拨款约占 5%。

其次是医院单一的公有制成分,采取医药不分、以药养医的特殊经营模式。自二十世纪九十年代起,政府要求医院在实行事业单位企业管理方面进行探索,医院为了求生存、求发展,在内部实行经济和业务目标管理,院方给各科室下达工作指标和经济指标,并与福利挂钩,科室则把指标下达给个人,因而导致以科学为本、治病救人的医德医风在某些地方被商业行为严重扭曲。

再次是医院进药以利益取向为原则。调研组曾当面询问××一家医院的药剂科主任:进药时,在同疗效的几种药中,你是选价格低的还是选价格高的?他回答说:我选利润高的。

四是实行医院药品集中招标采购后,医院不能直接从厂家进药,与平价药房相比,它的进价就高出一大截,如平价药房的九芝堂六味地黄丸(200 粒浓缩)售出价只为 7.5 元/瓶,医院从药品集中招标采购中心购进的中标价为 8.83 元/瓶,而销给患者最少也要 11.48 元/瓶。

四、部分医生医德的变异

有人说,当医生开出的每一张处方,都和他本人的工资、福利、奖金挂上钩的时候,任何的伦理道德都会显得苍白无力。所以,在脆弱的生命面前,患者面对的是绝对强势的医疗机构,不平等的地位决定你只能是"听医由命"。医生为多拿回扣,滥开各种检查,开大处方,用高价药的现象屡禁不止，老百姓怨声载道。

五、国家最高零售限价政策不完善

此项政策原本为限制药品暴利而设，但随着时间的推移，其负面效应逐渐显现出来。最高限价是国家价格管理部门在一定时期内，根据各企业生产条件、成本差异、内在质量的不同，依据其平均成本而制定出来的，目的是限制暴利。但随着各种条件的改进，绝大部分药品生产成本已大大低于原来的水平，而政府价格主管部门的管理严重滞后，给中间商留下了巨大的利益空间，使得流通环节风起云涌，尔虞我诈。这种只限市场最高零售价的管理模式在一定程度上反倒成了商家和医院抬价的政策依据。

六、厂家的取巧行为

采用改名称、换包装、转剂型等手法大幅度提价。一是改名加价，目前我国医药市场上，药品名称十分混乱。同一种药可以有十几个名称，有的药品甚至一个药厂一个名称。改名的原因很多，但其中主要原因是想借机抬高药品的价格。二是改变剂量加价。三是改变剂型加价。四是改换包装加价。五是在常用药理中做一点无关紧要的改变，即申报为新药，价格翻上几倍，甚至更多。

七、部分医院药价违规操作

调研组在××市抽查了 9 家医院的药品价格，其中有部属医院 2 家，省直医院 1 家，市级医院 2 家，省市专科医院 3 家，营利性医院 1 家。重点对专家筛选出的 100 种常用药品中各家医院都有的 38 个品种的药品（西药 25 个，中药 13 个；中管价的 30 种，省管价的 6 种，企业自主定价的 2 种）价格进行了调查，发现，9 家医院的药价均有超过国家最高零售限价的现象，超过最高零售限价的药品达 10 种。

“对症下药”解决药品问题

要下决心改革现行的医院管理体制和医疗体制。一是针对大型医院体制改革严重滞后的现状，有关部门要开展医院医药分业经营与医药分离工作的研究与试点。开展公有制医院股份制改造的探索，让国资逐步退出医院公有制形式，引进外资、民资，建立新型医疗机构，满足各阶层人士看病吃药的需求。二是把部分卫生资源尤其是优质卫生资源下移到社区，建立合理的财政补偿机制，把有限的财力集中起来使用，逐步建立和不断扩大福利型“平民医院”的数量，切实解决社会贫困阶层看不起病和住不起院的问题。三是要特别关注农民看病吃药问题。有关部门应尽快在试点基础上在全省农村推行“两网”工程，做到明码实价。同时还要推进和完善新型农村合作医疗制度，从根本上解决好农民因病致贫、返贫的问题。四是政府可参照国家对国有大型企业的管理模式，派专人进驻大型医院，重点监管医务人员收红包、拿回扣、开大处方、滥行检查之类的不正之风。

要尽快改革药品价格的管理模式。一是将现行以制定公布最高零售限价改为审核制定出厂价，同时分环节规定药品批发进销的差率和零售批零差率，实行按实际进货价顺加差价率制定药品批零价格。二是建立药品生产成本审核、价格专家评审机制，协调各方利益；同时，向社会公开药品生产成本价格、审批价格、销售价格，建立规范的药品价格社会监督体系，使药品价格逐步走向透明、合理。

要加大药监和物价管理部门的监管力度。一是市场中药品改名称、改剂量、改剂型、改包装等方法提高药价，都是通过了药监和物价部门正式批准的，企业正是拿着政府的批文才得以畅通无阻。各级地方政府有关部门在向上申报材料时，必须了解实情，揭露虚假，压缩水分，如实上报。二是物价部门要定期向社会公布各大型医院的药品和医疗价格情况，让老百姓充分享有知情权和选择权。三是要利用全国制药行业进行 GMP 认证之机，淘汰一批低水平的制药企业，避免厂家之间无序和不正当的竞争，保护药厂的正当收益，促进医药产业的健康发展。大力扶持拥有自主产权的药品，减少低水平重复仿制药品，整合科技力量，加大科研力度，形成有自主产权的系列新药。四是政府要引导制药企业生产市场奇缺，而医院又必需的“救命药”，并在一定程度上给予政策优惠。

要进一步完善药品集中招标采购制度。一是药监部门要对现有的招标采购中介机构进行清理，将不合格的机构淘汰出局，让一切有着行政背景的招投标公司尽快退出。二是要进一步规范药品集中招标采购行为，完善集中招标采购制度。要调整现有的评标办法，增加药品评标体系中价格因素的比重。要建立可覆盖全省的电子商务采购平台，提高招标采购集中程度，切断不法人员谋取药品回扣的渠道。三是要充分利用大型物流企业配送药品，减少中间环节，降低流通费用和药品价格。四是医保部门要改进服务，提高工作效率，保证医保资金及时足额到位，使医院能够及时支付药款。

要尽快出台我国药品名称法，规范药品名称。出台药品名称法后，既可避免市场的混乱，防止厂家的投机取巧行为，又可规范药品的名称，大大方便医生用药，增加老百姓在用药时的安全感、信任感，同时还能有效地抑制药品市场中的无序竞争。

要充分发挥行业协会的作用。行业协会作为联系政府和企业的桥梁，具有协调性强、信息面广、信息量大的优势，完全可以发挥更大的作用。建议政府将药品价格初审工作委托给医药行业协会承担，帮助政府把好审批第一关，使药品价格更科学、更合理。

要实现医院间检查资源的共享。这虽然不是药品价格问题，但它可以起到大大降低患者医疗费用的作用。现在各医院只认可本医院的检查结果，转院患者的所有检查都必须推倒重来，加重了患者负担。建议卫生行政管理部门应制定相关规定，将科学、权威、客观的检查结果实现资源共享。

例文提示

这是一篇药品价格问题的调查报告。前言交代了调查背景和目的，主体部分设置了三个小标题，分析药品短缺、药品价格存在的问题，提出解决药品问题的意见和建议。例文结构合理，层次清楚、表述规范。

知识链接

市场调查的常用方法

市场调查的常用方法主要有文献法、问卷法、访问法、观察法等。

文献法是指收集调查与课题有关的书籍、报纸杂志、文件、档案、工作记录、汇报总结、统计数据、各种声像资料等，用于了解研究对象的历史和基本情况，为进一步调查和比较分析做准备。

问卷法是以书面提出问题的方法搜集资料的一种研究方法。通常是将研究的问题编制成问题表格，由被研究对象填写，以了解他们对某一现象或问题的态度、看法和意见，分为开放式问卷和封闭式问卷。

访谈法是指调查研究者通过与被调查者面谈来了解情况、搜集资料的一种形式。

观察法是调查人员运用自己的感觉器官或借助一定的科学仪器有目的、有计划地观察调查对象，记录结果并进行分析的一种直接调查方法。

目标检测

1. 调查报告的三要素是什么？
2. 根据学生在校用药情况，写一份调查报告。
3. 利用寒暑假，到医药企业做调查，就药品的某个方面问题写一篇调查报告。

第3节　医药市场预测报告

学习目标

1. 了解医药市场预测报告的性质、特点。
2. 掌握医药市场预测报告的格式和写法。
3. 能结合医药市场的相关选题，写出规范的医药市场预测报告。

一、医药市场预测报告的性质

医药市场预测报告简称“医药市场预测”，它是医药市场调查的特殊形式。它是在市场调查的基础上，运用各种信息和资料，采用科学方法，对未来的医药市场变化和发展趋势进行分析判断和预见而写成的书面报告。

二、医药市场预测报告的特点

（一）全面性

作为医药市场来说，它的活动不是孤立的，它处在整个社会经济活动体系中。无论是宏观的经济调控，还是微观的具体业务，都必须从社会经济活动中多角度、全方位去分析判断、预测医药市场的发展与变化。

（二）预见性

对医药市场信息的分析研究的目的，是为了作出科学的判断。这种判断越接近医药市场的实际，越能揭示医药市场变化和发展的规律，越能够为社会和企业提供可靠的决策依据。

（三）指导性

医药市场预测的真正价值，就在于它具有指导的实用性。如果失去了对医药市场的指导价值，那么预测也就没有实际意义了。正是医药市场预测，能够比较正确反映复杂而多变的医药市场，所以它成为企业技术改造、更新产品，按需生产，提高质量，促进销售的有效手段。

（四）时效性

医药市场预测无论其内容还是结果，都具有极强的时效性。医药市场瞬息万变，怎样科学而及时地预测，成了掌握时机、趋利避害、在激烈的市场竞争中从容主动的关键。一方面，及时预测可以避免危机和损失；另一方面及时预测可以把握先机，创造财富。

三、医药市场预测报告的分类

医药市场预测报告按不同的标准，大体可分为以下几类。

1. 医药市场的宏观预测和微观预测。
2. 医药市场的地方预测、国家预测和国际预测。
3. 医药市场的近期预测、短期预测、中期预测和长期预测。

四、医药市场预测报告的格式和写法

（一）标题

医药市场预测报告的标题主要有三种形式。

1. 全称式标题　由范围、时间、对象组成。如《2010 年我国医药市场趋势》。

2. 简称式标题　往往只标明预测对象。如《抗生素药市场走势》。

3. 消息式标题　类似新闻报道中的消息标题。如《抗癌药品已不再遥远》。

（二）正文

医药市场预测报告的正文由基本情况、预测分析、建议三部分组成。

1. 基本情况　就是运用资料和数据，对医药市场的历史现状作出回顾和说明。如医药市场的产销情况，购买力情况市场价格情况，同类产品情况，以及国家的药政法规等。

2. 预测分析　就是运用科学的方法对医药市场历史和现状的分析研究，预测医药市场未来发展的基本趋势和走向。

3. 建议　医药市场预测的目的就是为了准确地作出决策，所以应依据分析的情况为决策者明确提出切合实际、适应医药市场变化的建议。

（三）署名日期

五、医药市场预测报告的写作要求

（一）要有明确的对象和目标

医药市场预测涉及的范围很广，可以是生产、销售、研发等情况，也可以是全国、地区、地方等区域，还可以是成本、价格、品种等，必须要有明确的对象和范围。有了明确的对象和范围，搜集资料和资料分析才能有的放矢。对象不清，目标不明，只能是眉毛胡子一把抓。

一般的医药市场预测报告是开宗明义、开门见山地具体说明预测的对象、目标和时间。

（二）要有充分的事实材料

随着人们的消费心理、价格因素、疗效作用、市场份额、新药开发和促销手段等变化，医药市场呈现复杂多变。要准确预测其市场变化和发展，把握其趋势，作出准确的预测。因此，必须深入地调查医药市场，认真审核获取的资料和数据，并进行归纳分析，为准确地预测医药市场的趋势提供确凿的依据。

（三）要进行科学的分析

对医药市场作出科学的分析是进行医药市场预测的必要条件。预测是分析的结果，有了对医药市场的科学分析，才能准确预测医药市场的变化和发展。所以要采用科学的方法、严密的推理、准确的测算，切忌任意发挥、夸大其词，否则就会误导决策。

例文一

2014 年药品零售市场趋势预测

目前，百强连锁销售在整个 OTC 市场的占比仅为 30%，可以说处于“战国时代”，在全国所有省都布点的连锁目前还没有出现，预计今后 10 年也不会出现。尽管如此，随着连锁兼并重组速度加快，主流百强连锁仍然是 OTC 的主体和主流市场。

百强连锁:OTC主流

百强连锁零售市场位于大中城市,这些连锁管理体系完善,议价能力强,(有的)店大欺客,自有品牌、高毛品种多达1000~1200个,几乎所有治疗领域都有自有品牌或高毛主推品种,对OTC企业新品牌打造构成一定压力。目前,百强连锁的产品结构趋于“哑铃型”,即品牌产品和自有高毛产品两头大,中间型产品仅仅是补充。

百强连锁内部执行力一般(个别强执行力的也有),从工业营销的角度分析,可分为采购导向型、营运导向型和采购营运平衡型。采购导向,即采购主导整个连锁,工业只要搞定采购,就可以实现产品销售;营运导向就是营运独立,不受采购制约,且权力大,工业依靠营运才能上量,这时资源就不能全部给到采购,应该留一些协助营运区上量;中间型就是采购、营运各自独立又相互制约,沟通协调成本高。

医保定点药店一般只有大店、中心店、旗舰店才能申请到资格。在有些连锁药店,医保定点药店的销售份额达40% ~60%。但因医保卡违规消费问题,各地纷纷出台医保药店限售令。笔者认为,短期内,医保定点限售还会加强,这对药品是有利的。

非医保定点药店市场完全市场化,依靠产品或定位取胜,店员、店长销售能力较强。大健康产品厂家可做很多文章,只要将产品纳入促销、推广、消费者培育中,就可以培养出一群忠实的消费群体。

县级零售:增量机会

我国县城总体零售药店数量在8万家,每个县都有1~2家连锁分布,门店数为5~20家,县级连锁药店门店数大多在5家左右。在经济发达地区和人口大县,很多县级市场连锁药店的年销售额都在1000万~5000万元。此外,全国有17万家个体诊所,每个县镇都有数家。笔者分析县级OTC市场趋势认为:

首先,各大连锁扩张的重点放在县级市及县城、大镇。在近期的几次连锁论坛上,连锁老总都看好城镇化商机,认为药品零售最后的机会将在县级药品零售市场,未来连锁企业还有3~5年的销售渠道重组机会,以药品、家用器械、药妆、保健食品为主营的连锁药店将在县级市以下崛起,如石家庄新兴、乐仁堂,保定一笑堂,张家口华佗,山东淑玉平民,云南一心堂等。

其次,县级OTC市场可成为药企的增量市场,其特点如下。

1. 市场产品单一,进货渠道混乱,竞争不太激烈,经营水平低。

2. 医药不分,店员专业素养低,厂商培训较少,消费者品牌忠诚度低,无核心品种。

3. 客户要求不太高,相对而言,比较容易沟通。

4. 周边地区的零售药店,无论是终端POP宣传,还是客情关系的沟通和理顺,都比中心城市容易,各项费用也较低。

5. 小投入大产出,县级市场的经营理念较逊色于市区,服务意识、专业水平不够专业,厂家在门店经营与管理方面稍加指引,就能获得较好回报。

6. 没有成熟的高毛利产品群,容易为厂商突破,是保健品有待争夺的阵地。

中小连锁:联盟整合

中小连锁药店OTC市场可以说是药店联盟的天下。目前,全国已有16个省有自己的采购联盟,同时有特格尔、中盟、中百联盟、中药梦、天下药仓联盟以及无数按照联盟模式运作的医药商业、企业或工业支撑的联盟。另外,近10家省级散店联盟相继成立。笔者曾是中国药店联盟先驱PTO联盟的操盘人,也是联盟发展的参与者和见证者,对这类联盟的发展趋势总结如下。

1. 从松散到紧密。联盟成员不在多而在精,志同才能道合。紧密型合作才能发挥规模优势。所谓“志同道合”就是认准了一个目标和一件事,就愿意放弃自己原来的利益,一起做大联盟的规模和品种,以便联盟形成规模优势并有能力提供更好的服务。

2. 从组织到平台。联盟是一个组织，真正有前景的联盟必须是独立运作的医药商业公司，但联盟更是一个平台，是新品类、新思想、新服务、新模式以及最新信息的交流、交友、学习、分享、提升的平台。

3. 从粗放到专业细分。联盟开始深入和细分，如产品细分（药妆、保健品、器械、儿童药、品牌药）、区域细分（省级、区域、全国）、机制细分（紧密、分散），并从供应链细分、资本构成（工商、商商、商零、零零、单店）、业务性质（产品、管理输出）、专业化方面进入细分化阶段。

4. 从小资本到大资本介入、会员股东化。以前的联盟资金不超过1000万元，目前的联盟动辄几千万元资金，出资额越来越多、实力越来越强，资本为纽带趋势明显。“资产一体化”联盟体的出现和成功（如上市），将对现有联盟的目标取向和流通企业的并购产生重大影响。笔者提倡联盟要实现会员股东化、公司股份化。每个会员都承担相应的责任义务，受到相应制约，而股东化的全国性联盟才有前景。

5. 联盟执行力提升，进入体系支持阶段。一般而言，联盟会员的董事长、总经理都愿意为联盟发展有所付出，但不同会员的执行力和内部采购与营运体系、激励机制的执行力和导向，即整体的营运体系制约了会员和联盟的合作，表现出来的是执行力差。因此，会员必须从机制、体系、制度、激励方面，全面提升和联盟的合作执行力，变“董事长工程”为员工与部门的具体行动。

6. 从“多角恋”进入忠诚阶段。联盟是一个封闭体系，一个会员单位最多参加一个省级、一个全国性联盟，才能形成差异化。滥爱即是无爱，加入多家联盟就是对谁也不想负责和尽职。

7. 联盟品类规划进入“非药高毛”。首选联盟成员，放弃一些自己采购的产品，可以降低采购成本，包括资金和沟通成本。受新医改影响，基药在药店销售不畅；而普药各连锁都有高毛产品，因此联盟品类构建的下一个目标就是非药品。非药品是连锁药店普遍关注的话题，大家都在寻求自己的非药高毛利产品，都在培育药妆产品。

这就给联盟构建新品类形成了客观的市场需求，药品流通“十二五”规划明确提出，要创新药品经营模式，鼓励批零一体化经营，鼓励药品零售企业开展药妆、保健品、医疗器械销售和健康服务等多元化经营，满足群众自我药疗等多方面需求。

8. 联盟将出现全国整合和两极分化。全国性联盟的横向整合，联盟间的合并、并购、合作将很快出现，全国性联盟和地方性联盟会出现实质性合作，实现资源共享。区域性联盟将根据执行力、资金纽带、合作意愿，向着两极分化的方向发展，强者更强，弱者将可能消失，或成为一年两次靠厂家赞助的吃喝聚会。

9. 以商业资本为纽带的联盟将脱颖而出。目前，零零联盟有两个致命的问题：一是会员采购能力强，已经构建了较好的品类结构，用联盟的产品取代会员的高毛利产品没有优势，二是联盟自己开药店，这是致命错误，相当于和会员抢消费者。

避免这两个问题的最好方法就是联盟的主体，不再是连锁药店，而是商业公司。目前已出现了很多这样的商业公司，他们有高水平的药学采购专家，代连锁药店采购高毛利品种，而且有营销队伍销售和推广自己的产品，比如成都大蓉和联盟、浙江为诚医药的中药盟、武汉天下药仓联盟、安徽的华仁医药联盟、广州金百合联盟等都是商业资本主导的联盟，发展趋势良好。

10. 品牌产品集采。中小连锁药店难以直接从大品牌工业中获取较多的额外支持、返利、促销，于是拦截品牌产品，或拿品牌产品打价格战，结果两败俱伤。一些采购联盟对一些品牌产品实行集中现款采购，维护终端统一价格，做品牌产品的相对高毛利主推，销量大大提升，联盟从厂家得到的支持返利增加，实现双赢。目前，西北医药有些公司（甘肃联盟）、贵州药店联盟、山东联盟都有这样的成功案例，河南豫盟还发动会员进行PK竞赛，提升厂商合作密切度。

（选自2013-12-10《医药经济报》，作者：李从选）

例文二

2014年中国医疗IT市场10大趋势预测

2013年我国医疗改革稳步推进，政府的医疗卫生信息化投入增加，医院的信息化继续保持高速发展的态势。2013年11月结束的十八届三中全会决议中，允许医师多点执业、促进民营医院发展和促进公立医院改制等深化改革措施，将会非常有力地推动医疗信息化的发展。

预计2014年医疗卫生信息化将会继续保持高速的发展，移动医疗和临床数据中心成为医院信息化建设的热点，大数据临床决策支持系统将会开始尝试应用；医师多点执业将促使区域卫生信息化再次掀起建设热潮，区域卫生信息化的发展也将带动云计算在医疗行业的应用。民营医院快速发展，公立医院试点转制重组。基于此，IDC对2014年我国医疗行业IT市场作出如下10大预测。

1. 移动医疗系统在大型医院快速普及，提高医护人员工作效率。移动医疗不仅是医疗信息化的发展方向，也代表着医护工作者工作方式改变的趋势。移动医疗有主要的四类应用形态，即移动护士类应用系统（如移动查房、移动输液等）、移动医生类应用系统（如移动调取电子病历、移动诊断和会诊等）、移动管理应用系统（如患者统计、用药统计等）和移动患者应用系统（如移动挂号、化验单查询等）。数据显示，截至2013年9月全国范围内17.5%的三级医院已经使用了移动医疗系统。在已经安装了移动系统的医院中，大多数医院目前使用的移动医疗系统功能比较简单，预计2014年多数医院将扩大移动医疗的部署范围，扩展移动医疗的功能；同时2014年将会有更多的医院开始建设移动医疗系统。医护人员BYOD（bring your own device，自备设备）也将逐渐成为移动终端应用的重要模式。

2. 医院无线网络建设加速，并带动固定网络的升级。无线网络建设是移动医疗和物联网应用的基础，越来越多的医疗设备也需要接入或者组建无线网络，所以医院对于无线网络的需求快速增长。预计2014年大型三甲医院将会出现构建全院级无线网络的热潮，并与有线网络有机融合。

3. 临床数据中心成为医院的建设重点，大数据临床决策支持系统开始试点。随着医院的信息系统逐步完善，积累了大量临床数据，预计用来集成各应用系统的临床数据中心成为2014年医院建设的一个重点，基于临床数据中心的分析和挖掘不仅支持医院的管理和临床决策，而且逐渐成为与区域卫生系统集成的端口。

4. 医师多点执业促使区域卫生信息化再次成为热点。多点执业的政策使医疗专家能够在多个医疗机构之间流动，将会有效地起到分流患者的作用，多点执业在带动医疗工作流程变化的同时，也带来了患者病历信息在不同医疗机构之间交换和共享的需求，这对于目前正在发展的区域卫生信息系统是一个挑战，但同时也是一个机会。

5. 专业临床科室的信息系统开始建立，医疗信息化向纵深发展。虽然大部分的医院都建立了电子病历等信息系统，但是电子病历系统是通用型的，目前一些科室特有的疾病信息和治疗信息很难记录下来，不能满足医生的需求。预计2014年专业的临床科室信息系统将会在大型医院开始建立。

6. 医院机房和数据中心升级，带动企业级IT产品需求增长。在城市化进程中，不仅大城市的医院，地级市医院和县级医院也在不断扩建，将带动服务器、网络和存储设备等产品的升级。

7. 民营医院快速发展，公立医院改制重组试点，外资医院扩张。在政策的激励下，预计2014年民营医院快速发展，综合性的民营医院也将会建立起来，部分公立医院将转制为民营医院开始试点，外资医院也将加快发展。

8. 社交网络与健康管理结合，促进可穿戴健康设备市场发展，生成医疗大数据。健康管理公司推出大量的可穿戴设备，其市场在2013年保持了快速发展，相应的健康管理的互联网社交工具及移动社交工具快速发展，极大地促进了可穿戴健康监测设备市场的发展，同时也积累了大量与消费者健康相关的数据。

9. 机构养老的管理信息系统开始尝试与医院信息系统集成，远程医疗支持居家养老。养老机构信息化建设及其与医院信息化系统的集成将开始形成一种模式，在一些省开始建设并运行；远程医疗系统是居家养老的重要工具，利用互联网、移动应用系统和物联网等技术，能够使老人在家里获得必要及时的医疗保健服务。

10. 制药行业的研发和创新受到普遍重视，研发对大数据等信息化的需求加剧。新药研发的重要性在制药企业中已经达成共识，但是目前支持药物研发的信息系统还非常不成熟，预计2014 年，支持药物研发的大数据技术将会开始酝酿和孵化，为未来药物研发提供新的解决方案，这一方案将应用最新的 IT 技术。

（选自《国际电子商情》，2014-1-20）

例文提示

例文一根据连锁销售的市场份额和连锁兼并重组速度加快的态势，以小标题的形式，预测了 2014 年百强连锁、县级零售、中小连锁的零售市场趋势。例文二根据 2013 年我国医院的信息化高速发展的态势和十八届三中全会的医改精神，对 2014 年我国医疗行业 IT 市场作出 10 大预测。两篇例文形式有序，条理清楚。

知识链接　　**定性预测与定量预测**

定性预测与定量预测是两种常用的预测方法。

定性预测是凭借预测者掌握的知识，专业工作的丰富经验和分析判断能力，对仅有的资料进行综合判断、演绎推理，从而测定和推断预测对象未来发展的性质及趋势的方法。使用定性预测，能综合各种因素，分析复杂情况，速度较快，简便易行，但容易带有主观性，精确度略差。

定量预测是运用一定的数学方法，对掌握的大量历史和现实的资料、信息以统计公式或数学模型进行定量分析或图解，模拟预测对象，揭示变量之间规律联系的方法。这种方法的目的在于预测未来发展变化的趋势，揭示发展变化的规律。使用定量预测，比较客观，但影响市场的某些人为因素、社会因素不易量化。

目标检测

1. 医药市场调查报告与医药市场预测报告有什么共同点和不同点？
2. 医药市场预测报告正文的三个部分之间有什么关系？

第 4 节　医药市场经济活动分析报告

学习目标

1. 了解医药市场经济活动分析报告的性质和特点。
2. 掌握医药市场经济活动分析报告的格式和写法。
3. 能结合医药市场的相关选题，写出规范的医药市场经济活动分析报告。

一、医药市场经济活动分析报告的性质

医药市场经济活动分析报告是对一定时期内医药市场的生产经营所反映的各种信息情况

和各种指标，进行全面而系统分析所写的书面报告。

医药市场经济活动分析的目的在于正确评价或评估某一时期的医药市场经济情况，掌握各项经济指标的完成情况，确定医药经济营运成果，查明存在的问题及原因，提出改进措施，以便进一步改善医药经济营运条件，提高经济效益。

二、医药市场经济活动分析报告的特点

（一）综合性

医药市场经济活动是一个复杂的系统；影响这个系统营运的因素很多，既受系统营运内在因素的影响，又受系统营运外部条件的影响。医药市场经济分析报告就是对医药市场经济营运系统进行综合分析，包括整体和局部、正面和侧面、内部和外部、现象和本质、事实和数据等各个方面，从而揭示出医药市场经济发展的本质和规律，评价医药市场经济活动的成绩，找出存在的问题，提出改进的措施。

（二）定量性

任何市场经济活动分析，根据的是市场经济活动的事实和数据，而事实又是在很大程度上通过数据来表现的。医药市场经济活动分析就是通过对医药市场经济活动的事实和数据进行分析，尤其是以数字为依据，对大量具体的数据做定量分析，只有通过量的分析，才能正确评价医药市场经济活动的质。任何离开具体数据，仅凭主观臆断，不可能准确地反映市场经济活动本质和规律。

（三）指导性

医药市场经济活动分析就是对现实的医药市场经济营运情况作出及时而准确的分析，以便更好地指导未来的工作。

三、医药市场经济活动分析报告的分类

医药市场经济活动分析报告根据不同标准，大体可以分为以下几类。

1. 定期分析报告与不定期分析报告。
2. 全面分析报告与专题分析报告。
3. 市场分析报告、计划分析报告与财务分析报告。

四、医药市场经济活动分析报告的主要方法

（一）对比分析法

主要是通过可比数据资料进行对比来找出差距、发现问题。

（二）因素分析法

就是化整为零，将综合指标分解为若干因素，分析各因素对综合指标的影响，尤其分析影响综合指标的关键因素，找出问题所在。

（三）平衡分析法

医药市场经济活动的营运是一个综合因素，良好的营运效果必然是各种因素相互协调的结果。平衡分析法就是根据医药市场经济发展的客观规律，分析医药市场经济活动的各种因素的协调关系，全面反映医药市场经济活动的过程与结果。

五、医药市场经济活动分析报告的格式和写法

(一) 标题

医药市场经济活动分析报告的标题通常有三种形式。

1. 由单位名称、时间、内容、文种构成 如《××医院 2012 年上半年经济活动分析报告》。

2. 由时间、内容、文种构成 如《2012 年资金使用情况分析》。

3. 以建议或意见作为标题 如《关于中药材行业新形势的分析及建议》。

(二) 正文

正文部分分前言、主体和结尾三部分。

1. 前言 是医药经济活动分析报告的开头部分,主要介绍经济活动分析的基本内容,主要经济指标完成情况,给人以一个总的概貌和印象。

2. 主体 是医药市场经济活动分析报告的核心部分。要具体介绍医药市场经济活动中主要指标完成情况,如产值、成本、销售、利润等各种指标,并且与计划数、日期数、同类企业实际数进行比较,来确定企业计划完成情况,判断经济效益的高低,反映企业市场经济活动的发展变化。在此基础上进行分析,解剖每个指标的构成因素,评价或评估取得的成绩,找出存在的问题,分析其原因。

3. 结尾 是医药市场经济活动分析报告的结束部分,是在主体部分分析的基础上,针对所反映出来的问题提出改进意见或措施。

(三) 署名、日期

六、医药市场经济活动分析报告的写作要求

(一) 宏观分析与微观分析相结合

医药市场经济活动的营运不是孤立的,它既受宏观政策条件的制约,又受营运系统内部各种微观和主观因素的制约。在进行医药市场经济活动分析时,要从宏观着眼,以国家的药政法规为指导,树立全局观念,掌握国内外医药经济发展的态势,又要全面正确地分析本单位本部分的经济活动情况,避免分析的片面性和局限性。

(二) 材料要翔实,数据要准确

医药市场经济活动是一个综合系统,往往一个材料的缺乏或失实,一个数据的不全或失真,就会导致整个分析的片面或错误。所以要有丰富而翔实的材料,包括历史材料、一般材料与典型材料,而数据则应做到认真审核,确保精确无误。

(三) 语言要准确

医药市场经济活动分析报告主要运用说明的表达方式,所以在表述过程中要用准确语言来说明概念、术语、时间、区域、范围、程度、状况等。

例文

××药业有限公司 2012 年度经济分析报告

一、基本情况

2012 年是我公司完成重大技术改造的第一年。这一年任务重、压力大,但是,公司紧紧抓住药品生产与销售不放松,充分调动企业员工的积极性、主动性和创造性,生产与销售超额完成了

全年的各项计划经济指标，生产总额达到了18 240万元，比计划增加了240万元，销售总额达到了18 160万元，比计划增加了2020万元，整个企业收入达2572万，比计划增加112万，与去年各项指标相比，经济效益有了显著提高，整个企业经济营运的态势良好。

二、各项经济指标完成情况

2012年，公司的各项计划经济指标比较上年度要高得多，生产要完成18 000万元，比上年度高5%；销售要完成17 600万元，比上年度高8%；企业整个收入要完成2860万元，比上年度高5%。由于公司群策群力，对内挖掘企业潜力，对外拓宽销售渠道，因而生产总额达到了18 240万元，比较上年度增加了1140万；销售总额达到了18 160万元，比上年度增加了1968万元；企业库存比上年度降低了5%，整个企业收入达2573万，较上年度高255万元。

应该说，2012年度企业的整体经济状况是好的，尤其是销售与实际收入得到了很大的提高。但是，还存在一定的问题。

1. 全年销售增加了1968万，而全年收入只增加255万元，虽然都超额完成了计划指标，但是没有取得同步增长，这主要是由于企业营运成本增幅高于全年利润增幅。

2. 今年的实际费用支出比计划支出多112万元。办公费用与去年基本持平，维持在16万元左右；水电、燃料、药品的包装和运输、银行贷款利息支出共为364万元，比去年多了42万元，超额在正常范围之内；而招待费、差旅费、会议费、广告费都出现了较大幅度的超支，共达70万元。

三、改进意见

1. 开展增产节约、增收节支活动，采取积极有效的措施，降低消耗，反对浪费，努力使企业营运成本有较大幅度的减少。

2. 加强支出管理。可开可不开的会议不开，可做可不做的广告不做，可用可不用的支出不用，要精打细算，一律停止不必要的开支。

公司经济部

2013年1月12日

例文提示

例文是单位内部的年度经济活动分析报告。首先介绍了这一年度的工作背景，并用数据说明该年度所完成的经济指标，然后得出结论：经济效益有了显著提高，整个企业经济营运的态势良好。文章主要的篇幅是在用对比分析来说明该年度公司运营中取得的成绩和存在的问题。在文章结尾提出了改进的意见。文章层次清楚，表述简明，分析科学，意见中肯，是单位中常规的医药市场经济活动分析报告。

目标检测

医药市场调查、医药市场预测和医药市场经济分析这三种报告的侧重点有什么不同？

第5节　医药经济合同

学习目标

1. 了解医药经济合同的性质和特点。
2. 掌握医药经济合同的格式和写法。
3. 能结合所给出的相关信息与材料，写出规范的医药经济合同。

一、医药经济合同的性质

合同是平等主体的自然人、法人、其他组织之间为实现一定的目的，依法协商并以书面形式确认相互间权利与义务关系的一种协议。

1999 年 10 月 1 日实施的《中华人民共和国合同法》第 2 条明确规定，合同是“平等主体的自然人、法人、其他组织之间设立、变更、终止民事权利义务关系的协议”。

医药经济合同就是在医药生产、经营和管理过程中，双方或多方当事人依法协商并以书面形式确认的一种权利与义务关系。

依法订立的医药经济合同，一经签订就具有法律效力，并受到法律保护。因此，合同关系是一种法律关系，合同当事人既可以充分享受医药经济合同所规定的权利，也必须全面履行其规定的义务。任何一方不得擅自修改、变革或解除合同，否则，就要承担法律责任，支付因此给对方当事人所造成的经济损失。

所以，医药经济合同能够切实保障双方当事人的经济利益，对双方当事人全面履行合同既是一种约束，也是一种激励。

二、医药经济合同的特点

（一）合法性

医药经济合同是双方当事人按照合法程序和合法形式，在自愿和协商的基础上达成的协议。其内容和形式必须符合国家的法律和法规，否则就是无效合同，不受法律保护。

（二）约束性

合同一经签订，也就从法律上确立了合同当事人的民事法律关系。合同双方就必须全面而严格地执行，不得随意违反。只有在符合法律规定的情况下，才能修改、变更或解除。如得到对方当事人同意，或双方通过协商取得一致意见，才能对合同进行修改、变革或解除。任何合同之外的第三者都不能对依法签订的医药合同进行非法干预和侵犯。

（三）平等性

任何依法签订的合同，其当事人都是作为平等主体，在法律上的地位是平等的。任何一方不得将自己的意志强加给对方。双方当事人应当平等互利，协商一致，取得共赢。即使对合同的理解产生了分歧，也应该友好协商，或通过一定的途径来解决。

三、医药经济合同的分类

医药经济合同的种类很多，按照不同的标准可以分成不同的类别。按照《中华人民共和国合同法》的规定和医药经济的特点，在医药工作中常用的主要有：①医药产品购销合同；②医药生产承包合同；③货物运输合同；④仓储保管合同；⑤财产租赁合同；⑥借贷合同；⑦技术合同；⑧劳务合同。

四、医药经济合同的格式和写法

（一）标题

医药经济合同的标题不同于其他专用文书，一般由合同的性质和文种组成，如《××药品代理经销合同》、《技术转让合同》、《药品配送合同》、《劳动协议书》等。

（二）立合同方

在合同标题下面并列书写合同当事人的名称（要使用全称），然后用括号注明规定的简称，或称“甲方”、“乙方”，或称“供方”、“需方”；如有第三方，也要写明。

（三）正文

正文是合同的主体部分。一般情况下，首先简要点明订立合同的目的和依据，其次逐条写明双方协商议定的条款，具体规定各自所享受的权利和应承担的义务，其主要条款如下。

1. 标的 是合同当事人双方权利义务共同指向的对象，如产品、货物、工程项目、知识产权、劳务、财产、专利等。任何合同都必须有明确的标的，否则，合同当事人的权利义务就不能落实，合同就无法履行。所以，合同的标的必须具体明确。

2. 数量和质量 是合同标的具体化。数量是指标的的数量，合同中必须明确规定标的具体数量、计量单位和计量方法。质量是指标的内在和外在的质量，它既包括标的物的好坏优劣，也包括标的物的品质、规格、型号、标准等，如果标的物的质量难以表达，则确定样品，由双方封存后凭样验货。

3. 价款或酬金 是取得合同标的的一方向另一方所支付的代价或酬金。它以货币数量来表示。所以合同必须明确规定标的的价款或酬金以及结算方式。一般来说，合同双方可以进行自由商定买卖价格，但有国家规定标准的，则应按国际规定执行。

4. 履行的期限、地点、方式 履行期限就是确定合同履行的时间标准，特别是涉及交货和付款的期限，一定要具体明了。履行地点就是确定承担义务的地点和范围，如交（提）货、付款、验收、劳务等必须有明确的地点。履行方式就是合同当事人采用什么方式来履行合同规定的义务，是一次性，还是分期分批；是送货、提货还是代运；运输或代运的费用怎么承担等。这一切都必须有明确的规定和确切的表述。

5. 违约责任 是指当事人的一方或双方，由于自己的过错造成合同不能履行或不能完全履行，按照法律规定和合同的约定而承担的经济制裁。它主要是通过违约金的形式来反映。

（四）结尾

结尾要写明合同的期限，双方当事人签名盖章，以及双方单位地址、邮政编码、电话号码、开户银行、银行账号、签订日期。如有附件的均要附注。

五、医药经济合同写作的基本要求

（一）要严格按照国家的法律法规

签订合同必须遵守国家的法律法规，要符合《中华人民共和国合同法》的要求。作为医药经济合同，特别是药品的生产、经营和管理，还必须符合《中华人民共和国药品管理法》的要求。

（二）内容要完备，条款要齐全

合同一经签订，就具有法律效力，任何一方都不能违背，否则就要赔偿经济损失或承担法律责任。所以在研究、协商和拟写合同条款时，要考虑周全，力求把双方的权利义务等内容写得完备，把应具备的条款写得齐全，以避免因内容和条款的不完备所带的精神和经济的损失。

（三）规定要具体，表述要周密

合同的各项条款都关系到双方当事人的切身利益，所以规定必须具体明确，语言表达必须准确严密，在容易产生歧义的地方，要斟字酌句，明白无误。

例文一

梦溪药店承包经营合同

甲方：江南医药有限公司

乙方：林××

根据《中华人民共和国合同法》、《药品管理法》等相关法律规定，经甲乙双方就承包梦溪药店经营事宜，协商一致，签订如下协议。

一、甲方将梦溪药店的经营权承包给乙方经营。

二、乙方必须严格按照国家允许经营范围的品种经营，不得违法违规经营；必须按照药品管理规定和药品管理办法进行严格管理；对所经营的药品质量负完全责任。

三、乙方每年向甲方交付承包经营费用 10 万元。每年 1 月和 6 月各交付 5 万元。

四、承包期自 2008 年 1 月至 2010 年 12 月止。

五、乙方自主经营、自负盈亏、照张纳税，甲方不干涉乙方的经营。甲方不承担乙方的债权债务，乙方不承担甲方的债权债务。

六、一方违约须承担 2 万元的违约金。

七、本协议未尽事宜，协商解决。

八、本协议一式二份，甲乙双方各执一份。

甲方：　　　　　　　　　　　　乙方：

年　　月　　日　　　　　　　　年　　月　　日

例文二

工矿产品购销合同

供方　××药业有限公司　　　　　　合同编号：00386

需方　××市医药公司　　　　　　签订地点：××市医药公司

签订时间：2012 年 12 月 6 日

一、产品名称、商标、规格、数量、金额、供货时间及数量

产品名称	商标	规格	单位	数量	单价	金额	交提货时间及数量					
							合计	12 月				
西利宾胺		500mg × 12 片 × 5 板/盒	盒	8000	37.2	297600	8000	8000				
合计人民币(大写)贰拾玖万柒千陆百元整												

二、质量技术标准　按照国家标准

三、供方对质量负责的期限　自交货日起一年

四、交提货方式＿＿送货上门＿＿

五、运输方式及到达站(港)和费用负担＿＿无＿＿

六、合理损耗计算方式＿＿无＿＿

七、包装标准、包装物的供应与回收和费用负担＿＿包装完好＿＿

八、验收方式及提出异议期限＿＿有异议三个月内通知对方＿＿

九、随机备品、配件工具数量及供应办法＿＿无＿＿

十、结算方式及期限＿＿货到三个月内以汇票形式付款＿＿

十一、如需提供担保,另立合同担保书＿＿无＿＿

十二、违约责任 不能够按时交货或付款,每迟一日偿付贰佰元违约金

十三、解决合同纠纷的方式 双方协商或向需方工商管理部门申请仲裁

十四、其他约定事项＿＿无＿＿

供方	需方	鉴(公)证意见:
单位名称 ××药业有限公司	单位名称 ××市药业有限公司	无
单位地址(略)	单位地址(略)	经办人　无
法人代表	法人代表	鉴(公)证机关 无
电话	电话	
开户银行	开户银行	
账号	账号	
邮编	邮编	
×年　×月　×日	×年　×月　×日	年　　月　　日

例文提示

例文一是企业承包经营合同,例文二是药品购销合同,二者做到了简洁明确,条文结构,主体部分将有关事宜交代清楚,语言严谨周密;尾部是落款,比较规范。例文二的首部交代了当事人的供需双方、合同编号、签订时间、地点几项要素,这是现在合同写作中的常规做法。

知识链接

警惕经济合同中的欺诈

市场经济中,经济合同是企事业单位及人们经济交往中的必不可少的契约。但在许多国内外贸易履约中往往存在着不守信誉、不讲公德等诸多问题,其中经济合同的欺诈最为普遍,又是最难预防的。这种合同一般都"包装"着合法的外衣,貌似合法公允,实则却是利用合同来骗取财物的不正当竞争行为。

常见欺诈手段有以下六种。

诱:一是以"利"相诱。用低投入、高回报当诱饵。二是以"炒"相诱。不法者编织离奇故事,大炒大传子虚乌有的故事,引人上当签约。

钓:一是"预设埋伏"。如在履约时以送货为名,让对方在验收单上签字,然后以偷梁换柱的办法,将劣质货换下已验收待提运的产(商)品,或以突然袭击方式,制造混乱局面干扰对方正常工作程序,从而使对方上当,达到非法目的。二是"以少博多"。骗者以签订数额巨大的购销合同取得对方的欢心,然后以少量预付款骗取大宗货物,或以少量货物骗取巨额资金。三是"金蝉脱壳"。不法商以承包人或业务员等"合法"身份签订经济合同,待货一到手,则以低价倾销出去,收入归己后,则逃之夭夭。

谋：一是“以小谋大”。挖空心思签订了某项产品，或预约销售以支付微小定金的方式大捞一把，尔后便“曲终人散”。二是“以假谋真”。履约时，以支票付款但有意交付不符合要求的支票，利用银行支票承付的时间差骗取财物。三是“以介谋利”。利用虚假中介骗人。

伪：用假公司，或已注销的企业，把自己包装成一个大公司的派头，虚张声势，虚构合同主体和合同标的，骗取他人。

媒：行骗几方沆瀣一气，通过多番转介，转来转去，到后来弄不清买卖双方是谁，货在哪里，打官司竟找不到被告，从而达到骗取钱财的目的。

坑：骗者通过渲染、鼓吹、故弄玄虚、大搞文字游戏、伺机浑水摸鱼，达到诈财的目的。（摘自《实用写作》（人民卫生出版社，主编刘静）

目标检测

1. 医药经济合同主要有哪些条款？
2. 根据下列内容，拟写一份药品购销合同。

东方医药公司（甲方）与中兴药业（乙方）在 2014 年 3 月 18 日签订药品购销合同。药品为：西利宾胺片 500mg×12 片×5 板/盒、包装 200 盒/箱、批发价 37.20 元，共 150 箱；复方益肝灵片 21mg×12 片×3 板/盒、包装 200 盒/箱、批发价 12.7 元，共 200 箱。合同规定，由乙方或者 4 月 6 日之前一次性送货到甲方，运费由乙方负担，两种药品的价格在原批发价格基础上以 80 扣结算。货款在交货后一周内由银行电汇。这份合同一式二份，双方各执一份。

第 6 节　医药招投标书

学习目标

1. 认识医药招投标书的性质和特点。
2. 掌握医药招投标书的格式和写法。
3. 能结合所给出的相关信息与材料，写出规范的医药招投标书。

一、医药招投标书的性质

医药招投标书是在医药工程建设、项目承包、合作经营、技术转让、科技服务、医药产品交易时，招标人公布一定的标准和条件，以招请他人参与竞争，而投标人按照招标要求提出报价或经营设想的竞标申请。它包括招投标活动的两个方面，一方面是招标方为招揽承包者参与竞争而公布招标书，另一方面是竞标方为战胜竞争对手成为中标人而提交投标书。

招投标是国内外经济活动中广泛采用的一种竞争手段，是竞争机制进入商品交易活动的产物，特别是在重大项目的承包、经营、租赁和科技服务等方面被广泛运用，并取得了很好的效益。同时它也促进了经营企业或单位的改革和管理，增强了活力量，提高了市场竞争力和自身的经济效益。

二、医药招投标书的特点

（一）目的性

医药招投标活动的目的非常明确，招标方招标的目的就是以最少的投资来获得最大的效益，而投标方投标的目的就是为招标单位提供最佳的评标定标的依据，以战胜其他投标者而成为中标人。

(二)明确性

招标书是投标的基础和条件,投标书又是评标定标的依据。因此,医药招标投标书的内容必须具体明确,如果内容不明确,也就无从投标和定标,招投标活动就无法进行,招投标的目的也就不能实现。

(三)严肃性

医药招投标是一项严肃的经济活动,国家为此颁布了一系列的政策和法规,重大的招投标必须经有关部门的严格审查和批准。而且它也受到国家的法律保护,具有一定的约束力。无论是招标方公布招标书,还是投标方提交投标书,都必须要严格按照国家的政策法规,严肃进行招投标活动。

三、医药招投标书的种类

医药招投标书按照不同的标准有不同的分类,一般情况下,按医药招投标项目来划分,主要有以下几种:①医药建筑工程招投标书;②医药产品交易招投标书;③医药经营承包招投标书;④医药技术项目招投标书;⑤医药劳动服务招投标书;⑥医药企业租赁招投标书。

四、医药招投标书的格式和写法

招投标书的结构一般由标题、正文、落款三部分组成。

(一)标题

医药招投标书的标题一般由招投标单位名称、招投标项目或内容、文种等组成,如《2014年××省××市人民医院关于药品集中配送项目招标公告》、《医疗器械设备投标书》;有的标题简要直接,如《招标公告》、《投标书》等。

(二)正文

医药招投标书的正文一般包括前言、主体和结尾三部分。

1. 前言 主要写明医药招投标目的、项目名称及招标的对象范围、投标的意愿承诺。前言部分应开宗明义、提纲挈领。

2. 主体 这是医药招投标书的核心内容。

医药招标书主要有:招标内容、条件、要求及有关事项,包括招标范围、方式、时限、地点、投标与开标的时间等。如医药工程项目招标应说明工程地址、工程概况、工程总量、承包方式、竣工期限;医药产品交易招标应写清产品名称、数量和质量、规格和品种;医药企业承包经营招标应明确招标范围和程序、企业基本情况、中标标准、承包期限、承包内容、完成指标、权责和收入等。

医药投标书主要包括拟定确切的标的、阐明自己的设想、提出具体的措施、说明自身的实力等。如医药工程项目投标应说明工程总造价和各项费用标价、工程达到的质量、开工和竣工日期、施工技术措施、工程进度安排等;医药产品交易投标应写清医药产品品种名称、产品总报价和分项报价、组织生产产品的措施、产品规格、型号和质量、交货的时间、地点和方式等;医药企业承包经营投标应提出经营管理方案、达到的经济技术指标、实现的依据、步骤和措施、个人学历和简历、业务经验和能力、相关证明材料等。

3. 结尾 医药招投标书的结尾主要写明招投标单位名称、地址、电话号码、传真号码、邮政编码、联系人等,有授权的,则应一并写明授权代表人姓名、单位和联系方式,最后写明招投标的日期。

因投标书涉及投标人的报价、产品品种、投标人的资质和证明材料，所以在投标书结尾还应有一个附件。

五、医药招投标书写作的基本要求

(一) 招投标书要符合国家政策和一般程序

制作招投标书要严格遵守国家的有关政策法规，执行国家颁布的技术规范和质量标准，不能弄虚作假，欺骗对方；同时，要熟悉招投标的基本知识和程序，使招投标活动能够正常有序的进行。否则容易造成废标即无效标。

(二) 招投标书内容要明确具体

招标书是投标书的基础和条件，投标书是评标定标的依据。招投标书是中标后签订合同的基准，因此招投标书内容陈述一定要明确、具体，特别是涉及的指标、报价等数据要准确。语言要简练，语义要单一，不能产生分歧和误解。

(三) 招投标之前要调查研究

在编制招投标书之前，必须进行深入的市场调研，掌握充分的信息资料，制定公正、合理的数据指标，编制出正确的招投标方案，以保证自己目标的实现。

例文一

××市人民医院关于药品集中配送项目招标公告

为进一步规范药品采购工作，保证人民群众用药安全、快捷、方便、有效。根据《国务院关于印发〈“十二五”期间深化医药卫生体制改革规划暨实施方案〉的通知》和《××市人民政府关于印发××市医疗机构药品集中配送管理办法(修订)的通知》(×政〔2013〕×号)等有关规定，经上级主管部门批准，结合医院实际，将对药品集中配送企业实行公开招标。欢迎符合条件的药品配送单位参加招标，现将有关事项公告如下。

一、项目名称及内容

1. 项目名称：××市人民医院药品集中配送项目

2. 项目内容：××市人民医院采购药品集中配送

3. 招标文件编号：××2014-01

二、投标人资格要求

1. 注册资金 1000 万元以上(含 1000 万元)。

2. 具备一年以上的药品配送经验，且配送业绩良好。

3. 商业信誉良好，由地市级以上药监部门提供的近两年在经营活动中无违法违纪行为的证明。

4. 有依法缴纳税金的良好记录。

5. 具有履行合同必须具备的药品供应保障能力，有完善的配送网络和运输能力。

6. 具有与配送药品相适应的现代物流设施设备，药品储存能力必须能满足医院用药需求。

7. 具有提供药品购销电子订单，配送信息服务的网络信息系统。

8. 有会经营、善管理的经营队伍和较完善的各项管理制度，有专业的配送队伍。

三、报名办法

1. 报名资料

(1)《药品经营许可证》及《药品经营质量管理规范认证证书》复印件加盖公章。

（2）组织机构代码证复印件加盖公章。

（3）税务登记证副本复印件加盖公章。

（4）工商营业执照副本复印件加盖公章。

（5）法定代表人有效身份证原件（或授权书、被授权人有效身份证及联系方式）。

（6）业绩证明材料，提供类似本项目的业绩证明材料复印件加盖公章。

（7）2012年以来在经营活动中无违法违规记录，并提交企业所在省辖市药监部门出具的证明材料。

2. 报名方式

（1）本项目采用现场报名。

（2）报名时间：2014年1月3日8时30分至2014年1月15日17时30分。

（3）报名地点：××市人民医院药械科。

四、招标文件发售办法

1. 发售时间：2014年1月3日8时30分至2014年1月15日17时30分（并缴纳标书费500元）。

2. 发售方式：招标文件采用纸质版本和电子版本两种方式发售。

五、开标日期和地点

1. 开标日期：2014年1月20日（星期一）北京时间上午9:00。

2. 开标地点：××市公共资源交易中心2楼。

六、递交标书时间和地点

1. 递交标书时间：2014年1月20日（星期一）北京时间上午8:00～9:00。

2. 递交标书地点：××市公共资源交易中心2楼。

七、投标保证金

1. 投标保证金：人民币100万元整。中标后投标保证金直接转为履约保证金，在合同期满后30个工作日内一次性退还给中标单位。未中标者由招标人于中标合同签订5个工作日后返还。

2. 以上保证金须在2014年1月19日15时前从投标单位基本账户转入以下指定账户，且需携带交款凭证原件于开标前到××市人民医院财务科核验，不从投标单位基本账户转入的一律不予承认，造成后果自行负责。交纳投标保证金时须在交易附言中注明：××市人民医院药品集中配送项目投标保证金。

开户银行：××银行人民路支行

账号：××

户名：××市人民医院

八、联系方式

招标主体：××市人民医院

邮　　编：××

地　　址：××市××路××号

联 系 人：××

联系电话：××

传　　真：××

2013年12月26日

例文二

投　标　书

致：××省××区采购招标中心：

____________________（投标人全称）法定代表人或全权代表________（姓名）参加贵方组织的招标编号为××的《××省××区 2013 年度药品招标采购项目招标》的有关活动并投标。

为此：

一、我们愿意遵照招标文件中的要求递交投标文件，报价明细见投标一览表和投标一览表（电子版）。

二、我们保证及时足额地交纳招标文件规定的各项费用。

三、我们已详细阅读招标文件及修改通知的全部内容，完全理解并同意放弃对这方面的不明及误解的权力。

四、我们同意提供按照贵方要求的与投标有关的一切数据或资料，完全理解贵方不一定接受最低价的投标或收到的任何投标。

五、如果我们的投标文件被接受，我们将严格遵照招标文件中规定的各项规定和供货清单的要求，保质、保量地按期履行合同。

六、我们同意投标文件的有效期限为开标后 90 天的规定，如果我们中标，有效期将延至合同终止时。

七、我们愿意按照经济合同法履行我方的全部责任。

所有有关本次投标、开标的函、电，请按下列信息办理：

投标人名称：____

地　　址：____

电　　话：________________　传　　真：________________

投标人名称：____________（公章）

法定代表人或全权代表职务和姓名（印刷体）：______

法定代表人或全权代表签字：________________

年　　月　　日

例文提示

例文一是××市人民医院发布的有关药品集中配送项目的招标书。其标题为由招投标单位名称、招投标项目及文种组成。前言部分交代了招标的目的、内容；主体部分采用分条列项的方式对招标的有关事项做了条理清楚的表达，内容全面、具体、严密，语言也比较简明、准确；结尾部分详尽地写了招标单位的开户银行、账号、地址、邮编、联系人、联系电话及传真等信息。例文二是一份药品采购投标书。其标题简要直接，只写文种；前言部分交代本投标书是针对《××省××区 2013 年度药品招标采购项目招标》而写；主体部分简洁明了地用 7 句话表示了投标的意愿，态度诚恳，语言谦和恭敬，表达得体。尾语详细写明投标方联系信息。最后落款是投标人签名、盖章与时间。

目标检测

1. 医药招投标书主要有哪些内容组成，招标书与投标书有何联系？

2. 根据材料，拟写一则招标书。

2013 年 7 月初，××学院决定以公开招标形式购买一批夏季防暑药品（金银花、贡菊花、人丹、风油精），发放给全院 2800 名师生员工。

第7章　医药科技文书

第1节　毕 业 论 文

学习目标

1. 了解毕业论文的性质和特点。
2. 熟悉毕业论文的写作要求。
3. 掌握毕业论文的格式和写法。

一、毕业论文的性质

毕业论文是大学生毕业之际，在教师的指导下，综合运用已学的专业知识和技能表述理论创造或表述分析应用的学术论文。

毕业论文的写作具有重要意义，在学生基本完成专业理论知识和专业技能训练之后，进行毕业论文写作，不仅是对学生所学知识与技能掌握情况的检测，更重要的是对运用所学知识解决实际问题能力的训练与培养。在毕业论文写作中，学生观察提炼能力、检索信息的能力、抽象思维的能力、语言表达的能力、社会活动的能力、想象概括的能力，将得到全面的锻炼。

毕业论文的写作还架设了一座学习与科研之间的桥梁。在毕业论文写作中，学生自主选题，自主调查，独立探索，运用科研方法，详细阐述研究成果。这个过程，既锻炼了独立工作的能力，又为今后从事科研打下良好的基础，可以说，学生科学工作素质和创新意识将得到培养。毕业论文的写作是学习与工作之间的一种过渡。

二、毕业论文的特点

（一）创造性

毕业论文的创造性体现在重视作者的创造、发现及新的思路、观点和方法。写作毕业论文是一种创造性的精神劳动，需要不断开拓新的领域，探索新的方法，阐发新的理论，提出新的见解，可以创造性决定了毕业论文的学术价值。医药类高职院校的毕业论文并非学位论文，不能过高要求，只要在选题、观点、材料运用等方面有一定的独到之处，就可以说具有创造性。

（二）理论性

理论性是指毕业论文的写作不能就事论事，必须在大量占有材料的基础上，运用科学的原理和方法，上升到一定的理论高度去考察分析问题，揭示其本质规律，总结出理论性的结论。其研究过程及其内容都体现了理论应用和理论建构的特点。切忌将毕业论文写成工作总结，也不能写成纯专业的说明文。

（三）科学性

毕业论文的科学性是指论点正确、论据充分、论证严密、数据可靠、计算精确、程序合理、结果客观。这就需求作者从客观实际出发，准确地概括事物的客观规律。科学性是毕业论文的灵魂和生命，也是创造性的前提；科学性也要求毕业论文的写作带有专业色彩。医药类高职毕业生要有专业意识，运用本专业特有的研究方法、概念术语，写出带有医药专业特色的学术见解。

三、毕业论文的种类

毕业论文的种类很多，下面是医药类高职院校常见的几种毕业论文。

（一）综述类论文

综述类论文是对文献资料的综合评述，选题可以来自本人工作实际，如科研工作、某一实验方法、临床用药、仪器设备的应用等。学生应收集所需资料，对资料进行分析整理、比较判断，提出自己的见解和观点。

（二）科研类论文

科研类论文是对某一学科领域中的问题进行探索研究，表述科学研究成果的文章。它是科研工作的总结、概括，同时也是科学研究过程和成果的体现。科研类论文一般会涉及实验材料、实验仪器、实验方法、实验结果、讨论、结论等。

（三）管理类论文

管理类论文是结合本人实习工作实际或经过调查研究而写出的针对某单位、某项管理工作的建设性的观点和意见。管理类论文要写出真知灼见，体现出管理理论与工作实践的相结合。

（四）调查报告类论文

调查报告类论文是结合本人实习工作实际，对相关对象进行调查研究，反映其实际情况，揭示事物的本质和规律。调查报告类论文要抓住本行业的热点、焦点问题进行探索。

四、毕业论文的格式和写法

（一）标题

标题通常是对学术研究过程或成果的直接阐述，是论文内容的高度概括，要求确切、简洁、醒目、新颖。

从内容上看，毕业论文的标题有两种类型：一种是论点式的，它直接反映作者对问题的看法，标题是毕业论文论点的概括。如《保健品市场呼唤理性消费》。二是论题式的，它所反映的只是论文所要证明的问题或研究的对象与范围，不涉及作者的看法。如《连翘质量控制研究》。

从形式上看，毕业论文的标题也有两种类型：一种是单标题，如上所示。二是双标题，正标题揭示论点或揭示论题，副标题对正标题加以补充、限制或说明。如《感冒了，吃什么药？——对沈阳市感冒药市场的调查》。

（二）摘要

摘要是毕业论文要点的概述，是毕业论文的缩影，是一篇完整、简练、连贯的短文。摘要用来揭示论文的研究对象、研究目的、基本观点、成果及意义，主要起报道和检索作用。

摘要的写作要注意：应该用第三人称表述；表达简明，语义确切；通常只有一个段落；不对论文内容作诠释和评论；一般不出现数学公式和化学结构式，不出现插图和表格。

（三）关键词

关键词是从论文标题或内容中选取的能揭示论文主题和主要内容的单词或术语。关键词要具有代表性和概括性，通常需要 2 ~ 8 个。关键词是最具实质意义的检索语言，它为文献检索和资料查询提供方便。

(四) 前言

前言是毕业论文正文的开端,承担着提出问题的写作任务,并让读者对论文的主体内容先有一个总的认识。可以在这部分说明研究这一课题的动机、意义、背景、方法;可以说明论文在所属领域的地位、论题的范围及所要达到的目标;可以对他人已有成果进行评价、发表自己的见解;可以简要回顾历史、揭示论文的分论点等。

医药类高职院校的毕业论文通常是4000~5000字,前言最多不要超过500字,能起到引出正文的作用就可以了。前言的写作要求提纲挈领、突出重点、言简意赅、开门见山、实事求是。

(五) 本论

本论直接表述科研成果,是毕业论文的核心内容,承担着分析问题的写作任务。这一部分运用例证、引证、喻证、类比、对比、归纳、演绎等论证方法,有效地把论据组织起来,有力地证明论点。常见的结构形式有以下四种。

1. 并列式 是将总论点分为若干分论点,分论点的论述是独立的,分论点之间又是并列关系,它们从不同角度对总论点进行了论述。这种结构的优点是纲目清楚。其思路过程是:将总论点分解或划分,形成分论,各个击破,再归纳为整体,从而得出结论。

2. 递进式 是将总论点分为若干分论点,分论点之间的关系是层层深入或逐步上升的,分论点的论述是由浅入深、由表及里的。这种结构的优点是符合人们认识事物的过程。其思路过程是:将总论点分解为起点和发展,前一个问题总是后一个问题的前提,层层推进,最后获得结论。

3. 过程式 是将研究过程作为整体结构。其思路过程是问题的发现、问题的研究实验、分析和总结,最后导出结论。

4. 综合式 是兼用上述方式,根据文章内容表述的需要,灵活运用。

(六) 结论

结论是毕业论文最终的归纳总结,它不是对本论的简单重复,而是作者在认识上更进一步的深化,是从全篇论文的全部材料出发,经过逻辑分析而得到的新的学术见解。

结论的主要内容包括:论文的研究结果说明了什么问题;对前人的有关看法做了哪些否定、修改、发展、补充;解决了什么理论和实际问题;论文研究的不足之处或遗留未解决问题及解决这些问题的关键点和方向等。结论的写作应该准确精练、鲜明完整、客观公正、实事求是。

(七) 致谢

致谢是对在论文写作或研究工作中给予帮助的人表示感谢。致谢的对象包括指导论文写作的教师;参加讨论或配合调查的人员;论文所采用的数据、图表、照片等相关材料的提供者;提出建议和提供帮助的其他人员。致谢的写作要简洁、真诚。

(八) 注释

注释是论文作者对文中相关事宜所作的进一步说明。通常有两种情况需要注释:一是要解释文中出现的某些名词术语;二是注明在文中直接引用的文献的出处。注释采用“脚注”方式,在需要注释处标明序号,例如[1];注释内容排在该页的下方。每页注释序号均从[1]开始,不与前页的注释连续编号。

(九) 参考文献

参考文献是指在文章写作过程中所参阅的文献资料。这些文献资料作者在写作前亲自阅读过,受其思想、风格等方面的启发及潜移默化的影响。列出参考文献的作用是表示对他人成果尊重;便于读者了解该领域的情况,为读者查找文献提供线索;反映作者对本领域的历史和现状的了解程度，使读者相信论文水平，增加资料的可信度。参考文献的表述需要说明作者、题名、文献类型标识、出处、出版日期等内容。

各种文献类型及其标识如下。

参考文献类型	标识	参考文献类型	标识
专著	M	专利	S
期刊文章	J	古籍	O
档案	B	报纸文章	N
论文集	C	报告	R
学位论文	D	汇编	G

毕业论文的格式和写法除以上要件之外，有的还需要加封面、目录和附录。

五、毕业论文写作的基本要求

(一) 课题的选择要有现实性、创新性

反对那种脱离实际、咬文嚼字、烦琐论证、追求时髦的毫无意义的东西，选择有现实意义的课题，才能有的放矢，写出的论文才会有价值。所谓有现实意义，应是与社会生活密切相关及为人们所关心的重点、热点、焦点、难点问题。

选题还应注意创新性，反对人云亦云，要有独到见解。选那些未有人研究或少有人研究的课题，或者可以有深入研究空间的课题，创新的可能性就比较大。对高职院校毕业生论文的创新性要求并非像一般学术论文那样高，只要在写作的某一方面体现出新意即可，如切入的角度新，某些材料新，某个观点新，使用方法新等。

(二) 材料的搜集要有广泛性、权威性

广泛搜集材料，充分占有材料，是撰写毕业论文的基础。毕业论文必须有丰富充实有力的材料作为论据为其立论，这些材料分为两大类：直接材料和间接材料。这些材料需要从大量的调查研究和大量的阅读中获得。

为确保材料的权威性，还要掌握有效的搜集材料的方法。直接材料主要是通过直接观察、个别访谈、问卷调查等方式获取的，是论点的主要来源和依据。间接材料是需要通过使用图书馆、网络和各种工具书等而获取的。医药类高职学生可能还要通过实验去获取材料，这是收集数据、获得感性认识的重要途径，是形成论点的实践基础。不管用哪种方式搜集材料，都要做到去伪存真，去粗取精。

(三) 结构的安排要有规范性、逻辑性

毕业论文是一个庞大的写作工程，要构筑好它，首先就要讲究文面结构形式的规范，毕业论文所有的格式要件不能缺少，写作顺序也要合乎要求。

毕业论文的内在结构形式要讲究逻辑性，也就是说论文所有的观点和材料应当纳入一个逻辑框架之中。通常按照“提出问题——分析问题——解决问题”的顺序，结构论文，并处理好论点、论据、论证三要素之间的关系。尤其是本论部分的写作，一定要准确把握分论点之间的逻辑关系。

(四) 语言的运用要有专业性、客观性

在撰写毕业论文中，要注重运用所学的专业知识来阐述问题。对于医药类高职学生来说，

那就要尽量运用医药专业术语和专业理论来表达，以便充分反映自己对本学科的基础理论和专门知识的掌握程度，同时也使自己的论文纳入本专业领域。

毕业论文使用的是科技语体，最重要的语言特色就是客观性，语言精确、明晰。从表达方式上来说，毕业论文一般不用生动形象的描写和抒情，而多用平实客观的记叙、说明和议论。

例文

医药企业情感管理策略

——基于国药控股沈阳有限公司的案例分析

摘要：医药，对人类生活的巨大影响使得医药行业的高增长和高收益特性非常突出。中国的医药企业也不例外，特别是中国加入WTO以来，给医药企业带来了前所未有的机遇，但同时为医药企业的管理带来了新的困难和挑战。而情感管理的应用也将成为医药企业管理的一种趋势。本文首先论述了情感管理的概念及其情感管理与企业绩效的关系；其次，根据医药企业的特征，以国药控股沈阳有限公司为例，提出了多种情感管理的策略，如建立“信任”的企业文化；营造良好的气氛；信任和尊重每一位员工；授权给员工；公正、透明的激励手段；贴近企业的未来等。最终实现企业的有效管理和提高企业的效率。

关键词：情感管理　医药企业　以人为本

前　言

“以人为本”是东方管理哲学的本质和核心，它点明了人是企业最为宝贵的财富。明代著名思想家、文学家汤显祖在《南昌学田记》中就曾说过，如果以情为本、顺乎人心，情可当做田地，礼仪可以当做生产工具和谷物，激发农耕者的劳动热情，人民可以安居乐业。这足以证明情感管理的效应。

从本质上讲，情感管理就是以人为核心，以情绪为动力，以组织为基石，以最大限度发挥人的主观能动性与创新精神为目标，以确保企业核心竞争力与可持续发展能力为宗旨的全新的管理模式。情感管理的对象是企业中的每一名员工，他们有着各自的独特性，同时有着共性的一面。所以，情感管理就需要从这两方面入手来构建其管理模式。

情感管理中整体与个体有机结合，企业文化以情感为主要特征，以信任为基石，营造出情感管理的大环境，为情感管理的顺利进行做好文化引导的工作。让文化改变员工的心态，让文化融化掉影响情感的不利因素，让文化构建出员工之间的信任波，从而形成以信任为核心的高效情感管理场。在国药控股沈阳有限公司随处可见“国药控股，心心相印”的字样。这就是员工与企业的情感互动，这种互动是以心理契约为基础展开的，它结合职业生涯设计强化企业与员工之间的情感纽带。以心理契约为基点则是情感管理在员工身上的最佳体现。一个是基石——信任，一个是体现——心理契约，二者共同搭建起企业的情感管理模式。

情感管理与企业效率有着密切关系。效率是一个经济学范畴，指资源的有效使用与有效配置。也可以解释为人类行为的投入与产出的比率，因为一定投入下的产出变化或一定产出下的投入变化，都表明资源使用或配置的效率发生了变化。而情绪智慧的介入对员工投入到工作中的努力程度有了一个促进作用，效率也发生了变化。

情绪，作为一种能量、一种智慧，能够激发人的潜能，其作用巨大，重新引起了人们的重视。正确利用情绪，将人的情绪转化为催人奋进的激情，这就是情感管理的魅力所在。情感管理就是通过改变员工的“心眼”，来提高他们承受压力的能力，从而改善工作绩效。这样的话，每个员工的工作绩效都会发生量与质的变化，从而致使个人工作绩效得以提高。而有机地将每个员工的工作绩效提高凝聚在一起，以形成推动企业向前发展的合力。这样的结果，自然就是企业整体的绩效提高。企业的绩效提高了，企业成长了，企业发展了，员工也自然在企业的进程中得到了发展。于是员工的“心”更贴近企业，而企业也因此具有活力，企业与员工形成“双赢”，真正达到“人尽其才，才尽其用”的人力资源管理的最高境界。

以下论述医药企业实施情感管理的策略。

一、建立优秀的企业文化

企业文化是一个企业生存和发展的精神动力，是企业情感管理科学理论与企业管理哲学的有机结合。优秀企业文化的营造，可以在医药企业内部形成共同的价值观和行为准则，并且使得企业的所有员工将企业的文化内化为自身的价值观，外化为自身的行为、准则和习惯，成为增强企业凝聚力、向心力和竞争力的法宝。一般的医药企业文化是以“人”为核心来深化其理念，实施其管理措施的。而企业情感文化同样要有自己的扩散影响中心，这个中心就是情感管理的基础——信任。国药控股沈阳有限公司以“关爱生命，呵护健康”为企业文化，提倡承担“两个责任”——对员工的责任，对股东的责任。之所以国药控股沈阳有限公司可以成为“中国药品分销第一品牌”，这就是其中的关键。医药企业情感文化以“信任”为圆心，将情感信任辐射到企业的每一个角落、企业的外部环境中去，形成有自己特色的高效管理场。

二、营造良好的气氛

闷闷不乐的员工是很难维持较高生产力的。医药企业中有些工作是枯燥乏味的，特别是财务部，营造良好的气氛尤为重要。企业可以通过举办员工素质拓展训练、旅游、庆生会等形式来培养公司的凝聚力和团结精神，让企业员工彼此关爱，将企业视为一个家庭。这些是维持公司活力的关键因素。在国药控股沈阳有限公司，虽然大家来自五湖四海，但是员工们感觉到了家庭的温暖；国药控股沈阳有限公司给员工提供了一个行业优秀人才施展才华的舞台。员工们始终坚持着“两个更好”——今天比昨天做得更好，与时俱进；今天比昨天过得更好，建设小康。员工们同舟共济，共同实现企业的理想。

三、信任和尊重每一位员工

信任和忠诚对医药企业来说是不可思议的竞争优势，但它需要我们每一天都要去争取它、保护它。在大多医药企业中，企业中的20%的员工创造了80%的价值，所以大多数医药企业都会这样做：最高管理层只关注那些职位高或者价值高的中层干部或研发人员，中层干部也只关注那些骨干员工，对于那些在基层岗位上做着普通工作的员工可能就没有人去更多地顾及。而基层员工是活跃在公司中最大的群体，他们承担了公司中最多的工作量，如果对他们失去关注，将会直接影响公司的长远发展。我们应试图向全体员工传达一种态度，每一个人的职责在于把自己的工作做得尽善尽美。而这种态度的传达是以尊重每一位员工为前提的。如果企业信任和尊重员工，他们将会对企业信任和尊重，甚至会以职责来回报企业。国药控股沈阳有限公司对内、对外始终保持着一点——讲礼仪，重人和。

四、授权给员工

一些医药企业的管理出现了背离现象：管理者越来越忙，往往晚上、节假日也不休息；而员工的责任心好像越来越差，整个企业的工作效率日渐低下。改变这种现象最好的办法就是授权给员工。不过，给他们权力的时候，也要容许他们出些差错。利用这些差错作为教育的机会，别让它成为打击员工的工具。如果管理者肯放权给员工，那么企业的员工会激励自己找到提高效率的办法。管理者要相信员工都想把工作做好，有所创造，只要给他们一个机会，他们会做到这一点。国药控股沈阳有限公司能有今天的发展，来自于企业领导者过人的胆识和魄力。他们不但喜欢聘用活力十足的年轻人，更常常大胆启用有才华的年轻人，对下属充分放权。

五、公正、透明的激励手段

对于员工，特别是企业的科研人员，当他们达到一定的工作标准，一定要兑现事先的承诺，这样有助于让员工将报酬和行为联系起来，钱是报酬的一部分，但钱并不是报酬的全部。管理者也不应该将员工的报酬与钱画上等号，否则可能带来很多负面的影响。医药企业的领导可以亲自向员工的杰出工作表现表示感谢，一对一地亲自致谢或书面致谢；对个人、部门及组织的杰出表现，提供明确的回馈；积极创造一个开放、信任及有趣的工作环境，鼓励销售新点子、新药开发和积极的主动性；让每一位员工了解公司的收支情形，公司的新产品和市场竞争策略以及讨论每位员工在公司计划中都扮演着不同的角色；肯定、奖励及职务升迁等，都以个人工作表现或工作环境为基础；提供员工学习新知识及成长的机会，告诉员工在公司的目标下，管理者如何帮助其完成个人目标，建立与员工的伙伴关系。如果采用上述的赞美而非纯粹的奖金来激励员工，员工就会受到很大的鼓励，使工作效率大幅提升，而企业却无需为此付出昂贵的成本。如今国药控股沈阳有限公司为各方面的人才脱颖而出创造了公正、透明的激励措施：他们改革旧的用人机制，为各方面人才提供公平竞争的舞台；他们从企业发展实际出发，制定和完善以人为中心的各项政策待遇，达到人才资源的合理运用；对有贡献的员工给予休假、出国旅游、考察、培训等激励措施，这些措施为企业的员工带来了工作的动力。

六、贴近公司未来

医药企业应让员工树立“主人翁”的心态，更好地为未来拼搏。首先，应让企业的员工有对公司知情的机会。员工看不到公司的发展和前景，最主要的原因是企业没有及时地和员工分享信息和成果，企业不仅可以将文件、制度、政策等向员工及时地公布，企业的管理层还要定期向员工传达企业发展的规划及对未来的展望。员工往往把企业管理层看成公司的核心、掌舵人，亲自聆听来自他们的声音，感受到他们的决心，必定会增加个人的信心。企业不仅要向员工传达好的消息，也要及时地向员工说明当前存在的问题、困难和挫折，只有以坦诚的方式公开真相，才能取得员工的理解和信任，会出现员工和公司同舟共济的局面。各级管理者在管理工作中，应该把知情权当做塑造员工主人翁精神的一个重要工具来使用。另外还要让员工看见企业的未来、自己的未来，也要看到自己的不足，只有看到不足了，才能群策群力。医药企业应为员工个人提供成功的舞台，那么员工自己将始终怀着感恩之心，不断提高，以适应公司的需要，为公司的未来贡献最大的力量。50 年来，国药控股沈阳有限公司创造了举足轻重的历史，但这些只代表过去，如今的国药控股人将更为严谨、精细、高效、务实地奋勇拼搏，去迎接灿烂的明天。公司将始终向员工传达这样的信念“持续改进，不断创新，再创辉煌”！

结　　论

1. 情感管理作为管理科学发展的新方向，能为企业带来更大的效益，医药企业应重视情感管理。

2. 情感管理思想是以“人”为本的具体体现，通过“情感管理”可以提高员工的工作绩效，进而提高企业效益。企业效益提高，反过来使员工受益，员工的“心”更贴近企业，从而达到企业和员工的“双赢”。

3. 在医药企业运用情感管理的具体方法

（1）“信任”的企业文化是情感管理的基石。企业文化是医药企业的管理灵魂，是企业可持续发展的基本动力，是情感管理的基石，基于信任的企业文化能营造出和谐的企业气氛。

（2）信任和尊重每一位员工。现代人都渴望获得信任和尊重，员工也不例外，信任和尊重会让员工深深体会到自己是企业大家庭中的一员。

（3）把权利交给员工。将适当的权利交给员工，会让员工觉得自己是企业的主人，愿为企业贡献自己的力量。

（4）公正、透明的激励手段。

（5）贴近公司未来。医药企业要让每位员工了解企业的未来，让员工有明确的目标为之奋斗。

致　谢

感谢我所就读的××大学高职学院为我求学和写作毕业论文所提供的方便与鼓励；感谢我的朋友××在查阅资料时给予我的友情支持；感谢××老师、××老师、××老师谆谆教诲中所展示的教育魅力。最后，我要特别感谢我的导师××老师，从论文选题到论文写作和修改，她都给予了非常耐心、细致、热诚、科学的指导，她不仅让我领悟了一个老师的智慧，也让我感受了一个老师的品格。

谢谢那些引导我、帮助我的人，谢谢大家。

参考文献

[1] 张静抒．情感管理学：情感管理模式[M]．上海：上海交通大学出版社，2006：1

[2] 赵曙明．国际企业：人力资源管理[M]．南京：南京大学出版社，2007：2

[3] 克劳德．微笑管理：建立微笑的工作场所[M]．北京：中国纺织出版社，2003：8

[4] 常青．理念管理：文化——以"人"为本[M]．北京：中国华侨出版社，2005：2

（资料来源：××大学高职学院医药商品经营专业学生毕业论文）

例文提示

这是一篇管理类毕业论文，是结合本人实习工作实践，并经过调查研究而写出的建设性的观点和意见，体现出管理理论与工作实践的结合。标题采用双标题，清楚地表达了论题和研究对象；摘要言简意赅地概述了全文主要观点；前言部分介绍了写作对象"情感管理"的概念及其管理模式；本论部分先说明情感管理与企业效率关系，然后眉目清楚地论述了医药企业实施情感管理的策略；结论部分准确精练地对全文做了归结；致谢真诚得体；参考文献表述规范。这是一篇有一定见解的医药企业管理方面的优秀毕业论文。

目标检测

1. 毕业论文有什么特点？
2. 在正式起草毕业论文前，必须做哪些准备？
3. 根据你对药品生产、经营、管理等方面的某个问题，选择一个论题，写一篇论文。

第 2 节　实验报告

学习目标

1. 了解实验报告的性质和特点。
2. 掌握实验报告的格式和写法。

一、实验报告的性质

实验报告是指在某项科研活动或专业学习中，实验者描述、记录实验过程和结果的报告，是实验者反映自己实验成果的一种科技文书。

对于从事某项科研活动的实验人员，实验报告的写作通过实验内容、过程、方法等的表述，阐明了实验的结论和价值，从而可以科学地总结自己的实验研究工作；实验报告的写作是对实验成果的保存，还有助于提供验证材料，从而推动科学研究的发展。

对于从事某项专业学习的实验人员，实验报告的写作有利于训练观察能力、分析问题和解决问题的能力；实验报告的写作有利于培养实事求是的科学态度和作风；有利于树立理论联系实际的学风，加强科学观念和学术意识。

二、实验报告的特点

（一）科学性

实验报告作为一种科技文书，要求写作具有科学性。实验报告是实验者在观察、分析、综合、判断的基础上，把实验目的、原理、方法、步骤、结果等内容进行整理，进而写成的书面报告。由此可看出，实验报告必须以实验的过程和结果为依据，不可主观臆断，所进行的分析、得出的结论必须有收集的数据、观察到的现象作为支撑，并找出规律性的东西。

（二）纪实性

实验报告是实验过程和结果的再现，因此材料客观，重在纪实。在实验中，需认真观察其中发生的各种现象，分析各种现象发生的原因。对实验的内容、观察到的现象和作出的结论都要从客观实际出发。所采集的数据、描述的现象应该是真实准确的，这是分析与结论的依据，也是实验报告的基本材料。在表达方式上，实验报告的内容是用叙述和说明的方式平实地反映出来。

（三）简明性

实验报告的写作要按照实验的客观实际，选择恰当的词句，科学地进行表达，要达到简洁明了的效果。在表达时，会运用术语、符号、公式等，有时要借助分子结构式、实验装置图、反映过程示意图、参数变量表等，使其表达更直观、明确。为了达到简明的效果，很多实验报告都采用表格式，有一些基本固定的内容。即使采用文章式，也都分条缕晰，十分明确。

三、实验报告的种类

实验可分检验型实验和创新型实验。前者是指通过实验对某一科学定律或结论进行验证；后者是指实验所涉及的领域尚属空白，是一种开发性、尝试性的实验，从过程到结果都是新的。依据实验的分类，实验报告可分为两种类型。

（一）检验型实验报告

检验型实验报告是实验者重复前人已做过的实验，再进行一次检验所做的实验报告。这是一种相对简单的实验报告，一般有固定的项目，常常以表格的形式来反映。这种实验报告主要用于教学。

（二）创新型实验报告

创新型实验报告是科学工作者进行一项新的研究所做的实验报告。这种实验报告或描述一个从过程到结果都是全新的实验；或得出更高精确程度的结论，对前人的实验进行修正；或者用新的实验方法，重新验证已有的结果。创新型实验报告是一种重要的科技汇报和交流的手段，具有明显的创新性。

四、实验报告的格式和写法

（一）检验型实验报告

检验型实验报告大多为表格式，实验者将内容依次填入即可。

1. 实验名称 即实验报告的标题，它的确立力求明确醒目，要集中反映实验的内容。如《动物类中药显微鉴定》、《细辛中挥发油的提取与检识》。

2. 署名 实验的制作者和承担重要工作、作出重要贡献的参与者，都可在实验报告上署名。

3. 实验时间和地点 根据实际情况如实填写即可。

4. 实验目的 通常可从理论和实践两方面来表述：在理论上，验证定理定律；在实践上，掌握使用实验仪器、器材的技能和技巧。要求语言表达短小精悍，简明扼要。

5. 实验器材 写明实验仪器、设备、试剂的名称、型号、规格和数量等情况。

6. 实验原理 实验原理是进行实验的理论依据，其主要内容包括简略介绍实验涉及的重要概念，实验依据的重要定律、公式及据此算出的重要结果。

7. 实验步骤 实验步骤就是实验程序，通常是按操作时间先后划分成几步进行，并在前面标上序号。操作过程的说明要简明扼要，只写主要步骤，不要照抄实习指导。如需要，还应画出实验流程图，再配以相应的文字说明。

8. 实验结果 这是实验报告的主体。一般在写作前将数据列成表格，以便写作时分类安排数字、表、图，并对其作简要说明。这部分的写作要求是，用专业术语客观描述现象，不用积极修辞方式，以免引起歧义。结论必须可靠，图表、数字的记录和处理方法符合规定。

对实验结果的表述一般有三种方法。

(1) 文字表述：根据实验目的将原始资料系统化、条理化，用准确的专业术语客观地描述现象和结果，要有时间顺序及各项指标在时间上的关系。

(2) 图表记录：用表格或坐标图的方式使实验结果突出、清晰，便于互相比较。

(3) 曲线图示：应用纪录仪器描记出曲线图，会使指标变化趋势形象生动，直观明了。

在实验报告中，可任选其中一种或几种方法并用，以获得最佳效果。

9. 讨论 讨论的内容有影响实验的根本因素、提高扩大实验结果的途径、实验中发现的规律、实验中观察到的现象及原理的理解、实验结果与理论的对比、与其他实验方法的对比、误差分析等。总之，讨论是根据相关理论知识对所得到的实验结果进行解释和分析，但不能用已知的理论或生活经验硬套在实验结果上。如果本次实验失败了，应找出失败的原因及以后实验应注意的事项。不要简单地复述课本上的理论而缺乏自己主动思考的内容。另外，也可以写一些本次实验的心得及提出一些问题和建议等。

10. 实验结论 根据实验过程中观察到的各种现象和测知的数据，经过认真分析、计算和推理，得出实验结论，即用肯定的语言逐条叙述实验结果，力求简洁明确。

(二) 创新型实验报告

创新型实验报告的写作与检验型实验报告略有不同，大体包括如下内容。

1. 标题 写法类似于检验型实验报告的“实验名称”。

2. 作者及其单位 在题目之下写明作者姓名（或实验人姓名）、必要时注明职称（或职务），或承担实验任务的单位名称。作者及其单位亦可放在报告正文之后。

3. 摘要 摘要是全篇实验报告内容的浓缩，重点阐释实验的结论。

4. 前言 它是报告的开端，具有开宗明义的作用。其内容是概要介绍实验的背景和条件、实验的目的和作用、实验的主要内容和结果等。要求概括、精炼，点到即可，重要的地方可略加说明。

5. 正文 正文部分主要包括以下内容。

(1) 实验目的：着重指明为什么要进行本实验，简明扼要。

(2) 实验原理：即进行本实验的理论依据，简要说明实验中所涉及的概念、定律。

(3) 公式及推导方法等：有的实验报告还写出实验原理图、化学反应方程式等。

(4) 实验设备、装置和材料：实验设备包括实验过程中使用的重要设备、特殊设备、自制设备。详细介绍各类设备的原理、结构、规格、型号、性能等。实验材料应按照其性质分类详细介绍,化学实验中的试剂应给出形态、浓度及化学成分等。实验装置应以其在空间的位置为序介绍,必要时绘出草图,附以文字和符号说明。

(5) 实验方法步骤:主要介绍实验步骤和操作方法,一般按时间顺序写。要叙述实验的条件及对实验的具体要求,简要介绍实验过程,重点介绍实验方法。实验方法包括数据方法和以实验数据为依据的设计计算方法。

(6) 实验结果:这是报告的关键所在。实验结果包括描述和分析实验过程中所发生的现象、实验中得到的各种数据、误差的分析以及实验的最终结果,有的可绘出图表,并加以文字说明。实验结果一般要使用科技专用术语,引用数据要真实准确,要客观描述、科学分析实验现象。

(7) 讨论和结论:讨论是把实验中的感性认识推向理性认识的过程,其内容包括对异常现象和数据误差进行解释,对影响实验结果的因素进行分析,对改进实验方法及装置进行探讨或建议等。结论是对实验结果作出最后的判断,主要说明本实验验证或发展了哪些科学理论,发现了哪些新的规律;实验取得了哪些结果,该成果有何价值、作用和意义。

6. 参考文献 文末要注明进行此项实验过程中参考的资料文献,一般限于那些亲自阅读过的、最重要的、最新近的、最关键的文献。具体写法与论文写作中的参考文献类似。

五、实验报告写作的基本要求

(一) 认真观察,如实记录

写好实验报告关键是要做好实验,这就需要有严谨的态度。要认真观察各种现象,并记录清各种数据,这些都是写好实验报告的前提和基础。只有这样,才能保证实验报告结论的客观性。

(二) 层次清晰,格式规范

科学实验是一个复杂的过程,实验报告在表述时一定要抓住重点和关键,做到层次分明,要点突出,行文简洁流畅,不枝不蔓。不管是表格式,还是文章式,都要注意格式要件齐全。

(三) 说明准确,图表辅助

实验报告是一种说明性文体,因此要采取说明的表达方式,用简练、清晰、确切的文字和专业术语,客观地表述实验过程和实验结果。同时实验报告具有报道性,因而在保证技术性的基础上要尽力通俗易懂,注意可读性。要绘制好图表,并进行清楚明了的说明和解释,会起到言简意赅的效果。

例文一

实验报告

实验二 动物类中药显微鉴定	
实验目的	1. 掌握动物类中药显微鉴定的基本方法。 2. 掌握常用动物类中药的组织和粉末显微特征。 3. 学会对动物类中药的组织和粉末进行显微描述和绘图。
仪器、试剂及材料	1. 仪器 显微鉴定常用的器具、试管、酒精灯、烧杯、吸管、电动离心机、超声波振荡器、小漏斗、蒸发皿、紫外分析仪、电吹风、薄层色谱用具。 2. 试剂 甘油醋酸试液、水合氯醛试液、稀甘油。 3. 材料 金钱白花蛇、羚羊角组织切片、麝香粉末。

续表

实验提示	1. 对于动物类中药,尤其是贵重或破碎的药材,除进行性状鉴别外,常应用显微鉴别法鉴定其真伪。 2. 在进行显微鉴别时,首先需根据不同的鉴别对象,制作显微片,包括粉末片、动物的组织切片和磨片(贝壳类、角类、骨类、珍珠等)等,然后置显微镜下进行观察鉴别。
实验步骤	观察常用动物类中药粉末切片,识别其显微镜下的组织和粉末特征。 1. 镜下观察金钱白花蛇的背鳞。 2. 观察羚羊角组织的显微特征。 3. 观察麝香粉末的显微特征。
实验结果	1 金钱白花蛇背鳞　取背鳞 1 片,用水装置。 (1) 背鳞外表面:鳞片呈黄白色,具众多细密纵直条纹,间距 1.1 ~ 1.7 μm,沿鳞片基部至先端方向径向排列。此为本品粉末鉴定的重要依据。 (2) 背鳞横切面:内、外表皮均较平直,真皮不向外方突出,真皮中色素较少(图 7-1)。 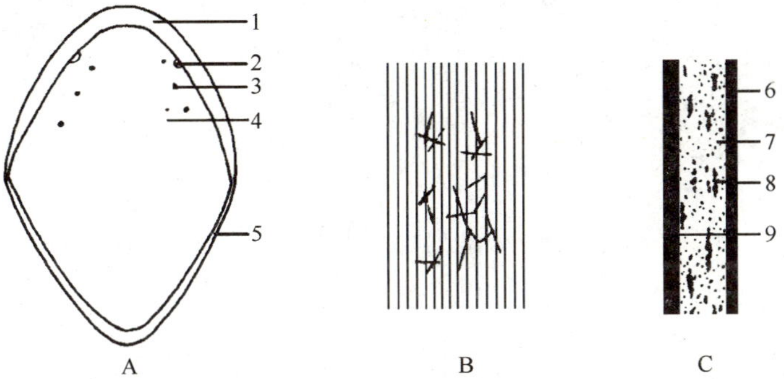 图 7-1　金钱白花蛇背鳞外表面、横切面简图 A. 背鳞外表面简图;B. 背鳞外表面条纹放大;C. 背鳞横切面简图 1. 游离端;2. 端窝;3. 色素斑;4. 条纹;5. 基部;6. 外表皮;7. 真皮;8. 色素;9. 内表皮 2. 羚羊解横切面　可见组织构造多少呈波浪状起伏。角顶部组织波浪状起伏最为明显,在峰部往往有束存在,束多呈三角形;角中部稍呈波浪形,束多呈双凸透镜形;角基部波浪形不明显,束呈椭圆形至类圆形。髓腔大小不一,长径 10 ~ 80μm,以角基部的髓腔最大。束的皮层细胞呈扁梭形,3 ~ 5 层。束间距离宽广,充满着近等径性多边形、长棱形或狭长形的基本角质细胞。皮层细胞或基本角质细胞均显无色透明,其中不含或仅含少量细小浅灰色色素颗粒,细胞中央往往可见一个折光性强的圆粒或线状物(图 7-2)。 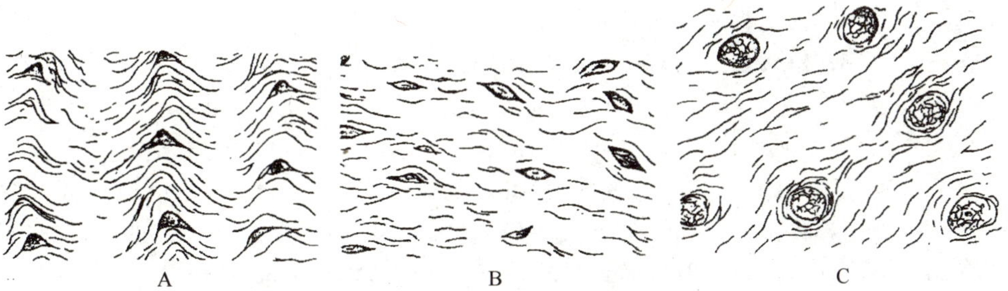 图 7-2　羚羊角横切面简图 A. 角上部;B. 角中部;C. 角基部 3. 麝香粉末　取麝香仁粉末用水　合氯醛装片观察。呈淡黄色或淡棕色团块,由不定形颗粒状物集成,半透明或透明。团块中包埋或有散在方形、柱形、八面体或不规则的晶体,直径 10 ~ 62μm,柱晶长可至 92μm。并可见圆形油滴,偶见皮毛及脱落的内层皮膜组织(图 7-3)。

续表

	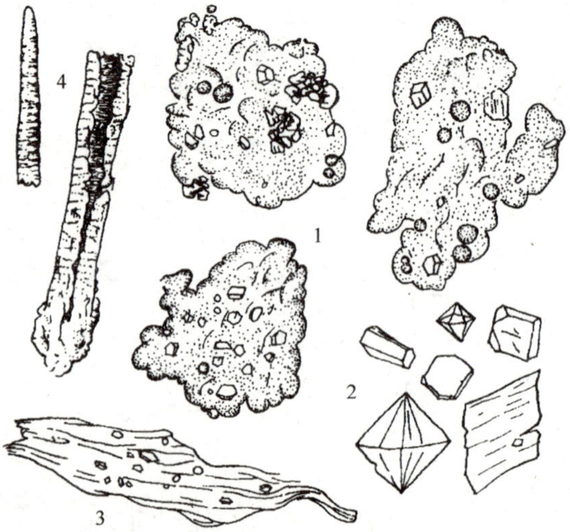 图 7-3 麝香(分泌物)粉末 1. 分泌物团块;2. 晶体;3. 表皮组织碎片;4. 麝毛
讨论	在对动物药进行显微鉴别时,常需要根据不同的鉴别对象制作显微片,包括粉末片、动物的组织切片或磨片等。(注:署名、实验时间与地点通常写在实验报告的封面部分)

(资料来源:沈阳药科大学高等职业技术学院药学系学生实验报告)

例文二

直接比色法测定奶粉蛋白质实验报告

胡爱锋　胡增伦

我们对奶粉蛋白质含量的检验方法进行实验研究,使用“无蒸馏直接法”直接比色测定奶粉蛋白质含量,现报告如下。

资料与方法

原理:奶粉中的蛋白质与硫酸和催化剂一同加热消化,分解的氨与硫酸结合成硫酸铵。经过稀释后取一定量的稀释液,在碱性环境中生成铵并与纳氏试剂反应,生成黄-棕黄色化合物,比色定量。根据所测定的铵的含量计算蛋白质含量。

试剂:①硫酸钾(AR);②硫酸(AR);③10g/L 硫酸铜溶液:称取 1.0g $CuSO_4 \cdot 5H_2O$ 溶于 100ml 水中;④纳氏试剂、酒石酸钾溶液、氨氮标准溶液等。

仪器:①紫外分光度计 WFZ800-D3A;②25ml 比色管、500ml 定氮烧瓶。

样品处理:根据被检样品含蛋白质高低情况,酌情准确称取 0.2~2g 样品,移入 500ml 定氮烧瓶中,加入 3g 硫酸钾、20ml 浓硫酸、10g/L 硫酸铜溶液。然后按照 BG5009.5-85《食品中蛋白质测定》4.1 项操作至“……再加水至刻度”。取此消化液 5.00ml 稀释定容 100ml 制备待检液。同时做试剂空白试验和加标回收试验。

测定方法:①取上述待检液 5.00ml 于 25ml 比色管中。②另取 7 支 25ml 比色管,分别加入氨氮标准溶液用液 0ml、0.4ml、0.8ml、1.2ml、2.0ml、4.0ml、8.0ml,各管加入空白试验液至 5.00ml。③各管分别加水至刻度,然后按照《生活饮用水卫生规范》附件 7 生活饮用水检验方法操作。

结果计算:蛋白质含量(%)= 相当于[氮(μg)×1/1000×1/1000×6.25×1004]/(w×5/100×5/100)= 相当于[氮(ml)×0.04×6.02]/ w

注：w，样品含量(g)；6.02，蛋白质换算系数。

结果

(1) 测定结果：本次实验共测定 34 份奶粉样品，并用本法与蒸馏法进行比对测定，测定结果经统计学处理 $P<0.05$ 两法的差异无显著性意义。

(2) 准确度试验：在 3 个不同浓度下进行回收试验，其平均回收率为 103.4%，结果见表(略)。

(3) 精密度试验：经过 6 次测定，空白管的标准差为 0.006，合并变异系数为 7.5%。

讨论

为了探讨快速检验方法，根据文献资料，我们对无蒸馏直接比色法测定奶粉蛋白质的检验方法进行了进一步研究。我们按照无蒸馏直接比色法测定 34 份奶粉蛋白质含量，测定结果与蒸馏法相比较，$P<0.05$，两法测定结果的差异无显著性意义。本测定方法的空白吸光度值标准差 0.006，合并变异系数 7.5%；不同浓度加标回收试验平均回收率 103.4%；方法灵敏度为 4μg，蛋白质最低检出浓度为 0.5%。因此我们认为无蒸馏直接比色法测定奶粉蛋白质含量的方法精确度好，准确度高，能缩短检测时间，并且操作程序相对简单，既适应卫生监督管理对检验工作的服务需求，又可以满足比色分析的方法要求，可以在基层推广应用。

表　高中低不同浓度回收率(略)

参考文献(略)

（资料来源：《中国社区医师》第 8 卷总第 131 期第 77 页）

例文提示

例文一是一篇检验型实验报告。这类实验报告的写作往往有固定格式的表格，写作者按照项目逐一填写即可。这篇实验报告的每个项目一般都采用分条列项的方式，写得很有条理。作者把重点放在实验结果上，用专业术语表达，并配有图示，体现了对动物类中药的组织和粉末显微特征的检验和把握。这是一篇严谨的检验型实验报告。例文二是一篇创新型实验报告。前言部分开门见山，介绍测定奶粉蛋白质含量的新方法，简洁明了。正文首先说明直接比色法测定奶粉蛋白质的原理，给读者一个总体认识；然后分层详细说明试剂、仪器、样品处理、测定方法，体现了严谨的科学态度；最后说明测定结果，用具体数据证明直接比色法测定奶粉蛋白质的效果。讨论部分说明蒸馏法和直接比色法之间的差距无显著性意义，实现后者的优点，从而有力地证明了其应用前景。

目标检测

1. 什么是检验型实验报告？什么是创造型实验报告？
2. 怎样写作创造型实验报告？
3. 根据你某次做实验的实际，写一份实验报告。

第 3 节　药品说明书

学习目标

1. 了解药品说明书的性质和特点。
2. 熟悉药品说明书的写作要求。
3. 掌握药品说明书的格式和写法。

一、药品说明书的性质

药品说明书是向使用者、消费者或公众介绍药品的名称、产地、成分、性状、规格、功能、用法、贮藏等知识的一种实用文体。

药品是一种特殊的商品。由于人们对药品知识缺乏系统认识，特别是随着新技术、新工艺出现，新的药品不断涌现，药品说明书的使用越来越广泛，甚至进入了寻常百姓家庭，它不仅关系着药品的生产和销售，而且也关系着人们的身体健康和用药安全。

二、药品说明书的作用

(一) 传播药品知识

药品说明书就是向使用者、消费者或公众介绍药品方面的知识，使之对药品的特征、功能、功效、用法等知识有所了解和掌握。

(二) 指导药品使用

药品是特殊的商品，使用不当会危及生命安全，而药品说明书就起到指导作用，使人们能够正确安全地使用药品。

(三) 促进药品消费

药品说明书不仅是为了更好地说明药品，而且可以吸引更多的使用者和消费者。特别是对药品的新技术、新工艺、高药用、高功效的说明和强调，可以增加药品在市场的竞争能力，诱发消费者的购买欲，刺激消费，促进销售。

三、药品说明书的特点

(一) 知识性

药品说明书的根本任务，在于向人们介绍药品的有关知识，使人们了解和掌握药品的成分、药理、功效、使用及人体不良反应等方面的知识，做到正确安全使用药品。

(二) 客观性

药品说明书是从实际出发，使广大消费者科学地认识和使用药品。因此，内容必须客观真实，不能带有个人感情色彩和欺诈隐瞒行为。特别是药品对人体不良反应要作客观、准确、全面的说明，否则会误导使用者，甚至出现生命危险。

(三) 说明性

药品说明文采用的是说明的方式，就是用简明的文字把药品的成分、特征，药理、功效等有条理地解说清楚，表达明白。

四、药品说明书的种类

药品说明书一般分为综合式、概述式和条款式三种。

(一) 综合式

全面说明药品的品名、产地、成分、药理、功能、疗效、使用方法。一般使用于新药的说明。

(二) 概述式

用简短的文字介绍药品，使人们对药品有一个概括性的了解。

(三)条款式

按照药品知识的一定顺序分条列项加以说明,这种说明一般用于药品的内装式说明或药品的包装盒外。

五、药品说明书的格式和写法

药品说明书的结构一般包括标题、正文和落款三部分。

(一) 标题

药品说明书的标题一般由药品名称(或药品的商品名、通用名)和文种组成。如“芬必得使用说明书”、“双氯芬酸钠缓稀胶囊使用说明书”。

(二) 正文

正文是药品说明书的主体部分,要详细介绍药品的具体事项,包括品名、成分、性状、药理、作用、功能、主治、用法用量、不良反应、禁忌、注意事项、规格、包装、贮藏、有效期、批准文号、执行标准。

(三) 落款

包括药品生产企业名称、地址、电话、邮政编码等。

六、药品说明书写作的基本要求

(一) 周全

药品是特殊商品,药品的使用安全是至关重要的。因此使用说明必须具体周全。

(二)简便

药品说明书的阅读对象是医护人员和消费者。因此必须用准确、简洁的文字说明药品的有关情况,便于人们理解和掌握。

(三) 有序

药品说明书主要是条款式结构,必须按照人们的认知规律进行逐条逐项地说明。

例文一

杞菊地黄丸说明书

[药品名称]

品名:杞菊地黄丸

汉语拼音:Qiju Dihuang Wan

[成分]

枸杞子、菊花、熟地黄、山茱萸(制)、牡丹皮、山药、茯苓、泽泻。

[性状]

本品为棕色的浓缩丸;味甘而酸。

[作用类别]

本品为视疲劳类非处方药药品。

[功能主治]

滋肾养肝。用于肝肾阴亏、耳鸣、目涩畏光、视物昏花。

[用法用量]

口服,一次8丸,一日三次。

[注意事项]

1. 儿童及青年患者应去医院就诊。
2. 脾胃虚寒、大便稀溏者慎用。
3. 用药两周后症状未改善者,应去医院就诊。
4. 按照用法用量服用。
5. 药品性状发生改变时禁止服用。
6. 儿童必须在成人的监护下使用。
7. 请将此药品放在儿童不能接触的地方。
8. 如正在服用其他药品,使用本品前请咨询医师或药师。

[贮藏]

密封。

[规格]

每8丸相当于原生药3g。

[包装]

每瓶装200丸,塑料瓶装。

[批准文号]

国药准字Z 41021905。

[有效期]

5年。

[生产企业]

企业名称:河南省××制药股份有限公司。

地址:××。

邮政编码:××。

电话号码:××。

传真号码:××。

网 址:××。

如有问题可与生产企业直接联系。

警告:××制药股份有限公司依据国家药品监督管理局《药品包装、标签规范细则》等有关规定,产品包装设计图案、文字及批准文号自2002年10月1日起作出了适当调整,敬请广大消费者认准“××”商标购买、使用。

例文二

重感灵片说明书

请仔细阅读说明书并在医生指导下使用

本品含安乃近、马来酸氯苯那敏

[药品名称]

通用名称:重感灵片

汉语拼音:Zhongganlin Pian

[成分]

毛冬青、羌活、葛根、石膏、马鞭草、板蓝根、青蒿、马来酸氯苯那敏、安乃近。

[性状]

本品为黄色的糖衣片，除去糖衣后显棕褐色；味苦。

[功能主治]

解表清热，消炎止痛。用于治疗恶寒、高热、头痛、四肢酸痛、鼻塞、咽喉肿痛、咳嗽等重症感冒、流行性感冒、四时感冒的各种症状。

[规格]

糖衣：每片含安乃近 31.25mg，马来酸氯苯那敏 0.375mg；薄膜衣：片重 0.51g（含安乃近 62.5mg，马来酸氯苯那敏 0.75mg）。

[用法用量]

口服。一次 6～8 片，一日 3～4 次。

[不良反应]

本品偶有粒细胞减少及过敏性皮疹反应。

[禁忌]

1. 马来酸氯苯那敏过敏者慎用。
2. 安乃近与阿司匹林存在交叉过敏反应，对阿司匹林过敏者禁用安乃近。
3. 对安乃近或氨基比林有过敏史者禁用。
4. 对吡唑酮类药物有过敏史者禁用。
5. 用药期间不宜驾驶车辆、管理机器及高空作业等。

[注意事项]

本品是中西药复方制剂，鉴于尚无充分的临床研究数据证实本复方制剂可以减低或消除其中化学药品的不良反应或其他应当注意的事项，故在此项下罗列与化学药品关联的相关内容，以提示医患在使用本品时予以关注。

1. 本品含有马来酸氯苯那敏、安乃近，后者是氨基比林和硫酸钠相结合的化合物。马来酸氯苯那敏为组胺 H_1 受体拮抗剂，单用时日服剂量一般不得超过 24mg。安乃近为解热镇痛类药，用于解热、镇痛单用时日服剂量一般不得超过 300 mg。

2. 马来酸氯苯那敏单独使用时主要不良反应为嗜睡、口渴、多尿、咽喉痛、困倦、虚弱感、心悸、皮肤瘀斑、出血倾向。老年人较敏感应适当减量；新生儿、孕妇、哺乳期妇女、膀胱颈梗阻、幽门十二指肠梗阻、甲状腺功能亢进、高血压和前列腺增生者慎用。药物相互作用：与解热镇痛药配伍，可增强其镇痛和缓解感冒症状的作用；与中枢镇静药、催眠药、安定药或乙醇并用，可增强对中枢神经的抑制作用；本品可增强抗抑郁药的作用。

3. 安乃近单独使用时主要不良反应为：①血液方面，可引起粒细胞缺乏症、免疫性溶血性贫血、血小板减少性紫癜及再生障碍性贫血等。②皮肤方面，可引起荨麻疹、渗出性红斑、剥脱性皮炎及表皮松解症等。③个别病例可发生过敏性休克、甚至导致死亡。老年人慎用；孕妇、哺乳期妇女不宜使用。安乃近用药超过一周时应定期检查血象，一旦发生粒细胞减少，应立即停药。④使用安乃近解热镇痛时，除了考虑到其良好的效果外，必须充分注意到它有可能导致严重的不良反应。因此，不宜将安乃近作为解热镇痛的一线用药长期使用。只有当患者发热和疼痛严重，其他解热镇痛药使用无效时才考虑选用。

[贮藏]

密封（10～30℃）。

[包装]

塑料瓶包装，每瓶 48 片。

[有效期]

36个月。

[执行标准]

国家药品标准 Ws3-B-3641-98-2003。

[批准文号]

国药准字 Z44022468。

[生产企业]

企业名称：广东××制药股份有限公司。

生产地址：××。

邮政编码：××。

联系电话：××。

传真号码：××。

注册地址：××。

网址：××。

例文提示

这是两份规范的药品说明书，标题都是由药品名称加上文种构成，正文采用条款式的写法，把药品的成分、功能、用法、用量及使用注意事项说得一清二楚。药品作为一种特殊的产品，不可忽视说明使用过程中应注意的事项或可能产生的问题，例文中"注意事项"中，特地说明了这些问题，体现了制造商对用户负责的精神。总之，这两篇说明书既突出了药品的特点，又实事求是，语言表述准确，具有较强的科学性。

目标检测

1. 查阅有关药事法规，说明化学药品与中药两种说明书有什么不同。
2. 药品说明书有哪些必须说明的内容？
3. 药品说明书与药品广告有什么区别？
4. 请按照例文的格式，修改下列药品说明书。

浓缩维生素E胶丸说明书

维生素E是一种对人体生长、发育、促进健康与预防衰老有关的营养要素。早在1992年Evens等已发现它的功能，可调节生育功能，防治流产和不育。半个世纪以来，就生理和机制作用，近代分子生物学学者作了详尽研究，在营养及医疗上有了重要发现。

(1) 本品能促进人体能量代谢，增强人的体质和活力。

(2) 本品能预防因多不饱和脂肪酸(PuFA)异常氧化所致的有害物质积累而损伤正常组织引起的早衰，有延迟衰老的作用。

(3) 本品能改善血液循环，促进溃疡愈合。

(4) 本品能防止胆固醇沉积，能预防、治疗动脉硬化。

(5) 本品能调整性功能及更年期综合征。

(6) 本品能保护肝脏。

[适应范围]

动脉硬化、脑血管硬化、冠心病、间歇性跛行、胃肠溃疡、皮肤溃疡、血栓性静动脉炎、静脉曲张、肝功能障碍、肌肉萎缩、不孕、习惯性流产、性功能衰退、烧伤、冻伤、贫血及预防衰老。

[用法与用量]

日服量：每次50～100mg，每日三次或遵医嘱。

[规格]

50mg,100mg。

[贮藏]

密闭、遮光、阴凉处保存。

京卫药健字(83)第26号

××制药厂

第4节 医药动态

学习目标

1. 了解医药动态的性质和特点。
2. 熟悉医药动态的写作要求。
3. 掌握医药动态的格式和写法。

一、医药动态的性质

新闻是对新近已经发生和正在发生,或早已发生却是最近发现的有价值的事实所进行的报道。新闻可分为消息、通讯、特写和专访等。

医药动态是新闻的一种,确切地说,是消息的一种,它是对医药领域新近发生的具有新闻价值的活动或工作的报道。

医药动态有宣传教育作用。医药动态是一种有特色的舆论宣传,它及时报道医药领域的各种事件、情况、研究的动态和成果,宣传相关的政策,报道大家关心的医疗医药热点问题,宣传医药领域的新事物、新理论、新技术、新人物、新成果,对受众形成了潜移默化的宣传、启发和教育作用。

医药动态还有信息传播与沟通作用。医药动态传播快,内容丰富,信息容量大,对信息的收集、利用、沟通、交流作用十分显著。这给医药商品生产者、经营者和消费者带来了便利,使医药市场的生产、营销和消费更合理健康。

二、医药动态的特点

(一)新鲜性

医药动态强调"快"和"新",就是把最新发生的事实尽快报道出去,事实发生与公开刊发的时间差越短越好。医药动态只有抓住"快"和"新",才能反映事件的发展和变化,才能体现出"动态"的价值。有个流行的说法,"今天的动态是金子,昨天的动态是银子,前天的动态是垃圾",这就形象地说明了医药动态的报道应该迅速及时,作者要有强烈的时效感。

(二)真实性

不能因为强调新鲜性,就弄虚作假;也不能因为强调重要性,就添枝加叶。真实是医药动态的基础,也是它的生命。医药动态要实事求是地进行报道,不能有任何虚构。医药动态必须客观地反映医药行业的事实和这个领域的规律,决不允许违反真实原则去搞假新闻蒙骗大众。保证真实性,是医药动态写作者的职业道德。

(三)简明性

短而精,是医药动态简明性的要求。这不仅指文字短,内容精,而且包括主题、结构、语言等写作的方方面面。医药动态的主题鲜明、准确、单一；内容删繁就简，经常是一事一报；形式紧凑集中，篇幅短小，导语简单明了。这些特点利于编发和传播。读者可以在短时间内获得信息，这些都体现了医药动态简明性的特征。

（四）情报性

医药动态传播大量有价值的信息，具有情报性，其情报有着客观真实的表现形态。其科研、产销、交易、流通、政策等信息的传播，酝酿着极大的情报价值，是研究者、生产者、经营者和其他医药工作者迫切需要的，也是医药情报研究机构和医药科研机构迫切需要的。这些信息对医药消费者和患者，也有重要参考价值。

三、医药动态的种类

广义的医药动态包括医药动态消息、医药综合消息、医药经验消息、医药述评消息、医药人物消息。狭义的医药动态是指医药动态消息。

（一）医药动态消息

医药动态消息是最常见、用途也最广的医药动态。它是报道正在发生的或正处于发展变化的单一事物的报道形式。它反映及时，能迅速准确地报道医药领域的重大事件，或一个部门、一个系统、一个单位的新动向、新成就、新问题等。其特点是一事一报、篇幅短小、内容单一、文字简洁。

（二）医药综合消息

医药综合消息是把发生在不同地区或部门的性质类似的医药行业的事件综合起来进行报道的形式。它将一地多事或多地一事综合起来，形成横断面的综合或纵深度的综合。它反映一个时期带有全局性或代表性的情况、成就、动向、问题等，从不同侧面反映共同主题，报道面宽，点面结合。

（三）医药经验消息

医药经验消息是对医药行业某一部门或某一单位的成功经验进行报道的形式。它不概括经验规律，而是用具体事实反映经验，是对成功的具体做法的介绍。它有一定指导性，有利于推广经验。

（四）医药述评消息

医药述评消息是夹叙夹议、边述边评的报道形式。它选择医药行业的典型事件，一方面报道事实，另一方面又进行分析和评论。它注重概括，评有深度，但要做到叙事第一，评述第二。

（五）医药人物消息

医药人物消息是突出报道医药领域先进人物思想、事迹的形式。在这种形式中，人物是中心，但不强调细节，没有过多的渲染描写。

四、医药动态的格式和写法

（一）标题

医药动态的标题非常重要，决定着文章的阅读率，与其他文体比，它的标题应该更精炼，更醒目。所以标题的写作，既要高度概括文中的事实，又要新颖独特，引人入胜。其标题有引题、正题、副题之分。

引题往往用来交代形势，说明背景，烘托气氛，揭示意义，引出正题。

正题是主题的概括或主要事实的说明。

副题常用以补充交代事实,或说明事件的结果,有时用来说明正题的来由或依据。

一篇医药动态的标题在具体设计时,有单行式和多行式。

1. 单行式 单行式标题只有正题,是医药动态内容的高度概括。内容简短单纯的医药动态常用这类标题。如:新医改给药品监管带来新挑战、“五朵金花”主导皮肤用抗真菌药医院市场。

2. 多行式 多行式标题是根据医药动态的内容和写作需要,对引题、正题、副题进行组合形成的标题形式。如:新医改方案强调发挥执业药师作用(引题)、执业药师:梦想的太阳冉冉升起(正题);医药企业行贿打入“黑名单”(正题)、卫生部、国家中医药管理局将专项治理医药购销领域商业行贿(副题)。

对于特别重大的医药动态,也可以引题、正题、副题全面组合。

(二) 导语

导语是一篇医药动态的先导,位于开头,可能是一句话,也可能是一个自然段。它或者用最精粹的文字写出最主要的、最新鲜的事实,或者提示主旨,制造悬念,唤起阅读兴趣。导语展示的是一篇医药动态最重要的内容,是文章最精华的部分,要让读者一看便知内容梗概,也要让读者一见倾心。

导语一般有叙述式、描写式、提问式、评议式四种形式。

叙述式导语是用平易、朴素的叙述性文字,直接概述最重要、最精彩的事实导语。它开门见山,直截了当,读者容易把握概况,了解事实的基本过程。这是医药动态最常用的一种导语形式。例如,在接到反映某地有使用中药材黄丹配制爽身粉的举报后,国家食品药品监督管理局 4 月 16 日发出紧急通知,要求切实加强爽身粉等化妆品的卫生监管,即日起所有化妆品生产经营企业停止生产、配制、销售以黄丹为原料的爽身粉等化妆品。

另一种常见的医药动态导语是提问式导语,就是将准备告诉读者的事情,设计为一个问题提出,以提问的方式引人注意或兴趣,关注或深思。可在导语中一问一答,以示醒目;也可只问不答,放在主体部分解答以造成悬念。例如,药价虚高令患者负担沉重已是一个“老话题”,因与百姓生活密切相关,近年来关注度一直不减,“药价中的水分还有继续挤的空间吗”,这已成为部分全国人大代表关注的热点话题。

描写式导语是用形象生动的描述性语言,对主要事实、场景或细节作出描绘,使读者产生身临其境的感觉。而评议式导语是对事实进行评论,表明作者对问题的态度和立场,这有利于增强医药动态的指导性,便于探寻事实背后的深层意义。

(三) 主体

主体是医药动态的主要部分,是在导语之后具体、详尽地表述的部分,是导语的展开或续写。这一部分对导语提到的问题、事实详细化、细节化,要印证导语中的提示,回答导语中提出的问题,使读者对事态有比较完整的了解。

主体与导语是相辅相成的关系,导语是主体的提要和浓缩,主体是导语的展开和深化,二者不能脱节,要避免主体对导语的简单复制和放大。

主体部分一般内容和层次较多,往往涉及材料的组织、结构的安排问题。大致有两种结构:一是按时间顺序,有层次地铺陈;二是按逻辑顺序,有重点地展开。条理清晰、主次分明、详略得当是主体部分写作基本要求。

(四) 结尾

结尾是医药动态的最后一个部分,但不是必备部分。如果主体已将内容表述得非常充分,该说的话已说完,就没有必要加上一个结尾部分。

如果需要结尾,可归结、照应、展望、抒情、启示,用简洁的语言小结,加深读者的印象。

五、医药动态写作的基本要求

（一）事实说话

用事实说话是医药动态写作的基本要求，也是基本方法。这首先说的是要报道真人真事，尊重事实，用准确无误的事实说话，反映事实真相，这是写作者的职业道德。作者不能道听途说或凭空虚构，虚假的医药动态不能起到应有的作用，而且会造成极坏的社会影响。事实说话其次说的是撰写医药动态不能随意发挥，要客观朴素地叙述事实，作者要用客观的笔法，不发或少发议论，将倾向性隐藏在对事实的叙述中，让读者从事实的叙述中自然而然地得出结论。

（二）报道及时

医药动态的报道讲求时效性，一般来说，应快写快发，跟上事态的步伐，成为名副其实的“动态”，否则就会失去价值。为了提高写作速度，医药动态的撰写通常用新闻写作中的“倒金字塔结构”。所谓“倒金字塔”是安排内容次序的问题，即把最重要的材料放在开头，比较重要的随后安排，再次的再向后排，不重要的放在最后。这种结构给写作者带来了方便，只要对材料有了充分认识，无需在布局谋篇上费时过多，使稿子出手更为快捷。这种结构也方便了读者的阅读，可让读者在任何地方停止阅读都会获得最重要的信息。

（三）贴近生活

医药动态的读者有专业人士，也有普通百姓，所以它应具有大众性。应当适合各行各业、各种文化程度的读者的需要，遣词造句要力求平实易懂，使用群众语言，化解深奥难懂的专业术语，增强报道的生动性，追求语言的表现力、吸引力。贴近生活还表现在应当选择面向群众的报道角度，努力提示医药动态与读者的关系，从而提高关注度。如内蒙古吉兰泰盐场用盐藻提取天然胡萝卜素工程投产，年产值1000万元以上，这个报道大众不一定关心。而《人民日报》在报道中有这样一句话：“据营养专家研究，人体每天摄入6毫克胡萝卜素，可有效地防癌抗癌。”这样就和群众的切身利益联系起来了。

例文一

多种廉价药入选国家基本药物目录

本报讯（记者任珊珊 通讯员张玲玲、张丹娜） 昨天，出席第十一届中国南方国际心血管学术会议的国内心血管防治专家呼吁，应采取健康生活方式干预以及心理干预防治与高血压相关的疾病。会上透露，即将于本月底前公布的国家基本药物目录中，有不少受百姓欢迎的“廉价老药”入选。

来自国内外的4000多名心血管防治专家参加这一国内顶级心血管学术会议，今年首次有我国台湾地区专家与会。我国著名心血管病防治专家、广东省人民医院院长林曙光教授指出，我国心血管疾病发病正处于急剧上升阶段，每年以倍数上升。根据北京流行病调查的资料进行推算，我国高血压患者已增加到2亿人。

林曙光透露，省人民医院的科研小组最近已研究出一个新的复方制剂，将两种已生产的药物联合，每天给药一次一片，85%的高血压病人能够得到有效的控制。据林曙光介绍，这种新药的生产成本仅几毛钱。“我们正在跟有关的厂家谈，希望他们生产出来以后，药价不要提得太厉害，不然老百姓不好接受。”他设想，一天两三元，85%的高血压都可以控制是非常好的。

据参与国家基本药物目录心血管部分药物的遴选工作的林曙光透露，目前，国家基本药物目录的方案已经制定。已确定入选的包括心得安、治疗心绞痛的硝酸甘油以及几元上百片的卡托普利、硝苯地平等。

"基本药物的入选标准是'安全、有效、价廉'，不要追逐高价药。"林曙光说，和昂贵新药相比，这些廉价老药半衰期短，但多次吃药的话，一样可以有效降压。

"很多药价低不等于无效。"中华心血管学会候任主任委员、北京大学人民医院胡大一教授说，辽宁、内蒙古等地的贫困县采用最便宜的降压药，将目标人群的高血压控制率从1%提高到40%，证明廉价老药也能起到降血压作用。

（资料来源：《广州日报》2009-04-13）

例文二

医药博弈凸显药价虚高顽疾

药价虚高令患者负担沉重已是一个"老话题"，因与百姓生活密切相关，近年来关注度一直不减，"药价中的水分还有继续挤的空间吗"，这已成为部分全国人大代表关注的热点话题。

记者在采访中了解到，为争夺市场，药品零售企业与医院展开了一系列"暗战"。虽然患者能够从中获得一定益处，但终非长久之计。部分全国人大代表建议，应尽快实行"医药分家"，并采取治本措施，根治药价虚高"顽疾"。

药价偏高造成部分医院"跑方"严重

"现在我院每天都有'跑方'患者，拿着医生处方自己去药店买药。对于这种做法，出于对减轻患者经济压力考虑医院也不追究。"全国人大代表、齐齐哈尔市第一医院院长曹书杰说。

"跑方"最主要的原因是医院药价偏高。目前，我国医药费构成与其他国家大不一样，药费占一半以上，而其他国家一般是20%左右。虽然医院用药都是通过招标采购来的，但药品在医院流通的成本较高。按照规定，医院可在药品进价基础上最高上调15%价格。而为了与医院竞争，药店可以微利或者见利就走，所以同一种药在药店销售的价格，一般会比医院便宜。

曹书杰代表认为，医院经费不足是产生"靠药养医"的原因之一。在一些医院的经费来源中，政府投入只有10%左右，其余经费都是医院自己筹措。在这90%自筹经费中，40%以上是靠药品销售实现的。等级越低的医院，药品销售占经费额度的比例越高，如果不讲经济效益，医院就存活不了。

部分药品生产企业也看中了医院的这一利益点，对部分医院进行"独家销售"，实现药品获利最大化。"有些品种的药厂家专门对医院销售，不对零售药商，尤其是新药，主要是为了在价格上保持一种优势。"一位医药行业的全国人大代表对此深有感触。

拿到医院"药品名录"是药店的首要任务

一家全国连锁药店的负责人告诉记者，平价药店的出现以其较低药价受到老百姓欢迎，但却常常遭遇来自医院的"封锁"。

据了解，由于许多医院严禁药品销售商向零售药店提供本院药品名录上列出的药品，患者即使拿着医生开出的处方，在零售药店也无法买到相应药品，只能到医院以较高的价格买药。如果哪家销售商违规，下次就成了医院"封杀"的对象。

在强弱严重不对等的情况下，一些零售药店不得不另辟蹊径。"我们现在要求各地分公司第一任务就是搞到当地医院的药品名录，不管用什么手段。"

这位负责人告诉记者，拿到当地医院的药品名录后，连锁药店就可通过在全国范围内调配采购力量来"搞"到被本地医院封锁的药品。"你封锁当地市场，我就到外地市场去采购，你一家医院的能量虽大，总不能封锁全国市场吧。这样一来无形中还是增加了零售药店的进货成本。"这位负责人无奈地说。

全国人大代表、湖南老百姓大药房董事长谢子龙认为，造成零售药店与医院之间恶性竞争的根本原因还是医药没有分开，"以药养医"的局面没有改变。"医、药之间的利益链条一天不斩断，药价虚高的现象就一天不会根除。”

根治药价虚高“顽疾” 建议实行药品专卖

药企与医院的“博弈”让患者得到了一定实惠，但根治药价虚高“顽疾”还需政府从监管和政策层面多加考虑。

曹书杰代表建议，新医改方案提出了实行基本药物制度，给百姓提供了一种“有效不贵”的选择。但这还不够，因为药品选择空间较大，药厂、经销商还有空子可钻。建议实行药品专卖，对药品生产、流通、经销、使用等环节进行全程控制，这既可保证药品质量、渠道的可靠，更重要的是控制药品价格。

全国人大代表秦希燕认为，要改变药价虚高的现象，公立医院的改革至关重要。目前一些地方已开始改革试点，如广东的深圳、韶关和湛江市开始取消公立医院百分之十五的药价加成做法。但是要彻底改变“以药养医”的现状，仍然面临巨大的现实障碍和阻力，其实际进程也可能远比想象中的缓慢。

秦希燕说，结合新医改方案其他各项改革内容，国家应重点建立基本药物制度，实现医药分离，使医生利益与药品销量脱钩，从而降低药价。积极开拓药品集中采购、零差价销售等试点。价格部门也要对部分药品价格进行调整，改变高低不均导致的医疗价格体系扭曲现状。

（资料来源：大众健康网 WWW. DZJK. COM，2009-03-05）

例文提示

例文一是医药动态消息，反映的是多种廉价药品入选国家基本药物目录。例文二是医药述评消息，就药品价格虚高的事实，分析其原因，提出解决的建议。

目标检测

1. 什么是医药动态？医药动态有什么特点？
2. 医药动态有什么样的写作要求？
3. 根据医药市场的实际情况，写一则医药动态。

第8章　医药法律文书

第1节　授权委托书

学习目标

1. 熟悉授权委托书的种类。
2. 掌握授权委托书的格式和写法。

一、授权委托书的性质

授权委托书是机关、团体、企事业单位和个人，就有关代理事宜由委托人明确告知受委托人，使受委托人有资格以委托人的名义在代理的权限和范围内，进行社会经济事务或法律事务活动的一种证明性文书。

授权委托书往往由于当事人受时间、地点、知识、能力、健康状况等条件限制，不能或不便亲自进行社会经济或法律活动，而委托他人进行代理时需要制作这样的文书。

二、授权委托书的特点

(一) 证明性

授权委托书是一种证明性文书，它是委托人授权给受委托人，使其代表委托人进行社会经济事务或法律事务活动的依据和凭证。

(二) 法律性

授权委托书一经公证或交法院，就产生法律效力。受委托人在受委托的权限范围内的行为，具有法律效力。其后果完全由委托人承担。如果受委托人的行为超出受委托的权限范围，那么产生的后果应由受委托人自负。

三、授权委托书的种类

授权委托书一般分为两种。

(一) 经济事务委托书

经济事务委托书是由委托人授权他人代理自己处理一般的经济事务而制作的文书。如代签合同，代购原材料，代为转让专利，代为管理或出销物产等。经济委托书需到公证机关进行公证。

(二) 法律事务委托书

法律事务委托书是由委托人授权他人代理自己进行经济活动过程中的法律诉讼活动而制作的文书，这种文书需交有关法院以证明代理权限和范围。

四、授权委托书的格式和写法

授权委托书一般包括以下五部分内容。

(一) 标题

标题可直接标明《授权委托书》,也可具体标明事务类别,如《药品销售委托书》、《新药技术转让委托书》等。

法律诉讼授权委托书则有全国统一书写样式。"样式"上印有标题,就不必再写标题。

(二) 首部

首部主要是说明委托人和受委托人的基本情况,应分别写明姓名、性别、年龄、民族、籍贯、职业、工作单位、住址。

(三) 正文

这是授权委托书的核心,必须写明委托的缘由、委托的事项及权限。

(四) 尾部

尾部即落款,委托人、受委托人在正文右下方分别签上姓名和时间。

(五) 附项

附项指附件材料,授权委托书如有附件材料应在最后写明。如代管代销物产,代购原材料的一览表,代售房屋所需的房屋平面图等。

五、授权委托书写作的基本要求

(一) 严肃认真地写明委托事项及代理权限

因为受委托人在受委托的权限范围内的行为具有法律效力,所产生的法律责任必须由委托人承担。所以,授权代理是一件极为严肃、审慎的事情。委托人必须对自己所授权的事项、权限范围仔细斟酌、反复推敲、具体明确。这样就不会因自己草率从事而招致损失,也不会影响受委托人开展工作,更避免双方产生纠纷。

(二) 语言表达要准确、严密

授权委托书涉及委托事项、代理权限和范围,这是最重要、最关键的核心内容,书写时必须清楚明白、准确无误,不能因语言表达的含混不清而产生歧义。

例文一

授权委托书

委托单位:××省××药业有限公司

地址:××市××路××号

法人代表:张××,总经理兼厂长

受委托单位:××市××药业有限公司

地址:××市××路××街××号

法人代表:李××,总经理

兹委托××市××药业有限公司办理相关事宜。授权范围:①接受行政机关依法告知的权利。②代为提交申请材料,更正、补充材料的权利。③代理申请人行政许可审查中的陈述和申辩的权利。④签收、批件的权利。

委托单位(章)	受委托人(章)
法人代表(章)	法人代表(章)
×年×月×日	×年×月×日

例文二

授权委托书

委托人：郭××，女，四十岁，汉族，四川省南充市人，本市××制药有限公司职工，住××路×街×号。

受委托人：师××，男，三十八岁，汉族，四川省南充市人，本市××律师事务所律师，住××街×号×楼。

现委托师××在我与××制药有限公司借款纠纷诉讼案中，作为我方委托代理人。委托权限如下：

代理承认、变更、放弃诉讼请求，代为和解、调解，提起上诉，代为签收法律文书。

委托人：郭××　　　　受委托人：师××
×年×月×日　　　　×年×月×日

例文提示

例文一是一则经济事务委托书，例文二则是法律事务委托书。委托书首部具体写明委托人和受委托人的基本情况，正文部分写明委托事项及权限，尾部署名日期。

目标检测

1. 授权委托书的性质是什么？这种文书由哪几部分构成？
2. 假设你在外地没有时间办理房屋权属登记和领证手续，便准备委托圣合律师事务所万××律师全权处理。据此，拟一份授权委托书。

第2节　仲裁申请书

学习目标

1. 了解仲裁申请书的性质和特点。
2. 掌握仲裁申请书的格式和写法。

一、仲裁申请书的性质

仲裁申请书就是指平等主体的公民、法人和其他经济组织之间发生经济合同纠纷或其他财产纠纷，根据仲裁协议，向仲裁机关提出裁定请求的一种法律文书。

仲裁申请书一般在经济合同双方当事人发生争议、协商和调解都不成，又不想诉诸法律时，请求仲裁机关裁定的一种申请。这是经济纠纷当事人保护自己合法权益的一种法律行为。仲裁机关依据当事人的申请，按照有关法律规定，启动仲裁程序，最终作出调解或裁决。

二、仲裁申请书的特点

（一）真实性

仲裁申请必须真实全面地反映经济纠纷的客观事实。既不能夸大或缩小事实真相，又不能隐瞒事实的本来面目，所列证据必须准确无误、确凿可靠，以便于仲裁机关能够以事实为根据，以法律为准绳公正地进行裁决。

（二）明确性

仲裁申请内容必须明确具体，仲裁请求要解决什么问题，有什么样的事实和理由，这些都必须明确说明。

（三）合法性

仲裁申请书不是随意提出的，它必须在合乎法律程序的前提下提出。同时，提出的仲裁请求必须依据事实和法律，做到合情、合理、合法。

三、仲裁申请书的格式和写法

仲裁申请书一般包括以下五部分内容。

（一）标题

写明《经济仲裁申请书》或《经济合同仲裁申请书》或直接写《仲裁申请书》。

（二）首部

主要写明当事人的基本情况，即申诉人和被申诉人的姓名、性别、年龄、职业、工作单位、住址。如当事人一方或双方是法人或其他组织，则应写明法人或其他组织的名称、地址，代表人的姓名、职务、电话号码等。

（三）正文

正文是仲裁申请的核心内容。它包括仲裁请求、事实和理由两部分。

1. 仲裁请求　是指申诉人希望通过仲裁要解决什么具体问题，保护自己的什么具体财产权益。仲裁请求必须具体明确。

2. 事实和理由　事实是指经济纠纷发生的经过，双方争议的焦点，能够证明这种经过的证据及证据来源。理由包括事实理由与法律理由，这是申诉人证明被申诉人的违约责任，为自己申请仲裁提供的事实和法律论据。

（四）尾部

写明仲裁申请书所递交的仲裁机关、申诉时间。同时，申诉人签字盖章。

（五）附项

如有附件材料，应在最后写明包括附件数量和名称。

四、仲裁申请书的写作基本要求

（一）事实要真实具体

事实是仲裁机关裁决的依据，所以仲裁申请书必须真实具体地提供经济纠纷的事实过程，明确反映双方争议的焦点，特别要清楚地提供有关人证、物证、书证，以便仲裁机关核查和裁定。

（二）理由要充分

仲裁申请要提出充分的事实理由和法律理由，证明被申诉人的违约责任，从而证明自己仲裁请求的合理与合法。

(三) 语言要简洁扼要、有说服力

例文

仲裁申请书

申请人:王××,男,四十岁,原上海××劳务有限公司一名职工,家住本市××路××街×号,电话号码:××。

被申请人:上海××劳务有限公司,上海市 ××路××号,电话:××。

仲裁请求:

1. 裁决被申请人向申请人支付因其未办理医疗保险而给申诉人造成的医疗保险待遇损失 2964.00 元。

2. 裁决被申请人向申请人支付医疗期间的工资 6982.00 元(3491×2)。

3. 裁决被申请人向申请人支付解除劳动合同经济补偿金 3491.00 元。

4. 裁决被申请人向申请人支付加班费 4252.50 元。

5. 裁决被申请人为申诉人补缴 2011 年 7 月 8 日至 2012 年 2 月 14 日期间的各项社会保险。

6. 裁决被申请人为申请人出具解除劳动合同的证明。

事实和理由:

申请人于 2011 年 7 月 8 日被上海××劳务有限公司录用为被申请人公司的劳务工,从事电焊工工作。当时被申请人没有与申请人签订劳动合同书,只是口头约定每天 140 元,每天工作 8 小时,加班费按每小时 17.5 元计算,工资发放方式为从 9 月份开始发放 7 月份的工资,具体每个月的工资发到中国银行的个人账户,以此类推发放工资。之后双方也是这样执行的。

2011 年 12 月 14 日中午下班,申请人骑电动车去食堂吃饭的路上不慎摔倒受伤,后在上海奉蒲医院住院治疗。出院以后找被申请人要求报销医疗费至今无果。为此,申请人于 2012 年 2 月 14 日告诉被申请人,由于其不能提供劳动保护条件,又不签订劳动合同和缴纳社会保险费等原因,要求与被申请人解除劳动关系,并支付医疗保险待遇损失、双倍工资差额和经济补偿金。因被申请人拒不履行法定义务,根据《劳动合同法》的有关规定,特向你委员会申请仲裁,请求依法支持前述请求。

此致

×× 市劳动人事争议仲裁委员会

申请人:王××

2012 年 2 月 16 日

例文提示

例文首部写明申请人和被申请人基本情况,正文部分明确申请仲裁的目的和要求,并叙述经济纠纷的基本事实,阐明申请仲裁的原因和理由。

目标检测

1. 仲裁申请书有哪些特点?
2. 仲裁申请书由哪几个部分构成?

第3节　民事起诉状

学习目标

1. 了解民事起诉状的性质和特点。
2. 掌握民事起诉状的格式和写法。

一、民事起诉状的性质

民事起诉状又称诉状，是民事原告或诉讼代理人依照民事诉讼法的规定，为了维护自身的合法权益，就有关民事权利和义务的争执或纠纷，向人民法院提起诉讼的一种法律文书。

民事起诉状涉及范围很广，它包括经济纠纷、产权纠纷、劳动纠纷、名誉损害、婚姻家庭矛盾等一系列民事纠纷。民事起诉状是民事诉讼发生的依据，也是人民法院对民事案件进行审理的依据和基础。它对法院了解情况、处理纠纷有着重要的法律意义，同时，也对维护社会经济和生产生活秩序起着重要的作用。

二、民事起诉状的特点

（一）目的性

民事起诉状具有很强的目的性。民事起诉就是通过法律手段解决民事纠纷和侵权，达到维护自己合法权益的目的。如果没有这样一个目的，民事起诉也就失去了它的意义。

（二）针对性

民事起诉状具有很强的针对性，它针对的是侵权方（被告）、侵权事实、法律依据、诉讼请求。

（三）真实性

民事起诉状必须真实全面地反映民事纠纷的事实，侵权的过程与结果，不能夸张，更不能歪曲和捏造。诉状所述事实必须真实、准确、可靠，以便于人民法院以事实为基础，以法律为准绳作出公正的裁决。

（四）合法性

合法性指的是诉讼请求和理由有充分的法律依据，符合法定程序。如果民事诉讼的请求和理由本身不合法，人民法院就不会受理。

三、民事起诉状的格式和写法

民事起诉状的结构除标题写明“民事起诉状”外，一般分为首部、正文、结尾和附项四个部分。

（一）首部

这是民事起诉状的开头，它的主要任务是写明当事人的基本情况，先写原告，后写被告。原告或被告有数人也应依次写明。如果有诉讼代理人，应在被代理人后面另行书写，包括基本情况。如果原告是法人或其他组织，应写明单位名称、所在地址、法人代表姓名、职务等。

（二）正文

这是起诉状的主体。它包括以下内容。

1. 诉讼请求　要写明原告就有关民事权益争议所提出的请求和主张。如要求履行合同、归还产权、清偿债务、赔偿损失；要求与被告离婚、给予赡养费、继承遗产等。

2. 事实　这是请求人民法院受理案件的重要依据。它的主要任务是围绕诉讼请求，客观、真实、全面地反映民事纠纷的事实和过程（包括时间、地点、人物、事件原因、经过、结果等）。着重写明被告的侵权行为对原告所造成的后果和应承担的法律责任，以及双方争议的焦点和实质性分歧，同时应具明证据及其来源。

3. 理由　主要根据事实和证据，写明认定被告侵权的性质，所造成的后果，应承担的法律责任；写明提出诉讼请求的法律依据。

（三）结尾

写明投诉法院、具状人姓名和具状时间。

（四）附项

附项包括诉讼副本和有关证据材料。

四、民事起诉状的写作要求

（一）事实要清楚

人民法院受理和审理案件，是以事实为依据的。作为民事起诉状要全面真实地反映客观事实，实事求是，不能夸张和歪曲，即便是自己有过错也应如实陈述。

（二）法律有依据

人民法院受理和审理案件是以法律为准绳的。所以，在提出诉讼请求和理由时要有法有依，写明法律依据。

（三）请求须明确

诉讼请求是诉讼原告提出的主张，也是诉讼的目的。因此，必须明确表明自己主张和请求，以最终达到诉讼的目的。

例文一

民事起诉状

原告：吴××，男，1960 年×月××日出生，汉族，住所地江苏省××市××区××村。

原告：魏××，女，1962 年×月××日出生，汉族，住所地江苏省××市××区××村。

被告：××学院，住所地江苏省××市××大道×号，负责人马××，该学院院长。

被告：××学院医务室，住所地江苏省××市××大道×号，负责人胡××。

被告：魏××，男，江苏省××市××镇××村卫生室负责人，住所地江苏省××市××镇××村。

被告：江苏省××市中心医院，住所地江苏省××市××街××路×号，负责人樊××，该医院院长。

被告：××科技大学同济医学院附属医院，住所地江苏省××市××大道×号，负责人陈××，该医院院长。

诉讼请求：

一、判令五被告共同赔偿两原告 355 276.5 元（其中医疗费 24 450 元、住院伙食费 1100 元、死亡赔偿金 263 060 元、丧葬费 9798.5 元、精神抚慰金 56 868 元）。

二、判令五被告承担本案诉讼费用和其他相关费用。

事实和理由：

两原告之女吴××于2008年9月被被告××学院录取为该校生物工程专业学生。同年10月7日吴××因感到身体不适，到被告××学院医务室治疗，医生说是一般的感冒，打了一针青霉素后不但不见好转反而更加严重。当天下午吴××因身体支撑不住被接回家治疗，在被告魏××负责的××区××镇××村卫生室死亡。

两原告悲痛之余，不断向有关单位讨说法，但均被拒之门外。后江苏省卫生厅受理了两原告的上访，将案件转送至××市卫生局，××市卫生局委托××市医学会对吴××的死因进行鉴定，但由于上述被告未按通知提供相应资料，导致××市医学会无法出具鉴定结论。现两原告为维护其合法权益，特诉诸贵院。

此致

××区人民法院

具状人：吴××　　魏××

2010年10月23日

附：

1. 本状副本一份
2. 赔偿清单一份

例文二

民事起诉状

原告（受害人之夫）：贾××，男，汉族，55岁，住北京市海淀区××村××号。

原告（受害人之子）：贾××，男，汉族，28岁，住北京市海淀区××村××号。

原告（受害人之女）：贾××，女，汉族，22岁，住北京市海淀区××村××号，联系电话××。

委托代理人：朱××，北京市××律师事务所律师，联系电话××。委托代理人：王××，男，××岁。联系电话××。

被告1：中国人民解放军××医院，驻北京市复兴路××号院，联系电话××。

法定代表人：秦××，院长。

被告2：首都医科大学附属北京××医院，驻北京市朝阳区工人体育场××号，联系电话××。

法定代表人：王××，院长。

诉讼请求：

一、依法判令二被告承担因给原告造成医疗损害的各项损失计人民币621 065.85元（包括医疗费222 152.85元、住院伙食补助费7250.0元、营养费4350.0元、护理费15 497.0元、丧葬费24 222.0元、死亡赔偿金347 594.0元；原告精神损害抚慰金及其他合理费用待鉴定结论确定过错后另行计算）。

二、依法判令二被告承担本案的诉讼费用。

事实与理由：

患者（即受害人）薛××，女，52岁，因为上腹痛1个月，于2011年1月13日就诊于首都医科大学附属北京××医院（以下简称“被告2”）。入院后第5天（即2011年1月18日）进行胃镜检查，检查医生报告患者：“十二指肠球部黏膜可见斑片状充血水肿及黏膜新鲜出血，有食糜及药片存留，未见溃疡及异常隆起，球后及降段黏膜充血水肿，未见溃疡及异常隆起”（证据3）。入院后第8天进行胃肠造影检查，显示“十二指肠降部下端见压迹，胃及十二指肠上段见多量钡剂潴留”(证据4)。患者在被告2处住院37天,一直被诊断为:胃炎、十二指肠炎、肠系膜上动脉压迫综合征、胃潴留、不全性肠梗阻等进行治疗无效。因为上述症状越来越重,持续胃进行的胃肠减压每天要引流出400~600毫升液体,患者无奈只好转到中国人民解放军××医院(以下简称“被告1”)。

就诊于被告1后,该院医生直接凭据该片诊断为十二指肠肿瘤,并通过胃镜检查确诊(证据5)。经病理检查证实患者为十二指肠腺癌(证据6)。

患者于2月18日住进被告1的外科,十二指肠肿瘤性梗阻越来越严重,每天呕吐量高达1300~2000毫升(证据7),并且出现严重的电解质紊乱和营养不良。但经治医生未给予针对十二指肠腺癌的治疗,也未说明不进行针对性治疗的理由。

2011年3月22日,原告无奈之下将患者转往北京××医院治疗,该院组织全院多科会诊认为,患者已经失去了手术机会,只是进行了姑息性手术。

2011年4月27日,患者转往离家较近的××医院治疗,2011年6月6日死亡,死亡诊断除十二指肠腺癌外,还有肠梗阻导致的水电解质、酸碱平衡紊乱,营养不良等原因。

原告认为:

被告2未尽必要的诊断义务漏诊患者已经存在的十二指肠腺癌,导致患者未能在早期得到手术治疗,构成医疗过错,且造成患者损害,依法应当承担民事赔偿责任。

被告1在确诊患者十二指肠腺癌后,对于患者因为肠梗阻所产生的一系列临床症状,违反相关诊疗技术规范,未给予治疗,导致患者最终死亡,该院的医疗不作为行为,构成医疗过错,且造成患者损害,依法应当承担民事赔偿责任。

患者在两被告处住院期间内,所有检查均显示患者肿瘤病变未发生淋巴结转移,未发生肿瘤周围组织侵犯、未发生远处转移。因此原告不是死于肿瘤转移,而是死于因为肿瘤导致的肠梗阻,而这种机械性梗阻,完全是可以通过现代医疗手段进行解决的。

上述两被告未尽诊断注意义务,并在明确诊断后未尽肿瘤并发症治疗义务,均构成医疗过错且造成患者损害后果,原告就此提起诉讼,主张被告承担医疗损害赔偿责任,请求人民法院判如所请,依法维护原告的合法权益。

此致

北京市××区人民法院

具状人:贾××

2011年11月18日

附:1.《民事起诉状》副本二份。

2.《证据目录及证据说明》一式三份。

例文提示

两则例文涉及的是医疗及经济赔偿纠纷。例文都能明确诉讼请求,叙述事实,阐明理由,并提交了证据及证据来源。

目标检测

1. 民事起诉状的写作要求是什么?
2. 民事起诉状一般由哪几部分构成?

第4节　民事上诉状

学习目标

1. 了解民事上诉状的性质和特点。
2. 掌握民事上诉状的格式和写法。

一、民事上诉状的性质

民事上诉状是指民事诉讼当事人,对尚未发生法律效力一审法院的判决,或裁定在法定期限内,按照法定程序,请求上一级人民法院撤销、变更原审判决或重新审理而提起的诉讼。

民事上诉状是二审法院受理和审理案件的依据。通过上诉向二审法院表达对一审法院判决的不服,使二审法院全面了解事实情况,审理案件,保护当事人的合法权益。

二、民事上诉状的特点

(一) 时效性

一审法院作出判决或裁定,如果不服,应在法律规定的10日或15日内向上一级法院提出上诉。因此,上诉状具有严格的时间限制,超出了规定时限,也就等于放弃了上诉权利。

(二) 针对性

民事上诉状应针对一审法院的判决或裁定,在认定事实、运用法律、诉讼等方面存在问题而提出的,目的在于请求上一级法院撤销、变更一审法院的判决进行重新审理,因此,它具有很强的针对性。

(三) 批驳性

民事上诉状是针对一审法院的判决或裁定中的错误来摆事实、讲道理,目的是为了否定或部分否定一审的判决和裁定,所以它的批驳性强。

三、民事上诉状的格式和写法

民事上诉状一般包括以下五部分内容。

(一) 标题

写明《民事上诉状》。

(二) 首部

主要写明案件当事人的基本情况,标明当事人在一审中所处的诉讼地位。

(三) 正文

正文包括提起上诉的案由、上诉请求和上诉理由。

1. 上诉案由　写明上诉人由何案不服何处人民法院于何时以何字何号作出的判决或裁定,而提起的上诉。

2. 上诉请求　明确提出,请求二审法院撤销、变更原审的判决或裁定,或者重新审理。

3. 上诉理由　这是上诉状中最重要的部分。通常在三个方面进行论证和辩驳。

(1) 事实的认定:原审对事实的认定是否真实、准确,证据是否充分。

(2) 法律的适用:原审在法律的适用上是否恰当,认性是否准确。要依据法律条文指出其错误。

(3) 程序的合法:原审是否符合民事诉讼程序。

(四) 结尾

写明上诉法院、上诉人姓名和上诉日期。

(五) 附项

写有上诉状副本和有关证据材料。

四、民事上诉状的写作要求

(一) 要有针对性

上诉状是针对审判判决和裁定的不服。因此,要针对不服之处,抓住要害,有的放矢。

(二) 要据实说理

要摆出客观事实和证据,摆出具体的法律依据,据理力争、分清是非。

例文一

民事上诉状

上诉人(原审被告):江西省××市××县中正医院,地址:××县××大道中段。

法定代表人:林××,医院董事长。

被上诉人(原审原告):王××,女,×年×月×日生,汉族,江西××县人,××县××公司职工,住××镇××社区××号,身份证号码:××。

被上诉人(原审原告):吴××,女,×年×月×日生,汉族,江西××县人,××中学学生,身份证号码:××。

法定代理人:王××,系吴××之母。

被上诉人(原审原告):凌××,女,×年×月×日生,汉族,江西××县人,无业,住××镇××社区××号,身份证号码:××。

上诉人因不服××县人民法院于×年×月×日作出的(2010)兴民一初字第×号民事判决书,现提出上诉。

上诉请求:

1. 依法撤销××县人民法院(2010)兴民一初字第×号民事判决书。

2. 依法发回重审或者判决驳回被上诉人的诉讼请求。

3. 诉讼费用由被上诉人承担。

事实与理由:

原审法院认定事实和适用法律错误:

一、原审判决称"被告对患者吴××病情变化的认识方面以及在吴××病情恶化后的告知方面存在一定的过失,被告未能及时跟患者家属交流交代病情,告知家属可能存在的风险,未让家属签字,医嘱未及时更改病危,在诊疗、抢救过程中存在一定的失误,对患者吴××接受治疗及延缓生命过程中起着相应的负面作用,致使吴××家属难以接受其突然死亡的现实,在引起纠纷的发生上被告存在相应的责任"。事实是吴××就诊时诉胸闷胸痛,听诊心律无异常,查心电图示窦性心律、心肌缺血改变,心肌酶正常,电解质正常,并未确立心肌梗死诊断,且各项检查未提示吴××有出现心律失常的迹象,吴××后来出现心室颤动导致其死亡属于医疗意外,这在医学上是不可能预见的，上诉人也没有预见的义务。医学上不可能从吴××的现有表现判断出其后来发生心室颤动的风险，所以未让吴××本人及陪诊家属签署病重、病危通知书。原审判决将医学上不可能预知的医疗意外，当成可预知的医疗风险，强加给上诉人，要求上诉人应当预知并告知患者本人和家属，这对上诉人是极不公平的。

二、原审判决称"被告在诊疗过程中指派未取得护士执业证书的人员叶××参与了患者诊疗，违反了《中华人民共和国护士管理办法》第十九条第一款：'未经护士执业注册者不得从事护士工作'的规定以及《护士条例》第二十一条：'医疗卫生机构不得允许下列人员在本机构从事诊疗技术规范规定的护理活动：（一）未取得护士执业证书的人员……'的规定，在护士护理方面存在一定的过错"。原判决系断章取义，《中华人民共和国护士管理办法》第十九条第二款："护理专业在校生或毕业生进行专业实习，以及按本办法第十八条规定进行临床实践的，必须按照卫生部的有关规定在护士的指导下进行。"《护士条例》第二十一条第二款："在教学、综合医院进行护理临床实习的人员应当在护士指导下开展有关工作。"卫生部、教育部联合下发的《医学教育临床实践管理暂行规定》第十三条"试用期医学毕业生在指导医师的监督、指导下，可以为患者提供相应的临床诊疗服务。"第十八条"护理、药学及其他医学相关类专业的医学教育临床实践活动参照本规定执行。"叶××系我院新招聘的工作人员，2010年7月从××卫生学校毕业，吴××来我院就诊时，叶××正在我院护士蔡××的指导下进行注册前的临床实践，并非单独从事护理工作。叶××后于2010年11月1日取得护士执业证书并注册，这也证明叶××临床实习是合格的。原审判决认定上诉人安排叶××在护士蔡××的指导下从事临床护理工作存在过错，没有任何依据。且如果原审判决认定上诉人的过错成立，则所有的医学、护理、药学毕业生均不能通过正常的临床实践取得执业注册，我国卫生人才将后继无人，这对我国卫生事业的发展来说并非福音。

三、原审判决称"患者吴××经抢救无效死亡后，被告并未及时告知家属进行尸检，违反了《江西省医疗事故争议中尸检工作管理规定》第八条：'患者死亡，医患双方当事人不能确定死因或者对死因有异议时，医疗机构应当及时告知家属在患者死亡48小时内进行尸检'的规定。导致原告对死者尸体进行了火化入葬，并直接导致江西××司法鉴定中心以'吴××死亡后未能做尸体解剖以明确死亡原因'为由退回鉴定，在查明患者死亡原因方面被告应承担相应的责任"。这是原审判决对相关规定的错误理解和适用。吴××死亡后，根据临床表现和相关检查，上诉人作出了吴××死亡原因系心室颤动的临床判断，并告知了吴××的家属即被上诉人，被上诉人并未对上诉人吴××死于心室颤动的临床判断提出异议，根据《医疗事故处理条例》和《江西省医疗事故争议中尸检工作管理规定》，吴××死因明确，且被上诉人未提出异议，表示被上诉人对吴××死因的认可，所以没有必要进行尸检，上诉人也就没有告知的义务。

综上所述，原审判决认定事实和适用法律错误，上诉人根据《民事诉讼法》的规定上诉到你院，请依法裁判。

此致

××市中级人民法院

上诉人：江西省××市××县中正医院

2012年8月5日

附：本上诉状副本1份。

例文二

医疗纠纷民事上诉状

上诉人（一审原告）：温××，男，×年×月×日出生，户籍地：××，常居地：湖南××公司，身份证号码：××，联系电话：××。系死者温××之父。

上诉人(一审原告):刘××,女,×年×月×日出生,户籍地:××,常居地:湖南××公司,身份证号码:××。系死者温××之母。

被上诉人(一审被告):××县××镇卫生院。

法定代表人:苏××,院长。

上诉人因医疗损害赔偿纠纷一案,不服××县人民法院(2008)望民初字第××号民事判决,特提起上诉。

上诉请求:

撤销××县人民法院(2008)望民初字第××号民事判决,依法改判,支持上诉人的诉讼请求。

上诉事实和理由:

一、一审判决认为:"受害人是婴儿,系农业人口。虽然父母在城镇打工,受害人不存在工资收入来源和经常居住地等综合因素,所以原告要求以城镇居民标准计算损失没有法律依据。"上诉人认为,一审判决的此观点是错误的。上诉人在本案中所诉求的死亡赔偿金应以城镇居民标准计算。

最高人民法院颁布的于2004年5月1日生效的《关于审理人身损害赔偿案件适用法律若干问题的解释》第29条规定:"死亡赔偿金按受诉法院所在地上一年度城镇居民人均可支配收入或农村居民人均纯收入标准,按20年计算。"此规定是以"继承丧失说"为理论依据的,"继承丧失说"是指倘若受害人尚在世,他在未来会将获得的收入作为遗产由其法定继承人继承,由于侵害人的行为使这种未来预期收益的财产丧失,赔偿范围是因受害人死亡而丧失的未来可得利益。最高人民法院副院长黄松有主编的《人身损害赔偿司法解释的理解与适用》就此亦有解释:立法上放弃过去的"扶养丧失说"而采用"继承丧失说",对于死亡赔偿金的计算,我们采取"继承丧失说",将死亡赔偿金的性质确定为收入损失的赔偿。一审判决对一审中上诉人提供的旨在证明俩上诉人2003年起在湖南××公司上班,在城镇居住多年,靠在城镇打工为生活来源的证据的真实性予以了肯定和采信,死者温××系上诉人的儿子,是随父母一起生活的,尽管其是婴儿,也更因为其是婴儿,因其父母的经常居住地为城镇,其经常居住地也应认定为城镇。也因此倘若受害人(死者)温××尚在世,他在未来会获得收入,此收入应按城镇居民收入标准计算。正如最高人民法院民一庭《关于经常居住地在城镇的农村居民因交通事故伤亡如何计算赔偿费用的复函》(2006年4月3日〔2006〕民他字第25号)所明确的:"受害人虽为农村户口,但在城市经商、居住,其经常居住地和主要收入来源均为城市,有关损害赔偿费用应当根据当地城镇居民的相关标准计算"一样,不必去考虑死者如果不死也许会回农村,伤者获赔后也许会回农村。这是对人权的尊重,对生命的尊重,是对弱势群体从法律上最大限度上的保护。

二、一审判决认为:"关于精神抚慰金的计算,因被告在本损害事实中,不存在故意也没有恶劣情节,只是疏忽大意,且死者的自身原因是导致其死亡的主要和直接的原因",且仅判决赔偿精神抚慰金5000元。上诉人认为此判决有违法律、规定,对上诉人有失公平、公正。

上诉人在一审中所主张的精神损害抚慰金金额,是参照《医疗事故处理条例》第五十条(十一)的规定:"精神损害抚慰金的赔偿标准,按照医疗事故发生地居民年平均生活费计算。造成患者死亡的,赔偿年限最长不超过6年",以及《2007年湖南省国民经济和社会发展统计公报》(2008年3月17日公布)公布的全省城镇居民人均可支配收入12 293.54元,全省城镇居民人均消费性支出8990.72元为依据计算的,且充分考虑了被上诉人责任。(6年×8990.72元×30% = 16 183.296元)

综上,敬请二审法院依法改判,以维护上诉人的合法权益。

此致

××市中级人民法院

上诉人：温××　刘××

2008 年 8 月 12 日

附：

1.《关于经常居住地在城镇的农村居民因交通事故伤亡如何计算赔偿费用的复函》。(复印件 1 份)

2. 本上诉状副本 1 份。

例文提示

两则例文都是医疗纠纷上诉状。例文明确上诉请求，根据事实和理由，针对原判决中的不当之处，进行辩驳。

目标检测

1. 民事起诉状与民事上诉状有什么不同？
2. 通常情况下，上诉的理由主要有哪些方面？

第 5 节　民事答辩状

学习目标

1. 了解民事答辩状的性质和特点。
2. 掌握民事答辩状的格式和写法。

一、民事答辩状的性质

民事答辩状是指在民事诉讼活动中，对原告或被上诉人的起诉状或上诉状进行回答和辩解的书状。

民事答辩状是与民事起诉状或民事上诉状相对应，针对起诉的答辩称起诉答辩状或一审答辩状，针对上诉的答辩称上诉答辩状或二审答辩状。

二、民事答辩状的特点

(一) 时效性

法院在收到原告的起诉状和上诉人的上诉状以后，应当在规定的期间内将副本送达被告或被上诉人，被告或被上诉人应当在法定的期限内提出答辩状。

(二) 针对性

答辩状是被告和被上诉人针对起诉的事实和理由或上诉的请求和理由进行回答和辩解的文书，因此具有很强的针对性。

(三) 批驳性

被告和被诉人通过答辩状，可以针对原告或上诉人提出起诉或上诉的事实、理由和根据及请求事项，进行有的放矢的答辩和批驳，阐明自己的理由和要求，并提出事实和证据证实自己的观点。

三、民事答辩状的格式和写法

民事答辩状一般包括以下五部分内容。

(一) 标题

写明是起诉答辩状(一审答辩状)或上诉答辩状(二审答辩状)。

(二) 首部

写清答辩人的基本情况。

(三) 正文

1. 案由　写明针对何人的起诉或上诉的何案而提出答辩。常用“因××一案,提出答辩如下”。

2. 答辩理由和意见　这是答辩状的核心内容。应针对原告或上诉人在诉状中的诉讼请求与事实、主张与理由进行辩解,并提出自己的主张和意见。其主要内容如下。

(1) 揭示对方当事人法律行为的错误和陈述证据的不实。

(2) 根据事实和法律,说明自己行为的合法性。

(3) 根据法律,请求人民法院给予依法裁决。

如果在民事起诉中,答辩人甚至可以提出相反的诉讼请求即反诉。民事上诉中则不存在反诉。

(四) 结尾

写明所呈人民法院,具名和日期。

(五) 附项

附答辩状副本等。

四、民事答辩状的写作要求

民事答辩状的写作要求与民事上诉状相似。

例文一

民事答辩状

答辩人:××人民医院

住址:××市××路×号

法定代表人:杨××,男,40岁,院长

答辩人于2010年8月21日收到原告××因人身损害赔偿纠纷诉讼本院的起诉状副本一份,现作如下答辩:

1. 答辩人与××之间不存在直接的合同关系,答辩人2010年6月10日与××第二建筑安装工程公司订立了一份口头合同,由××第二建筑安装工程公司负责把答辩人的一个高压电表柜拆除,××是受××第二建筑安装工程公司的委托来拆除高压电表柜的,与答辩人之间不存在直接合同关系。

2. ××的伤害赔偿应由××二建筑安装工程公司负责,其一,根据我国法律和有关司法解释规定,××第二建筑安装工程公司对其职工在履行合同的范围内所受到伤害应负责任,××的伤害并不是由于合同客体以外的事物造成的。其二,受××第二建筑安装工程公司委托的××在拆除高压电表柜的过程中,存在着严重违反操作程序的行为。

3. 答辩人对××伤害赔偿不应承担责任。根据我国《民法通则》的规定,从事高度危险作业的人致他人损害的,应负赔偿责任。而本案中答辩人与××第二建筑安装工程公司订有合同,高度危险来源已通过合同合法地转移给××第二建筑安装工程公司。××第二建筑安装工程公司成为该危险作业物的主体，××在操作过程中受到伤害，这是××第二建筑安装工程公司在履行合同过程中，合同客体造成自己员工的伤害行为，与答辩人无关。

综上所述，××人民医院为不适合被告，请贵院依法驳回原告起诉。

此致

××市中级人民法院

答辩人：××人民医院

法定代表人：杨××

2010年8月24日

附：本答辩状×份。

例文二

民事答辩状

答辩人：田×恒，男，52岁，汉族，××省××县人，××市××建筑公司工人。住址：市政建设管理局××路××号。

因田×信、田×兰诉田×恒赡养、财产权纠纷一案，提出答辩如下：

一、原告在诉状中称"被告未经父母同意搬出居住，至今30多年不尽赡养义务"，不符合事实。我与原告田×信、田×兰虽系同胞兄弟姊妹关系，但由于伯父田××无儿，1966年农历四月初三，经生父母与伯父田××协议，我被过继给田××为养子，并立有过继单。从那时起，我即与养父田××一起生活。1962年我到××市××建筑公司×队干瓦工，才与养父分住两地，但每月给养父寄款，直到1996年养父去世为止。养父田××虽有女儿，但早已结婚在外地居住。我对养父养老送终的情况，养父的生女可以证明。我被送养的事实原告是清楚的，生父母也从来没有否定我已被送养，也从来未曾要求我尽赡养义务。现原告提出要我尽赡养生父母的义务缺乏事实依据与法律依据。至于说1962年我回××市居住的原因，那是因为我的工作单位在××市。刚回××市时，因单位临时解决不了我的住房问题，才暂居住在生父母家里，并不像原告起诉状中所称是"由于生活困难"才搬回××市"与生父母兄弟姊妹一起生活"。1962年生活并不困难，我养父母家庭的生活更不困难，这有证人证明。原告企图用"生活困难"搬回××市，来否定既成的收养关系，没有事实依据。

二、原告在诉状中称：1997年，被告田×恒出卖了××街××号个人住房，又到父母的院子里建房，今年4月17日，将所建房屋卖掉得款156 000元，被告独吞。要求人民法院将156 000元追回，除了父母拿出一部分外，其余的钱由兄弟姊妹共同所有。事实是这样的：1976年我从工作单位和工友处借钱买下×× 街××号房屋，从生父母家搬出后，就一直住在那里。因为邻居不断侵占生父母家的空闲宅基地，不得已，2001年生父母找我协商，要求我在空闲宅基地上盖房子。同年建房时，除了使用出卖××街××号的房款外，工作单位还给了我部分砖块和石灰。当然，兄弟姊妹也帮了几个工，这我不否认。今年4月17日，市政建设管理局因拓宽公路，需要拆迁我住的房屋，将我的房屋作价156 000元作为补偿，这完全是我个人的财产，房产证上的所有权人清清楚楚地写着我的名字。原告在诉状中说这是全家人的共同财产，是毫无道理的。当然，在我盖房时，原告也帮过忙，其工钱要求归还，合情合理，我同意算清。

综上所述，答辩人认为，我国《收养法》第二十三条第二款规定：养子女与生父母及其他近亲属间的权利义务关系，因收养关系的成立而消除。既然我与伯父田××之间形成合法的收养关系，那么我和生父母之间的权利义务关系已经不存在了，对于生父母也就没有了法律上的赡养义务。但今后我个人仍愿在物质上帮助生父母，使老人幸福地度过晚年。但这只是我个人的心愿，并不是应尽的义务。市政建设管理局因拆迁补偿给我的 156 000 元，是我个人的合法财产，他人无权争要。鉴于上述事实，我恳请法庭依据事实和法律公正决断，驳回原告的诉讼请求，维护我的合法权益。

此致

××市××区人民法院

答辩人：田×恒

2008 年 8 月 13 日

附：1. 本答辩状副本 2 份。

2. 生父田×波、生母李×证言，证实答辩人被收养的事实。

生父母住本市××区××村××号。

3. ××街××号房产证 1 份（复印件）。

例文提示

例文一是人身损害赔偿纠纷的答辩状，例文二是涉及赡养和财产权纠纷的答辩状。两则例文都能围绕案由，列举事实和理由进行答辩。

知识链接

诉讼代理人是指为了被代理人（被代理的一方当事人）的利益，以被代理人的名义，在法定的、指定的或委托的权限范围内，进行诉讼活动的人。诉讼代理人分为法定代理人、指定代理人和委托代理人。

1. 法定代理人是指依据法律的规定直接行使代理权的人。无诉讼行为能力人由其监护人作为法定代理人。

2. 指定代理人是指依据人民法院的指定行使代理权的人。法定代理人推诿代理责任的由人民法院指定其中一人为代理人。

3. 委托代理人是指依据被代理人的委托行使代理权的人。当事人、法定代理人可以委托一至二人为诉讼代理人。

目标检测

1. 判断题

（1）司法文书专是指司法机关——人民法院、人民检察机关（不含公安机关）处理各种诉讼案件适用的法律文书。（　　）

（2）民事、刑事案件的当事人，是指民事案件的原告或被告、刑事自诉案件的自诉人和被告人、一般刑事案件的被告人及刑事附带民事案件的民事原告人。（　　）

（3）刑事自诉状和人民检察院提起的公诉书，在法律上具有不同的性质作用。（　　）

（4）由人民检察院直接公诉的刑事案件是无被上诉人的，被告上诉时只需写明上诉人一 方的基本情况即可，而不需写被上诉人一方。（　　）

（5）在行政诉讼中只有被告行政机关有权在法定范围内处分自己的实体权利和诉讼权利。（　　）

（6）答辩状是被告人或被上诉人，对原告人或者上诉人向人民法院提出的起诉理由或上诉理由的答复和辩驳，所以一审与二审答辩状的写法应是一样，针对的内容也一样，只不过是不同的二级法院。（　　）

（7）“刑事附带民事”起诉状的请求事项必须符合法定的范围，必须是“被害人由于被告人的犯罪行为遭受物质损失”的范围；例如，“虐待”、“离婚”与“分家”分属于性质不同的刑事与民事案件，不能将刑事案与民事案硬性“相加”或“合并”受理。（　　）

2. 根据本书民事起诉状例文一，按照答辩状的格式和写作要求，拟写一份答辩状。

附　　录

附录一　党政机关公文处理工作条例

（中办发〔2012〕14 号）
（2012 年 4 月 16 日由中共中央办公厅和国务院办公厅联合印发）

第一章　总　　则

第一条　为了适应中国共产党机关和国家行政机关（以下简称党政机关）工作需要，推进党政机关公文处理工作科学化、制度化、规范化，制定本条例。

第二条　本条例适用于各级党政机关公文处理工作。

第三条　党政机关公文是党政机关实施领导、履行职能、处理公务的具有特定效力和规范体式的文书，是传达贯彻党和国家的方针政策，公布法规和规章，指导、布置和商洽工作，请示和答复问题，报告、通报和交流情况等的重要工具。

第四条　公文处理工作是指公文拟制、办理、管理等一系列相互关联、衔接有序的工作。

第五条　公文处理工作应当坚持实事求是、准确规范、精简高效、安全保密的原则。

第六条　各级党政机关应当高度重视公文处理工作，加强组织领导，强化队伍建设，设立文秘部门或者由专人负责公文处理工作。

第七条　各级党政机关办公厅（室）主管本机关的公文处理工作，并对下级机关的公文处理工作进行业务指导和督促检查。

第二章　公文种类

第八条　公文种类主要有：

（一）决议。适用于会议讨论通过的重大决策事项。

（二）决定。适用于对重要事项作出决策和部署、奖惩有关单位和人员、变更或者撤销下级机关不适当的决定事项。

（三）命令（令）。适用于公布行政法规和规章、宣布施行重大强制性措施、批准授予和晋升衔级、嘉奖有关单位和人员。

（四）公报。适用于公布重要决定或者重大事项。

（五）公告。适用于向国内外宣布重要事项或者法定事项。

（六）通告。适用于在一定范围内公布应当遵守或者周知的事项。

（七）意见。适用于对重要问题提出见解和处理办法。

（八）通知。适用于发布、传达要求下级机关执行和有关单位周知或者执行的事项，批转、转发公文。

（九）通报。适用于表彰先进、批评错误、传达重要精神和告知重要情况。

（十）报告。适用于向上级机关汇报工作、反映情况，回复上级机关的询问。

（十一）请示。适用于向上级机关请求指示、批准。

（十二）批复。适用于答复下级机关请示事项。

（十三）议案。适用于各级人民政府按照法律程序向同级人民代表大会或者人民代表大会常务委员会提请审议事项。

（十四）函。适用于不相隶属机关之间商洽工作、询问和答复问题、请求批准和答复审批事项。

（十五）纪要。适用于记载会议主要情况和议定事项。

第三章　公文格式

第九条　公文一般由份号、密级和保密期限、紧急程度、发文机关标志、发文字号、签发人、标题、主送机关、正文、附件说明、发文机关署名、成文日期、印章、附注、附件、抄送机关、印发机关和印发日期、页码等组成。

（一）份号。公文印制份数的顺序号。涉密公文应当标注份号。

（二）密级和保密期限。公文的秘密等级和保密的期限。涉密公文应当根据涉密程度分别标注"绝密"、"机密"、"秘密"和保密期限。

（三）紧急程度。公文送达和办理的时限要求。根据紧急程度，紧急公文应当分别标注"特急"、"加急"，电报应当分别标注"特提"、"特急"、"加急"、"平急"。

（四）发文机关标志。由发文机关全称或者规范化简称加"文件"二字组成，也可以使用发文机关全称或者规范化简称。联合行文时，发文机关标志可以并用联合发文机关名称，也可以单独用主办机关名称。

（五）发文字号。由发文机关代字、年份、发文顺序号组成。联合行文时，使用主办机关的发文字号。

（六）签发人。上行文应当标注签发人姓名。

（七）标题。由发文机关名称、事由和文种组成。

（八）主送机关。公文的主要受理机关，应当使用机关全称、规范化简称或者同类型机关统称。

（九）正文。公文的主体，用来表述公文的内容。

（十）附件说明。公文附件的顺序号和名称。

（十一）发文机关署名。署发文机关全称或者规范化简称。

（十二）成文日期。署会议通过或者发文机关负责人签发的日期。联合行文时，署最后签发机关负责人签发的日期。

（十三）印章。公文中有发文机关署名的，应当加盖发文机关印章，并与署名机关相符。有特定发文机关标志的普发性公文和电报可以不加盖印章。

（十四）附注。公文印发传达范围等需要说明的事项。

（十五）附件。公文正文的说明、补充或者参考资料。

（十六）抄送机关。除主送机关外需要执行或者知晓公文内容的其他机关，应当使用机关全称、规范化简称或者同类型机关统称。

（十七）印发机关和印发日期。公文的送印机关和送印日期。

（十八）页码。公文页数顺序号。

第十条　公文的版式按照《党政机关公文格式》国家标准执行。

第十一条　公文使用的汉字、数字、外文字符、计量单位和标点符号等，按照有关国家标准和规定执行。民族自治地方的公文，可以并用汉字和当地通用的少数民族文字。

第十二条　公文用纸幅面采用国际标准 A4 型。特殊形式的公文用纸幅面，根据实际需要确定。

第四章　行文规则

第十三条　行文应当确有必要，讲求实效，注重针对性和可操作性。

第十四条　行文关系根据隶属关系和职权范围确定。一般不得越级行文，特殊情况需要越级行文的，应当同时抄送被越过的机关。

第十五条　向上级机关行文，应当遵循以下规则：

（一）原则上主送一个上级机关，根据需要同时抄送相关上级机关和同级机关，不抄送下级机关。

（二）党委、政府的部门向上级主管部门请示、报告重大事项，应当经本级党委、政府同意或者授权；属于部门职权范围内的事项应当直接报送上级主管部门。

（三）下级机关的请示事项，如需以本机关名义向上级机关请示，应当提出倾向性意见后上报，不得原文转报上级机关。

（四）请示应当一文一事。不得在报告等非请示性公文中夹带请示事项。

（五）除上级机关负责人直接交办事项外，不得以本机关名义向上级机关负责人报送公文，不得以本机关负责人名义向上级机关报送公文。

（六）受双重领导的机关向一个上级机关行文，必要时抄送另一个上级机关。

第十六条　向下级机关行文，应当遵循以下规则：

（一）主送受理机关，根据需要抄送相关机关。重要行文应当同时抄送发文机关的直接上级机关。

（二）党委、政府的办公厅（室）根据本级党委、政府授权，可以向下级党委、政府行文，其他部门和单位不得向下级党委、政府发布指令性公文或者在公文中向下级党委、政府提出指令性要求。需经政府审批的具体事项，经政府同意后可以由政府职能部门行文，文中须注明已经政府同意。

（三）党委、政府的部门在各自职权范围内可以向下级党委、政府的相关部门行文。

（四）涉及多个部门职权范围内的事务，部门之间未协商一致的，不得向下行文；擅自行文的，上级机关应当责令其纠正或者撤销。

（五）上级机关向受双重领导的下级机关行文，必要时抄送该下级机关的另一个上级机关。

第十七条　同级党政机关、党政机关与其他同级机关必要时可以联合行文。属于党委、政府各自职权范围内的工作，不得联合行文。

党委、政府的部门依据职权可以相互行文。

部门内设机构除办公厅（室）外不得对外正式行文。

第五章　公文拟制

第十八条　公文拟制包括公文的起草、审核、签发等程序。

第十九条　公文起草应当做到：

（一）符合党的理论路线方针政策和国家法律法规，完整准确体现发文机关意图，并同现行有关公文相衔接。

（二）一切从实际出发，分析问题实事求是，所提政策措施和办法切实可行。

（三）内容简洁，主题突出，观点鲜明，结构严谨，表述准确，文字精练。

（四）文种正确，格式规范。

（五）深入调查研究，充分进行论证，广泛听取意见。

（六）公文涉及其他地区或者部门职权范围内的事项，起草单位必须征求相关地区或者部门意见，力求达成一致。

（七）机关负责人应当主持、指导重要公文起草工作。

第二十条　公文文稿签发前，应当由发文机关办公厅（室）进行审核。审核的重点是：

（一）行文理由是否充分，行文依据是否准确。

（二）内容是否符合党的理论路线方针政策和国家法律法规；是否完整准确体现发文机关意图；是否同现行有关公文相衔接；所提政策措施和办法是否切实可行。

（三）涉及有关地区或者部门职权范围内的事项是否经过充分协商并达成一致意见。

（四）文种是否正确，格式是否规范；人名、地名、时间、数字、段落顺序、引文等是否准确；文字、数字、计量单位和标点符号等用法是否规范。

（五）其他内容是否符合公文起草的有关要求。

需要发文机关审议的重要公文文稿，审议前由发文机关办公厅（室）进行初核。

第二十一条　经审核不宜发文的公文文稿，应当退回起草单位并说明理由；符合发文条件但内容需作进一步研究和修改的，由起草单位修改后重新报送。

第二十二条　公文应当经本机关负责人审批签发。重要公文和上行文由机关主要负责人签发。党委、政府的办公厅（室）根据党委、政府授权制发的公文，由受权机关主要负责人签发或者按照有关规定签发。签发人签发公文，应当签署意见、姓名和完整日期；圈阅或者签名的，视为同意。联合发文由所有联署机关的负责人会签。

第六章　公文办理

第二十三条　公文办理包括收文办理、发文办理和整理归档。

第二十四条　收文办理主要程序是：

（一）签收。对收到的公文应当逐件清点，核对无误后签字或者盖章，并注明签收时间。

（二）登记。对公文的主要信息和办理情况应当详细记载。

（三）初审。对收到的公文应当进行初审。初审的重点是：是否应当由本机关办理，是否符合行文规则，文种、格式是否符合要求，涉及其他地区或者部门职权范围内的事项是否已经协商、会签，是否符合公文起草的其他要求。经初审不符合规定的公文，应当及时退回来文单位并说明理由。

（四）承办。阅知性公文应当根据公文内容、要求和工作需要确定范围后分送。批办性公文应当提出拟办意见报本机关负责人批示或者转有关部门办理；需要两个以上部门办理的，应当明确主办部门。紧急公文应当明确办理时限。承办部门对交办的公文应当及时办理，有明确办理时限要求的应当在规定时限内办理完毕。

（五）传阅。根据领导批示和工作需要将公文及时送传阅对象阅知或者批示。办理公文传阅应当随时掌握公文去向，不得漏传、误传、延误。

（六）催办。及时了解掌握公文的办理进展情况，督促承办部门按期办结。紧急公文或者重要公文应当由专人负责催办。

（七）答复。公文的办理结果应当及时答复来文单位，并根据需要告知相关单位。

第二十五条　发文办理主要程序是：

（一）复核。已经发文机关负责人签批的公文，印发前应当对公文的审批手续、内容、文种、格式等进行复核；需作实质性修改的，应当报原签批人复审。

（二）登记。对复核后的公文，应当确定发文字号、分送范围和印制份数并详细记载。

（三）印制。公文印制必须确保质量和时效。涉密公文应当在符合保密要求的场所印制。

（四）核发。公文印制完毕，应当对公文的文字、格式和印刷质量进行检查后分发。

第二十六条　涉密公文应当通过机要交通、邮政机要通信、城市机要文件交换站或者收发件机关机要收发人员进行传递，通过密码电报或者符合国家保密规定的计算机信息系统进行传输。

第二十七条　需要归档的公文及有关材料，应当根据有关档案法律法规以及机关档案管理规定，及时收集齐全、整理归档。两个以上机关联合办理的公文，原件由主办机关归档，相关机关保存复制件。机关负责人兼任其他机关职务的，在履行所兼职务过程中形成的公文，由其兼职机关归档。

第七章　公文管理

第二十八条　各级党政机关应当建立健全本机关公文管理制度，确保管理严格规范，充分发挥公文效用。

第二十九条　党政机关公文由文秘部门或者专人统一管理。设立党委（党组）的县级以上单位应当建立机要保密室和机要阅文室，并按照有关保密规定配备工作人员和必要的安全保密设施设备。

第三十条　公文确定密级前，应当按照拟定的密级先行采取保密措施。确定密级后，应当按照所定密级严格管理。绝密级公文应当由专人管理。

公文的密级需要变更或者解除的，由原确定密级的机关或者其上级机关决定。

第三十一条　公文的印发传达范围应当按照发文机关的要求执行；需要变更的，应当经发文机关批准。

涉密公文公开发布前应当履行解密程序。公开发布的时间、形式和渠道，由发文机关确定。

经批准公开发布的公文，同发文机关正式印发的公文具有同等效力。

第三十二条　复制、汇编机密级、秘密级公文，应当符合有关规定并经本机关负责人批准。绝密级公文一般不得复制、汇编，确有工作需要的，应当经发文机关或者其上级机关批准。复制、汇编的公文视同原件管理。

复制件应当加盖复制机关戳记。翻印件应当注明翻印的机关名称、日期。汇编本的密级按照编入公文的最高密级标注。

第三十三条　公文的撤销和废止，由发文机关、上级机关或者权力机关根据职权范围和有关法律法规决定。公文被撤销的，视为自始无效；公文被废止的，视为自废止之日起失效。

第三十四条　涉密公文应当按照发文机关的要求和有关规定进行清退或者销毁。

第三十五条　不具备归档和保存价值的公文，经批准后可以销毁。销毁涉密公文必须严格按照有关规定履行审批登记手续，确保不丢失、不漏销。个人不得私自销毁、留存涉密公文。

第三十六条　机关合并时，全部公文应当随之合并管理；机关撤销时，需要归档的公文经整理后按照有关规定移交档案管理部门。

工作人员离岗离职时，所在机关应当督促其将暂存、借用的公文按照有关规定移交、清退。

第三十七条　新设立的机关应当向本级党委、政府的办公厅（室）提出发文立户申请。经审查符合条件的，列为发文单位，机关合并或者撤销时，相应进行调整。

第八章　附　　则

第三十八条　党政机关公文含电子公文。电子公文处理工作的具体办法另行制定。

第三十九条　法规、规章方面的公文，依照有关规定处理。外事方面的公文，依照外事主管部门的有关规定处理。

第四十条　其他机关和单位的公文处理工作,可以参照本条例执行。

第四十一条　本条例由中共中央办公厅、国务院办公厅负责解释。

第四十二条　本条例自2012年7月1日起施行。1996年5月3日中共中央办公厅发布的《中国共产党机关公文处理条例》和2000年8月24日国务院发布的《国家行政机关公文处理办法》停止执行。

附录二　国家标准出版物上数字用法的规定

一、范　围

本标准规定了出版物在涉及数字(表示时间、长度、质量、面积、容积等量值和数字代码)时使用汉字和阿拉伯数字的体例。

本标准适用于各级新闻报刊、普及性读物和专业性社会人文科学出版物。

自然科学和工程技术出版外子也应使用本标准,并可制定专业性细则。

本标准不适用于文学书刊和重排古籍。

二、引用标准

下列标准所包含的条文,通过在本标准中引用而构成为标准的条文。本标准出版时,所示版本均为有效。所有标准都会被修订,使用本标准的各方应探讨使用下列标准最新版本的可能性。

GB/ T 7408—94　数据元和交换格式　信息交换　日期和时间表示法

GB 3100—93 国际单位制及其应用

GB 3101—93 有关量、单位和符号的一般原则

GB 7713—87 科学技术报告、学位论文和学术论文的编写格式

GB 8170—87 数值修约规则

三、定　义

本标准采用下列定义。

物理量 physical quantity

用于定量地描述物理现象的量,即科学技术领域里使用的表示长度、质量、时间、电流、热力学温度、物质的量和发光强度的量。使用的单位应是法定计量单位。

非物理量 non-physical quantity

日常生活中使用的量,使用的是一般的量词。如30元、45天、67根等。

四、一般原则

4.1　使用阿拉伯数字或是汉字数字,有的情形选择是唯一而确定的。

4.1.1　统计表中的数值,如正负整数、小数、百分比、分数、比例等,必须使用阿拉伯数字。

示例:48　302　-125.03　34.05%　63%～68%　1/4　2/5　1∶500

4.1.2　定型的词、词组、成语、惯用语、缩略语或具有修辞色彩的词语中作为语素的数字,必须使用汉字。

示例:一律　一方面　十滴水　二倍体　三叶虫　星期五　四氧化三铁　一〇五九(农药内吸磷)　八国联军　二〇九师　二万五千里长征　四书五经　五四运动　九三学社

十月十七日同盟　路易十六　十月革命　“八五”计划　五省一市　五局三胜制　二八年华　二十挂零　零点方案　零岁教育　白发三千丈　七上八下　不管三七二十一　相差十万八千里　第一书记　第二轻工业局　一机部三所　第三季度　第四方面军　十三届四中全会

4.2　使用阿拉伯数字或是汉字数字,有的情形,如年月日、物理量、非物理量、代码、代号中的数字,目前体例尚不统一,对这种情形,要求凡是可以使用阿拉伯数字而且又很得体的地方,特别是当所表示的数目比较精确时,均应使用阿拉伯数字,遇特殊情形,或者为避免歧解,可以灵活变通,但全篇体例应相对统一。

五、时间(世纪、年代、年、月、日时刻)

5.1　要求使用阿拉伯数字的情况

5.1.1　公历世纪、年代、年、月、日

示例:公元前 8 世纪　20 世纪 80 年代　公元前 440 年　公元 7 年　1994 年 10 月 1 日

5.1.1.1　年份一般不用简写。如:1990 年不应简作“九〇年”或“90 年”。

5.1.1.2　引文著录、行文注释、表格、索引、年表等,年月日的标记可按 GB/ T 7408—94 的 5.2.1.1 中的扩展格式。如:1994 年 9 月 30 日和 1994 年 10 月 1 日可分别写作 1994-09-30 和 1994-10-01,仍读作 1994 年 9 月 30 日和 1994 年 10 月 1 日。年月日之间使用半字线“-”。当月和日的个位数时,在十位上加“0”。

5.1.2　时、分、秒

示例:4 时　15 时 40 分(下午 3 点 40 分)　14 时 12 分 36 秒

注:必要时,可按 GB/ T 7408—94 的 5.3.1.1 中的扩展格式。该格式采用每日 24 小时计按时制,时、分、秒的分隔符号为冒号“:”。

示例:04:00(4 时)　15:40(15 时 40 分)　14:12:36(14 时 12 分 36 秒)

5.2　要求使用汉字的情况

5.2.1　中国干支纪年和夏历月日

示例:丙寅年十月十五日　腊月二十三日　正月初五　八月十五中秋节

5.2.2　中国清代和清代以前的历史纪年、各民族的非公历纪年

这类纪年不应与公历月日混用,并应采用阿拉伯数字括注公历。

示例:秦文公四十四年(公元前 722 年)　太平天国庚申十年九月二十四日(清咸丰十年九月二十日,公元 1860 年 11 月 2 日)　藏历阳木龙年八月二十六日(1964 年 10 月 1 日)　日本庆应三年(1867 年)

5.2.3　含有月日简称表示事件、节日和其他意义的词组

如果涉及一月、十一月、十二月,应用间隔号“·”将表示月和日的数字隔开,并外加引号,避免歧义。涉及其他月份时,不用间隔号,是否使用引号,视事件的知名度而定。

示例 1:“一·二八”事变(1 月 28 日)　“一二·九”运动(12 月 9 日)　“一·一七”批示(1 月 17 日)　“一一·一〇”案件(11 月 10 日)

示例 2:五四运动　五卅运动　七七事变　五一国际劳动节　“五二〇”声明　九一三事件

六、物　理　量

物理量量值必须使用阿拉伯数字,年正确使用法定计量单位。小学和初中教科书、非专业性科技书刊的计量单位可使用中文符号。

示例:8736.80 km(8736.80 千米)　600 g(600 克)　100 ~ 150 kg(100 ~ 150 千克)　12.5

m^2(12.5 平方米)　外形尺寸是 400 mm×200 mm×300 mm(400 毫米×200 毫米×300 毫米)　34 ~39℃(34~39 摄氏度)　0.59 A[0.59 安(培)]

七、非物理量

7.1　一般情况下应使用阿拉伯数字。

示例:21.35 元　45.6 万元　270 美元　290 亿英镑　48 岁 11 个月　1480 人　4.6 万册　600 幅　550 名

7.2　整数一至十,如果不是出现在具有统计意义的一组数字中,可以用汉字,但要照顾到上下文,求得局部体例的一致。

示例 1:一个人　三本书　四种产品　六条意见　读了十遍　五个百分点

示例 2:截止 1984 年 9 月,我国高等学校有新闻系 6 个,新闻专业 7 个,新闻班 1 个,新闻教育专职教员 274 人,在校学生 1561 人。

八、多位整数与小数

8.1　阿拉伯数字书写的多位整数和小数的分节。

8.1.1　专业性科技出版物的分节法:从小数点起,向左和向右每三位数字一组,组间空四分之一个汉字(二分之一个阿拉伯数字)的位置。

示例:2,748,456　3.141 592 65

8.1.2　非专性科技出版物如排版留四分空有困难,可仍采用传统的以千分撇“,”分节的办法。小数部分不分节。四位以内的整数也可以不分节。

示例:2 748 456　3.14159265　8703

8.2　阿拉伯数字书写的纯小数必须写出小数点前定位的“0”。小数点是齐底线的黑圆点“.”。

示例:0.46 不能写成 .46 和 0·46

8.3　尾数有多个“0”的整数数值的写法。

8.3.1　专业性科技出版物根据 GB 8170—87 关于数值修约的规则处理。

8.3.2　非科技出版物中的数值一般可以“万”、“亿”作单位。

示例:三亿四千五百万可写成 345,000,000,也可写成 34,500 万或 3.45 亿,但一般不得写作 3 亿 4 千 5 百万。

8.4　数值巨大的精确数字,为了便于定位读数和移行,作为特例可以同时使用“亿”、“万”作单位。

示例:我国 1982 年人口普查人数为 10 亿 817 万 5288 人;1990 年人口普查人数为 11 亿 3368 万 2501 人。

8.5　一个用阿拉伯数字书写的数值应避免断开移行。

8.6　阿拉伯数字书写的数值在表示数值的范围时,使用浪纹式连接号“~”。

示例:150 ~ 200 千米　-36 ~ -8 ℃　2 500 ~ 3 000 元

九、概数和约数

9.1　相邻的两个数字并列连用表示概数,必须使用汉字,连用的两个数字之间不得用顿号“、”隔开。

示例:二三米　一两个小时　三五天　三四个月　十三四吨　一二十个　四十五六岁　七八十种二三百架次　一千七八百元　五六万套

9.2　带有“几”字的数字表示约数，必须使用汉字。

示例：几千年　　十几天　　一百几十次　　几十万分之一

9.3　用“多”、“余”、“左右”、“上下”等表示的约数一般用汉字。如果文中出现一组具有统计和比较意义的数字，其中既有精确数字，也有用“多”“余”等表示的约数时，为了保持局部体例上的一致，其约数也可以使用阿拉伯数字。

示例1：这个协会举行全国性评奖十余次，获奖作品有一千多件。协会吸收了约三千名会员，其中三分之二是有成就的中青年。另外，在三十个省、自治区、直辖市还设有分会。

示例2：该省从机动财力中拿出1900万元，调拨钢材3000吨、水泥2万多吨、柴油1400吨，用于农田水利建设。

十、代号、代码和序号

部队番号、文件编号、证件号码和其他序号，用阿拉伯数字。序数词即使是多位数也不能分节。

示例：84062部队　国家标准GB 2312—80 国办发〔1987〕9号文件　总3147号　国内统一刊号CN 11—1399　21/22次特别快车　HP—3000型电子计算机　85号汽油　维生素B_{12}

十一、引文标注

引文标注中的版次、卷次、页码，除了古籍应与所据版本一致外，一般均使用阿拉伯数字。

示例1：列宁：《新生的中国》，见《列宁全集》，中文2版，第22卷，208页，北京，人民出版社，1990。

示例2：刘少奇：《论共产党员的修养》，修订2版，76页，北京，人民出版社，1662。

示例3：李四光：《地壳构造与地壳运动》，载《中国科学》，1973(4)，400 ~ 429页。

示例4：许慎：《说文解字》，影印陈昌治本，126页，北京，中华书局1963。

示例5：许慎：《说文解字》，四部丛刊本，卷六上，九页。

十二、横排标题中的数字

横排标题涉及数字时，可以根据版面的实际需要和可能作恰当的处理。

十三、竖排文章中的数字

提倡横排。如文中多处涉及物理量，更应横排。竖排文字中涉及的数字除必须保留的阿拉伯数字外，应一律用汉字。必须保留的阿拉伯数字、外文字母和符号均按顺时针方向转90度。

示例一：

雪花牌BCD188型家用电冰箱容量是一百八十八升，功率为一百二十五瓦，市场售价两千零五十元，返修率仅为百分之零点一五。

示例二：

海军J12号打捞救生船在太平洋上航行了十三天，于一九九〇年八月六日零时三十分返回基地。

十四、字　体

出版物中的阿拉伯数字，一般应使用正体二分字身，即占半个汉字位置。

（国家技术监督局 1995-12-13 发布）

附录三　申论考试写作技巧

“申论”语出孔子“申而论之”，由申述、论证的意思。是指根据所给材料引申开来，展开议论。中国古代科举考试中有一种八股文考试形式，要求考生就给定的题目论证某项政策或提出对策，写成论文，称之为“策论”。

2003 年，《中央国家机关公务员录用考试大纲》规定，申论“主要通过应试者对给定材料的分析、概括、提炼、加工，检查其运用马克思列宁主义哲学、邓小平理论、法律、行政管理等理论知识解决实际问题的能力，以及阅读理解能力，全部为主观性试题，考试时限 150 分钟，满分 100 分”。“本项考试，给定一篇 2500 ~ 3000 字的背景材料，内容涉及社会、经济、文化等方面。”

一、申论的特点

申论考试具有以下特点。

（一）背景材料的普遍性与基础性

“申论”提供的背景材料一般都是应试者工作、学习、生活中经常碰到的问题，或是某一时期群众所关注的社会热点。如 2002 年×省招警“录用考试”的申论选择“养狗”问题，提供政府、民众、社会各界的不同反应和评价的背景材料；2003 年又选择了行政诉讼“民告官”的材料。

申论背景材料的普遍性还表现为内容涉猎广泛。既不局限于某一社会方面，也不偏重于某一学科领域，而是尽可能地全面铺开。2002 年“录用考试”的申论围绕“养狗”列举 13 则共 1500 字相关材料，涉及政府、有关职能部门、百姓、事件的不同反映及利弊。

背景材料之所以具有普遍性和基础性，是因为作为一名合格的国家机关公务员、人民警察，必须深入社会，体察民情，了解方方面面的情况。背景材料的广泛性正符合这样的测评要求。

（二）考察目标的全方位与综合性

申论考试，乍一看无非是阅读、写作两方面，但仔细研究，就会发现申论的考察目标众多，而且深入细致，彼此间紧密衔接。

以阅读论，背景材料纷繁复杂。考生必须在很短的时间内（一般不超过 40 分钟）审读材料，理出头绪，找出主线索与主要问题，并初步完成“主要问题的概括——针对主要问题的对策及可行性方案——紧扣背景材料及其所反映的主要问题，阐述论证对问题的基本看法和解决问题的方法”这样环环相扣、层层递进的三大问题的构思，才能顺利进入下一步的写作阶段。

以写作论，申论多层次综合性的特点更加突出。首先，它考察的不仅是文字表达水平，还包括驾驭材料的能力。申论不像其他考试写作文可以自由调动自己的材料储备，而只能在给定的有限材料中调遣安排。其次，申论写作的三部分各自独立又紧密相连。说它们各自独立，是指“概括”、“方案”、“论述”三大块各自都必须是一篇完整独立的文章。说它们紧密相连，是指这三大块构成互相依从的写作链和逻辑严密的整体。前者是后者立论的依据和正确与否的前提。就表达方式而言，概括部分要运用叙述和说明，方案部分主要是说明，论证部分以议论为主，辅以叙述、说明。也就是说，常用表达方式除了抒情外都要用到。从文体类别看，概括部分属记叙文，方案部分是应用文，论述部分是小论文，综合了一般文体与应用文体的写作。

(三)题目的程式化与灵活性

申论考试,题目形式固定为给定材料——回答问题。而回答也固定为“问题”、“方案”、“论证”三部分。加上每部分的基本字数要求,这些都表现出程式化的特点。

但在这程式化之中,材料内容和写作却有极大的灵活性。给定的背景材料出人意料,这是灵活性的一大体现。命题者往往会设计出一个事件牵涉众多方面、一个问题派生出许多子问题的状况。其灵活多变,让人难以琢磨。

申论答题也表现出唯一性与多样化相结合的灵活特点:概括问题部分,背景材料所表现的主要问题是确定的。因此,这一部分的答案可以称为宽泛意义上的唯一解。而解决问题的方案及与此相关的论证却每每不同。这源于考生不同的生活阅历、工作经验、知识结构和解决问题的思路。也与申论材料的丰富性有关。

二、申论的写作要领

针对上述考试特点,申论的写作要领主要有以下三方面。

(一)写作步骤和方法要得当

写作步骤和方法的合理得当是最关键的写作要领。

申论整个答题过程可以分为阅读材料—概括主题—提出对策—阐述观点四个步骤,按此循序渐进的答卷才是正确合理的。同时,还必须掌握每一步骤的不同要领。

1. 阅读领会背景材料是申论考试最基础的环节 这一环节虽未进入写作阶段,却是写作的前提。应试者必须读通弄懂全部资料,才能把握事件的全貌和内容实质,也才能分辨复杂事件中各个方面的主次轻重地位,准确概括主要问题。“袖手于前,方能疾书于后”,申论写作“袖手于前”的工夫要下在阅读、理解、分析材料上。驾驭材料贯穿于整个写作的始终。在阅读资料时,还应对材料中的关键词句作一些摘记,以助理解、分析和写作构思。在阅读中要先快速浏览一遍(先快后慢,至少读3遍),了解文中到底说的是什么。第二遍可边读边勾出每段的主旨句。有的主旨句就在文章中(或不在开头,就在文尾),并对材料进行筛选,特别是勾画出重要段落,以便写作时引用。第三遍概括、分析、归纳出主旨及对策。不少考生常犯的毛病是急于求成,匆匆浏览一遍,没有理解更没有深入思考就仓促动笔,结果欲速则不达。不是写不下去,不得不回过头来再重新看材料;就是概括不准,问题偏离材料的主旨。

2. 概括主题在申论写作中是承上启下的环节 一方面,它是对阅读步骤的小结;另一方面,又是对策和立论的依据和基础。主题概括如果有偏差,对策和立论则不可能正确。因此要慎之又慎。

3. 提出对策是申论写作的关键一环 旨在考察应试者的思维开阔程度及解决实际问题的能力。应尽可能自出机杼,提出解决方案。有两点应该特别注意。其一,对策是针对背景材料反映的主要问题,有很强的限制,一定不能超出资料给定的范围和条件;其二,方案应切实可行。要做到这一点,除了与材料吻合外,还要考虑到国情、民情、政策、法律等综合因素。不能书生气十足而侃侃泛论。

4. 论证分析是申论写作的最后环节 在一定意义上说,这才是名副其实的“申论”。应充分利用给定资料切入问题的要害,阐述见解,论证方案的合理性。前三个步骤不可大意,这最后环节尤其要重视。因为这一部分字数多、分值高(占总分的60%以上),是申论的核心,而且论证是否有力还关系到方案能否被认可。论证写作时应拟一个简要的提纲,这样有利于文思畅通、逻辑严密。

(二) 写作要有针对性，文风要质朴

整个申论写作必须时时注意针对性。不能脱离给定的材料，随心所欲地去写。首先，紧紧针对背景材料概括出主要问题，针对主要问题提出解决方案，论证则紧扣主要问题及解决方案深入剖析。在论析过程中，观点的确立、论据的选择都不能脱离背景材料。切忌漫无目的、随心所欲，写得洋洋洒洒却言不及义。

其次，还应有现实的针对性。申论可以看做是公务员处理公务的预演。考生要站在一个国家公务员的工作角度思考问题、分析问题、处理问题，紧扣社会现实。

申论写作完全以实用为目的，与此相适应，文风应力求质朴。这要求文章结构条理清楚，语言朴实简明。一切套话、空话、浮华的辞藻都应戒除。形容、夸张之类的修辞手法也不宜使用。

解决问题的方案应紧扣概括的主要问题，即前面概括了什么样的问题，后面则应给出什么样的解决办法。提出对策缺乏针对性和可行性也是申论写作中经常出现的问题。对策的针对性是指解决问题的方案紧扣概括的主要问题。前面概括了什么样的问题，后面就应给出什么样的解决办法。概括的主要问题包括几个方面或几个层次，给出的对策也就必须有几个方面或几个层次。对策的可行性则是指解决方案切实可行而不是脱离实际的空谈。这里的实际即包括国情、民情及国家法律、政策，也包括问题产生的具体环境背景、社会状况等诸多方面。可行性也包含方案要有可操作性。因为从根本上说，制订的方案是为了解决问题，如果无法操作则毫无价值。因此，可操作性是方案生命力的所在。应该说，拟订方案是没有标准答案的。这部分得分高低取决于五大方面：一是能否保证正确解决提出的问题；二是解决问题的成本是否尽可能小；三是承担的风险是否较小；四是产生的副作用是否最小；五是获得的效益(经济效益和社会效益)是否最大。

考生提出对策缺乏针对性和可行性，分析其原因，主要有两个方面：一是概括问题的失误。没有对给定材料所反映问题的正确分析理解、概括综合，抓不住主要问题，提出对策则无从谈起，遑论针对性与可行性。要避免这样的情况发生，还必须在阅读资料上下工夫。

几年来，以给定材料从“噪声污染”到“PPA 风波”，再到“民告官”，其公共性和普遍性不断加强。这使考生复习迎考不必像过去那样突击准备，猜题押题。因为资料内容肯定不会陌生。不过仅仅不陌生不等于深入了解，仍旧必须认真准备。平时多关注政治、经济、法律、教育等社会问题，即所谓“世事洞明皆学问，人情练达即文章”。

几年来申论阅读量加大的趋势十分明显，这实际上是对综合分析能力要求的提高。写作量的减少与阅读量的加大是相互对应的，在规定时间内答题总量总会有一个限度。估计写作量将会维持在2003年的水平上，不会有大的变动。写作的应用性增强是对考生提出问题、解决问题能力要求的提高。估计方案部分的写作要求、分数权重将会有所增加。而“方案”的拟写，大多数考生都不熟悉，一定要多看范文，多写多练，掌握要领，才能在考试中应付自如。

(三) 自己给文章安上一个好的标题

文章的标题往往反映了文章的构思和主旨，所以，它正如人的眼睛一样，可以给读者留下最初的印象，或楚楚动人，引人非看个究竟不要；或平庸一般，使人觉得可看可不看；或粗俗不堪，让人不忍卒读。所以，一篇好文章应该有一个好标题。有人说：“题好文一半。”意思是说拟制一个好标题，文章就成功了一半。

申论的写作，一般都是由给定材料为应试者规定了的话题，要求根据给定的材料自选角度，自拟标题，这就为作者在拟制标题上提供了大显身手、展露才华的广阔空间。所以，应试时应该尽量为自己的文章拟制一个能够打动读者的好标题，让读者一看标题就被牢牢吸引住，非一口气看完不可。

好标题当然应该是异彩纷呈的。由于申论要求写的是议论文，所以标题拟制首先要力求观

点鲜明，但表现形式也可有种种不同。好标题可以有如下多种类型。

1. 鲜明地揭示中心论点型 议论文的标题，最重要的是要把自己的观点明白无误地告诉读者，所以最常见的标题是画龙点睛地把自己所持的中心论点鲜明地揭示出来。如2001年中央、国家机关卷给定材料的内容是含PPA成分的药品问题，有考生拟题为《预防在先，以“撤”为上》，表明文章论述的中心是：尽管在我国还没有发现吃了包括康泰克在内的含PPA的药物而引起心律失常、高血压、急性肾炎、失眠等不良反应的报告，更没有造成脑中风等严重后果的个案，但还是要预防为先，坚决把含PPA的药物从货架上撤下来，暂停销售。还有《PPA药物必须撤下来》，也鲜明地表明了文章主张必须停止销售含PPA的药品的观点。中央国家机关2002年考试给定材料是网络方面的，有考生就拟题为《论加强营业性网吧的管理》，表明文章主旨是谈如何加强营业性网吧的管理问题；还有的拟题为《“网”法不可少》，表明文章主要是谈网络立法的必要性问题。2002年上海卷的给定材料是我国加入世贸组织问题，有考生拟题为《趋利避害话“入世”》，表明文章谈的是如何应对我国“入世”后的机遇和挑战问题。因为虽然从长远来看“入世”对我国是利大于弊，但在短期内还有许多不确定因素，若不善于趋利避害，对我们将是极不利的，所以必须善于趋利避害。这些标题，虽然并不十分花哨，但都达到了鲜明揭示中心论点的目的，因而是符合要求的。

2. 形象地表现中心论点型 这种类型的标题，往往通过恰当的比喻，把自己的中心论点形象地表现出来。如2001年上海卷是沙尘暴问题，有一个考生拟的标题是《首先要治理头脑中的沙尘暴》，形象地表现文章论述的是防治沙尘暴不能仅局限于治理自然界的沙尘暴，而是首先要治理存在于人们头脑中的种种错误思想。诸如有些人认识不到过度放牧、滥垦乱采、滥用水资源等的危害性；有的人虽然有所认识，但只考虑眼前利益，不顾子孙后代；有的干部明知土地在逐步沙化，为了一时的政绩，也听之任之，等等。只有这样，沙尘暴才能得到有效的防治。

3. 巧用词义型 利用词义之间的各种关系，可以拟制出许多别致的标题。如《虚拟的网络需要实在的安全》，揭示出文章的论述是要切实加强网络管理问题，观点鲜明。“虚拟”对“实在”，一虚一实，颇见工夫。

4. 套用成语、熟语、名言警句型 这类标题，可以展示作者的语言积累，有时还能表现出作者的幽默。如《“入世”诚不易，应对价更高——论各行各业都必须认真应对“入世”的挑战》，正标题套用了匈牙利诗人裴多菲《自由和爱情》诗的前两句“生命诚可贵，爱情价更高”。从长远看“入世”的机遇肯定大于挑战，但在短期内面对的也许主要是经受挑战的问题。如果说，“入世”谈判主要是政府在进行，那么，“入世”以后如何应对国际竞争压力的问题，各行各业都必须参与其中，认真应对。所以，上面这个标题拟制是很成功的。这在高考和日常论文写作中都不乏其例，诸如《若为诚信故，一切皆可抛》，套用了该诗的后两句“若为自由故，两者皆可抛”，鲜明地表达了作者认为诚信比一切都重要的观点；《诚信所至，金石为开》，套用成语“精诚所至，金石为开”，论述诚信可感动人心，赢得信任，化解困难；《减负，要说爱你不容易》，《仿句题，要说爱你不容易》，分别表明了作者认为“减负”难以落实，“仿句题”不易答好的观点，都十分鲜明。这类标题的成功拟制，需要以广泛的阅读面和厚实的积累作为基础。

5. 逆向思维型 这类标题，一反人们的传统思维定向，“反弹琵琶”，常常能反映出作者的创造性思维，虽然初看时难免会使读者心存疑虑，但看完全文后不能不赞叹作者的创意。如有位考生就我国加入世界贸易组织话题作文，命题为《“入世”还得“出世”》。乍一看，似乎令人不解：“入世”了为什么还要“出世”？一看内容，就使读者不能不为之叹绝。原来，他运用了发散性思维，在这里赋予了“出”以走出国门、走向世界的含义，使它不再与前面的“入”字构成反义关系。

（选自《司法应用写作评析与训练》附录）

医药工作应用文教学基本要求

一、课程性质和任务

《医药工作应用文》是医药专业的应用性课程，是医药专业学生必须掌握的实用技能和工具。《医药工作应用文》的理论知识和写作技能对医药工作具有重要作用。本大纲是根据全国医药职业教育药学类规划教材的要求，结合医药工作的实际而编制的。做到理论适度，强化写作实践，有学有练，学练结合。其主要任务是使学生熟练掌握本学科的基本理论知识和写作技能，以适应社会的通用性要求和行业、专业和岗位需要。

二、课程教学目标

（一）知识教学目标

1. 掌握医药工作应用文写作的基本要求。
2. 掌握医药工作应用文的文章构成。
3. 掌握医药工作应用文各文种的内容和格式。

（二）能力培养目标

1. 培养学生掌握规范熟练的医药工作应用文写作技能。
2. 培养学生掌握医药工作应用文写作的一般规律。
3. 提高学生举一反三、触类旁通的能力。
4. 培养学生能够宏观把握微观操作的能力。
5. 培养学生发现问题、分析问题和解决问题的能力。

三、教学内容、要求和课时

教学内容	教学要求			学时分配
	掌握	熟悉	了解	
第1章　医药工作应用文概述				2
第1节　应用文的性质和历史沿革			√	
第2节　应用文的特点和作用		√		
第3节　医药工作应用文的种类		√		
第4节　医药工作应用文学习的基本要求	√			
第2章　医药工作应用文的文章构成				4
第1节　医药工作应用文的主题		√		
第2节　医药工作应用文的材料		√		
第3节　医药工作应用文的结构		√		
第4节　医药工作应用文的语言		√		
第5节　医药工作应用文的表达方式	√			
第3章　医药公务文书				6
第1节　公文概述	√			
第2节　通知			√	
第3节　通报		√		
第4节　意见		√		
第5节　决定		√		
第6节　报告		√		

续表

教学内容	教学要求			学时分配
	掌握	熟悉	了解	
第7节 请示		√		
第8节 批复		√		
第9节 函		√		
第10节 纪要		√		
第4章 医药公关文书				4
第1节 启事 声明		√		
第2节 求职信	√			
第3节 感谢信 贺词（贺信、贺电）			√	
第4节 欢迎（送）词 答谢词			√	
第5节 主持词 讲话稿	√			
第5章 医药事务文书				6
第1节 计划			√	
第2节 总结			√	
第3节 会议记录		√		
第4节 简报		√		
第5节 述职报告		√		
第6节 提案		√		

教学内容	教学要求			学时分配
	掌握	熟悉	了解	
第7节 规章制度		√		
第6章 医药经济文书				6
第1节 医药广告			√	
第2节 医药市场调查报告			√	
第3节 医药市场预测报告		√		
第4节 医药市场经济活动分析报告		√		
第5节 医药经济合同		√		
第6节 医药招投标书		√		
第7章 医药科技文书				4
第1节 毕业论文			√	
第2节 实验报告			√	
第3节 药品说明书			√	
第4节 医药动态	√			
第8章 医药法律文书				2
第1节 授权委托书			√	
第2节 仲裁申请书			√	
第3节 民事起诉状		√		
第4节 民事上诉状		√		
第5节 民事答辩状		√		

参考文献

姬瑞环，张虹．2008．公文写作与处理．第2版．北京：中国人民大学出版社
阮田保。2009．医药工作应用文．第2版．北京：科学出版社
田伟明，陈志林．2003．司法应用写作与训练．第2版．成都：四川大学出版社